パックス・アメリカーナと日本
国際システムの視点からの検証

坂本 正弘 著

中央大学出版部

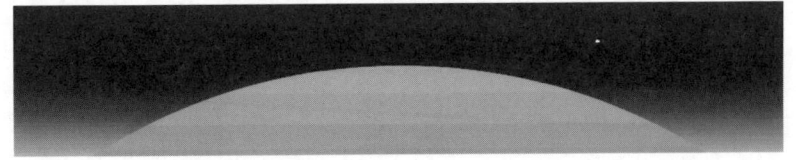

装幀　道吉　剛

はしがき

　私が国際システムへ強く関心づけられたのは，1968年から72年にかけてのOECD日本代表部での勤務の時からである．当時の世界はベトナム，通貨危機，ニクソン，ドル切り下げ，円切り上げの時代で，OECDは西側の経済政策の司令塔として活気を呈していた．私の担当する経済政策委員会，経済政策審査委員会では，アメリカの国際収支の赤字とともに日本の黒字が取り上げられ，日本の経済審査の終わったパーティの時，アメリカの審査員が日本の黒字の基礎である自由通商体制の国際システムを壊す状況は良くないと指摘した．

　国際システムを壊すといってもすぐには理解されなかったが，71年8月，私がギリシャのミコノス島で夏休みを取っていたとき，金ドル本位制の崩壊という歴史的体験をした．パリの代表部に電話をして帰らなくても良いかといったら，私の家に泥棒が入ったから帰った方がよいという返事で，なんとも落語っぽい落ちであるが，日本への国際システム破壊者という非難は高まった．

　以来，1983年経済企画庁を退官するまで日米摩擦に立ち会うことになったが，このときの体験もあり，アメリカを本格的に研究してみようと思うようになった．考えてみると私が生まれた時から日本は常にアメリカと戦い，戦後も戦勝者アメリカへの屈折した感じを持っていた．国際システムへの貢献とか，日米同盟の連帯とかいわれてもすぐ馴染める感情ではない．しかし，アメリカを除いては日本の戦後は考えられないことも確かであった．これをライフワークにするのも良しと思った．

　経済企画庁の元経済研究所所長で，東京大学教授だった中村隆英先生に教えを乞ううちに，覇権のコストというものを中心のテーマにすることになり，イギリスまで射程に入れることにした．ちょうど研究会で現東京大学教授の山本吉宣先生から公共財の便益とコストについての有意義なご講話を聞き，研究の骨組みとした．国際システムの負担指数を開発して，戦後のアメリカの負担，

同盟国との関係を分析し，戦前の覇者イギリスと比較してみた．『パックス・アメリカーナの国際システム——パックスブリタニカと比較して』を 1986 年有斐閣から刊行し，NIRA 第三回東畑賞を得ることができた．

　私の結論は第一に，パックス・アメリカーナはドルの変動，保護主義など機能不全を起こしているが，軍事費など国際システムへの負担が，国力に対して重すぎるためで，第二に，国力は依然世界一であり，国際的影響力は極めて大きい．従ってイギリスが国力を消耗した第一次大戦後のパックス・ブリタニカとは大きく異なる．第三に，アメリカを凌ぐ後継者は当分現れないのでパックス・アメリカーナは続くというものであった．

　しかし，アメリカの財政赤字は拡大し，貿易赤字は続いた．ポール・ケネディの『大国の興亡』が 1987 年には刊行され，アメリカ衰退論が流行した．ドルは低下し，アメリカは保護主義を強化した．1988 年の包括貿易法は日本を国際貿易システムの破壊者と位置づけて，スーパー 301 条を適用した．この間の関心は，アメリカが安全保障システムでは第一人者だがソ連の挑戦を受け，しかも国際経済システムでは日本や欧州の挑戦を受けていた．パックスの中での安全保障システムでの優位と国際通貨力と金融力の分裂，貿易システムの乱れなどの関係をどの様に解釈するかが問われた．

　冷戦終結後もアメリカ衰退論は続き，1995 年には円が 1 ドル 80 円をきり，96 年秋，クリントンは予算赤字でギングリッチ下院議長と抗争し，大阪の APEC 大会を欠席し，アジア諸国からガバナビリティを問われた．しかし，このころから，アメリカは急速に回復した．冷戦終了の便益，80 年代以来のアメリカの改革努力，アメリカ社会の底力が合流し，奇跡ともいえる回復を実現したと考えるが，国際システムの持つ総体性，利便性，階層性がアメリカの回復を助けたというのが本著の主張である．安全保障システム，国際通貨・国際貿易システムについてその視点で検証してみた．

　2001 年 2 月，シカゴでの国際関係学会に出席し，ワシントンを訪れる機会があった．シカゴの学会ではアメリカ一極の国際システムの問題，地域統合との関係，さらに民主主義の平和に関する分析が目についた．アメリカの自信と

一極の国際システムをいかに運営するかが関心の的である．97年同学会で著者が論文「パックス・アメリカーナ第二期と日本」を出し，アメリカが一極になった世界の経営を問うたが，アメリカ人からアメリカの国力の卓越性及び一極体制の継続性の疑問がでた当時と大きな差を感じた．

ワシントンではブッシュ新政権が登場し，教育，医療，国防の重視とともに，1兆6千億ドルの減税が焦点であった．新政権にはいろいろな人種からの登場が目だち，主張を展開する状況はアメリカがサラダボールといわれた人種分裂の状況から脱して，人種の坩堝・メルティングポットの成果を世界に発信している感じであった．

新政権の外交政策の特色は同盟国の重視である．著者は，日本は国際総合安全保障ともいうべき構想を持ち，アメリカとの協力を再定義すべきと考えている．日本の対外政策について，アメリカ人といろいろな問題を論ずることができるが，その実行を考えると，改めて日本の国内情勢の混迷を問題とせざるをえない．国内政治の混迷は日本の対外イメージを大きく損なっている．21世紀の初頭は日本の政治基盤の強化が急務であり，その上に，国際協力の強化の方策を検討，実施すべき時期であるの感を一層深くする．

著者は中央大学総合政策学部，大学院総合政策研究科で教鞭をとっているが，国際関係論，国際システム論は極めて総合政策的な学問と考えている．本書は多くの人の教示によっているが，教えるは学ぶなりであり，最大の貢献者は歴代聴講の学生諸君である．

また，中央大学出版部の矢崎英明氏には刊行に当たり大きな支援をいただいた．

2001年3月

港区南麻布にて

坂 本 正 弘

目　　次

はしがき

第 1 章　世界秩序と国際システム …………………… 1

Ⅰ　ソ連の崩壊とパックス・アメリカーナ第Ⅱ期の実現
　　──アメリカ・50 年戦争の勝利　1
　1. ソ連崩壊と世界秩序　1
　2. パックス・アメリカーナ第Ⅱ期（以下 PAⅡと略す）の出現　3
　3. 関与と拡大の政策とその反応　4

Ⅱ　世紀を貫くアメリカの挑戦　5
　1. アメリカの価値の貫徹　5
　2. ユーラシア大陸への関与　6
　3. 21 世紀への挑戦　7
　4. パックス・アメリカーナと日本　8

Ⅲ　パックス・アメリカーナの検証　9
　1. PAⅠは一極か，二極か，如何にしてソ連に勝利したか　9
　2. 摩擦と協力を通じる PA システムの定着と正統性の浸透　11
　3. 日本の挑戦と PA システムの強靭性　12
　4. PA の回復　14
　5. 短中期の負担と長期の便益　15

Ⅳ　パックス・アメリカーナ第Ⅱ期の展望　16
　1. PAⅡの強さ　16
　2. PAⅡの課題　17
　3. 地球的課題への対応と世界のガバナンス　18

Ⅴ　パックス・アメリカーナと日本　19
　　　1.　日本の混迷とPA Ⅰ　19
　　　2.　PAの対日政策と日本システムの成功とコスト　20
　　　3.　日本の方向　22
　　　4.　日本の対外政策　23
　Ⅵ　世界管理の上での国際システムの視点の有効性　25
　　　1．パックスを形成する要素　25
　　　2．主導国の国相と主要国との関係　26
　　　3．主要な国際システム，安全保障・国際通貨・国際貿易　27
　　　4．国際システムの総体性，利便性，階層性　28
　　　5．国際システムの変動　29
　Ⅶ　本著の内容　29

第2章　パックス・アメリカーナを検証する　……………31
　Ⅰ　西欧文明の継承者，異端者・アメリカ　31
　　　1.　西欧文明とアメリカ　31
　　　2.　国際体系の特色　34
　Ⅱ　大国・アメリカの台頭　36
　　　1.　19世紀末からの経済大国　36
　　　2.　戦間期を通じる覇権の継承　39
　Ⅲ　パックス・アメリカーナの成立と発展　42
　　　1.　国力の卓越性と覇権への正統性　42
　　　2.　三つ目の条件の国際システムの主導性　43
　Ⅳ　パックス・アメリカーナを強化した東西対立　46
　　　1.　ソ連の挑戦と強い影響力　46
　　　2.　二極体制の特色　47
　　　3.　パックス・アメリカーナの矛盾　48

Ⅴ　PAにおける国際負担と同盟国間の分担　49
　　1. 急激に増大したPAの負担　49
　　2. パックス・ブリタニカ（PB）のシステムとの
　　　 比較から見たPAの特色　54
　　3. 国際システムの負担から見たPAの特色　55
　　4. 二極から一極への移行——1990年代　56
Ⅵ　アメリカ経済の再生　57
　　1. レーガンの小さな政府と財政再建　57
　　2. 産業・企業の活性化　60
　　3. アメリカを中核とする世界経済の循環　62
Ⅶ　冷戦終了とPA Ⅱ　63
　　1. アメリカの回復とPA　63
　　2. PA Ⅰの成果——民主主義・国際主義の拡大　64
　　3. 成功のコストと世界の管理　65

第3章　パックス・アメリカーナの安全保障システム
　　　　——核の登場と二極体制 …………………… 73
Ⅰ　パックス・アメリカーナの国際安全保障　73
　　1. 軍事力と国益　73
　　2. 国連の国際安全保障　74
　　3. 安全保障理事会への期待　75
　　4. 東西対立と国連　76
Ⅱ　核の登場と二極体制　77
　　1. 核の登場と米ソ　77
　　2. 米ソ軍事戦略の推移——二極体制下のマッド戦略　79
　　3. 欧州の反応　81
　　4. 米ソ核管理　83

5. 東西冷戦の復活と米ソ和解　84
Ⅲ　なぜ，ソ連は冷戦に敗北したか　86
　　1. 戦後のソ連の脅威と魅力　86
　　2. 黄金の70年代と低迷の80年代　87
　　3. ゴルバチョフの登場とペレストロイカ，新思考外交　88
　　4. アメリカの総合力　89
Ⅳ　冷戦と同盟　90
　　1. 大西洋同盟とアジアの安全保障システム　90
　　2. フランス――ドイツ利用の安全保障戦略　92
　　3. ドイツのジレンマ　94
　　4. アジアの要・日米安保条約　96
Ⅴ　冷戦終了後の世界の安全保障　99
　　1. 米軍事力の卓越性――核の傘に情報の傘　99
　　2. 新しい2方面体制　101
　　3. 軍事関与の政策　103
　　4. 国際連合の復活と限界　103
　　5. 国際的核管理の動向　104
　　6. 中長期の問題――アジアの台頭と変動　105

第4章　国際通貨体制　……………………………………　109

Ⅰ　国際通貨の機能と覇権　109
　　1. 覇権国と基軸通貨　109
　　2. 基軸通貨の機能　111
　　3. 国際通貨体制の稼動　112
　　4. 国際通貨システムの総体性，階層性，利便性　112
Ⅱ　パックス・ブリタニカの金本位制　113
　　1. 金本位制のメカニズム　113

  2. 金本位制の成功　114
  3. 基軸通貨のコスト　115
  4. 戦間期におけるドルとポンドの相克　115
 Ⅲ ブレトンウッズ体制の成立と推移　116
  1. ケインズ案対ホワイト案　116
  2. 金ドル本位制の矛盾　119
  3. 金ドル本位制の崩壊　122
 Ⅳ 変動制——ドル本位への道　124
  1. 石油危機とドル本位・変動制　124
  2. 大幅な通貨変動とドルの低下　125
  3. 通貨システム利用の復権　127
  4. 通貨システムの総体性，階層性，利便性　128
 Ⅴ ドルの復権　129
  1. 強化されたドル本位・分水嶺の95年　129
  2. アメリカの赤字とドル体制　131
  3. 90年代のドル体制と途上国　133
 Ⅵ 欧州共通通貨の出現　134
  1. 欧州共通通貨の追求　134
  2. 共通通貨への道　135
  3. 共通通貨の出現と欧州経済　135
 Ⅶ 21世紀の国際通貨体制　137
  1. ドルの将来　137
  2. 複数通貨制か，補完関係か　138
  3. 円の未来とアジア通貨基金　139

第5章　国際貿易，投資のシステム　…………………… 143
 Ⅰ 貿易と国際システム　143

1. 西欧の登場と世界貿易　143
2. 貿易は産業力の反映，国力の先行指標　143
3. 産業革命と自由貿易　144
4. 自由貿易と比較生産費の利益　145
5. グロバリゼーションの挑戦　146

Ⅱ　パックス・アメリカーナの自由通商体制　147
1. 米国主導の自由貿易体制　147
2. 画期的ケネディ・ラウンド　148
3. 未曾有の貿易拡大と成長　149

Ⅲ　自由通商体制の変貌　150
1. 日本の登場と日米摩擦　150
2. 東アジアの登場　152
3. 欧州の地域統合——地域主義の登場　153
4. 米国の相互主義と貿易戦略　153

Ⅳ　WTO の成立と課題　155
1. 画期的な WTO　155
2. 発足後の推移　156
3. 新ラウンドの停滞　157

Ⅴ　グローバリゼーションと地域統合　158
1. グローバリゼーションへの批判　158
2. グローバリゼーションとは何か　158
3. グローバリゼーションの進行　159
4. グローバリゼーションと経済学　160
5. グローバリゼーションの影響・意味　161

Ⅵ　アジア・太平洋の発展と地域協力　164
1. アジアの発展と APEC への道　164
2. APEC の発足・発展　165

       3. アジア金融危機の衝撃　168
       4. 日本にとってのアジア・太平洋　169

第6章　パックス・アメリカーナ第二期の世界 ……… 173
   Ⅰ　世界国家アメリカ　173
       1. PA Ⅰ以上の国力の卓越性　173
       2. 高いパックスの正統性　177
       3. 国際システムの定着　178
       4. 冷戦終了とPA——ソ連カードの消滅と一極の論理　179
   Ⅱ　関与と拡大の政策　181
       1. アメリカ中心文明の主張　181
       2. 関与，拡大政策の内容　183
       3. 欧州との協調　184
       4. 米国のアジア重視の政策　185
       5. グローバリゼーションと関与・拡大政策　187
   Ⅲ　世界の人口の動向と世界管理　189
       1. 大きなアジアの人口と欧州人口の拡大　189
       2. 二極体制と人口　191
       3. 21世紀の世界の人口　192
       4. 世界人口の増加，グローバリゼーションの意味するもの　195
   Ⅳ　21世紀のPAと世界管理　197
       1. 変動大きい21世紀の世界　197
       2. 米国の長期的戦略　198
       3. 関与拡大の政策の妥当性　202
   Ⅴ　日本の対応　204

第7章　パックス・アメリカーナと中国 …………… 209

Ⅰ　中国台頭の衝撃　209
　1. 中国の高度成長　209
　2. 21世紀の大国　210
　3. 21世紀の米中関係　211

Ⅱ　中国の国家目標――地域覇権の追求　212
　1. 反覇権の対外政策　212
　2. 地域覇権への志向　214

Ⅲ　総合国力の向上――富強への道　215
　1. 軍事力の質的向上　215
　2. 経済建設の優位　216
　3. 社会主義市場経済　218

Ⅳ　歴史の圧力と国際関係　219
　1. 歴史の圧力――分裂，同化，膨張，統合の流れ　219
　2. 大一統の伝統　221
　3. 屈辱の近代　222
　4. 戦後の中国の統一，混迷と改革・開放　223
　5. 図式でみる戦後の中国　224

Ⅴ　今後の中国の国際関係――米中関係　225
　1. 現状は不満だが，時は氏神の中国　225
　2. 周辺国の反応――中国脅威論　227
　3. アジア各国の反応　228

Ⅵ　台湾問題の意味　230
　1. 台湾総統選挙の衝撃　230
　2. 台湾の帰属問題　231
　3. 台湾民主化の進展　232
　4. 今後の展望　233

5. 日本にとっての台湾　234

第8章　パックス・アメリカーナと日本　237
Ⅰ　日本の混迷とパックス・アメリカーナ　237
　　1. 90年代の日本の混迷と日米関係，アジアの批判　237
　　2. PAⅠの対日政策と戦後システム　239
　　3. 日本型システムの発展と対米関係　241
　　4. 90年代の矛盾　243
　　5. 現状をどう解釈するか　246
Ⅱ　歴史に見る覇権文明と日本　248
　　1. 古代日本と中国文明　248
　　2. イエ社会の形成・発展　249
　　3. 明治維新後の成功　249
　　4. 帝国日本の崩壊　251
　　5. 覇権文明への対応の類形　252
　　6. 日本の改革と政治決断　254
Ⅲ　パックス・アメリカーナ第Ⅱ期と日本　255
　　1. PAⅡの意味するもの　255
　　2. アジアと日本　256
　　3. 経済大国としての対外政策　258
Ⅳ　日本の改革　259
　　1. 新しい目標と政治主導の必要性　259
　　2. 90年代の改革　260
　　3. 政治主導の向上　260

第9章　国際システムについての理論的考察　267
Ⅰ　世界管理のシステム──主導国と主要国の幕藩体制　267

Ⅱ　パックスの要件——国力　268

Ⅲ　パックスの要件——正統性と国際システムの妥当性　270

Ⅳ　公共財としての国際システム　272

Ⅴ　国際システムの特色——総体性，利便性，階層性　273
　　1．総　体　制　273
　　2．利　便　性　274
　　3．階　層　性　275

Ⅵ　国際システムの変動——覇権国の衰退と覇権国の返り咲き　277

Ⅶ　今後の国際システム——四元システム・地域統合・大国の時代　280

Ⅷ　国際システムと日本　282

　参　考　文　献　287

第 1 章

世界秩序と国際システム

I ソ連の崩壊とパックス・アメリカーナ第II期の実現
　　──アメリカ・50年戦争の勝利

1. ソ連崩壊と世界秩序

　20世紀末の世界秩序で最大の出来事はソ連の崩壊とアメリカの主導の高まりであるが，いくつかの側面がある．第一に，東西対立は絶対兵器・核の対立であり，人類は長期にわたり破滅の危機に曝された．しかし，アメリカは巨大なコストを負担し，経済状況を悪化させながらも，核抑止，核管理の戦略により，世界戦争を起こさず，冷戦を終了させた．アメリカが総合的な国力，特に経済力，文化力においてソ連に対し大きく勝っていたことが冷戦勝利の主因であり，また同盟国と協力して対ソ戦略を進め，影響力を高めたことである．

　第二に，50年間続いた二極対立の終わりを意味するが，超大国は米国のみの体制になったが，それは世界秩序の変化を意味し，国際システムの観点からは大きな変化である[1]．東西対立は米ソを頂点とした両陣営の政治，経済，思想面での闘争であり，同盟国を動員し，途上国もこの対立に巻き込まれた．これまでの世界秩序の変更であり，二極体制の崩壊直後は民族紛争，宗教対立が高まった．西側でもソ連カードの消滅は求心力の減少につながり，一時欧州で

はNATO不要論がでたほどである．各国国内政治でも社会主義政党への打撃があった[2]．一極体制への調整はなお続いているが，地域大国の存在は同盟国の対米依存を高め，超大国米国の影響力を強めている[3]．

第三に，20世紀初頭から進歩史観として世界に強力な影響を与え続け，資本主義，帝国主義のアンチ・テーゼとして世界の進歩主義者，若者を魅了し続けた共産主義がソ連の崩壊とともに終わったことである（村上，1992上，3，45）．人間の英知による社会の管理を可能とし，社会主義の計画経済が欠乏を過去の物にするとの考えはソ連社会に強かったが（グレイ，1999，199），現実は恐怖政治と欠乏の社会であり，神の見えざる手を信奉する市場経済に屈服した．リベラルな民主主義が歴史の終わりを宣言した（フクヤマ，1992）が，それはアメリカ中心文明の勝利であった．

第四にソ連崩壊が各国に与える影響は国によって不均整である．緊張の最前線にいた欧州諸国，ソ連と長い国境線を接していた中国などは，軍事的緊張の減少から大きな便益をえた．しかし，アジアでは冷戦の後遺症が強く，台湾海峡，朝鮮半島などに緊張が高い．冷戦後，世界の軍事費はかなり減少したが，東アジア諸国は冷戦後も軍事費を増大させている地域である．日本も国際安全保障問題などへの対応に追われている．全体として見るならば，この変化はもっともアメリカを利している．

表1-1　主要国GDPの世界GDPへのシェアーの推移

	1950	1960	1970	1980	1990	1995	1998
アメリカ	40.3	36.3	31.3	23.3	26.1	24.9	29.2
日　　本	1.6	3.1	6.5	9.2	14.1	18.2	13.4
ドイツ	2.8	5.2	5.9	6.8	7.6	8.5	7.6
フランス	3.4	4.4	4.4	5.4	5.6	5.4	5.1
イギリス	5.3	5.1	3.9	4.3	4.6	3.9	4.8
ソ連(CIS)	8.9	10.5	10.0	9.4	5.2	1.7	1.4
中　　国	3.8	3.8	3.8	2.2	1.8	2.5	3.4

（出所）　1950-80はUNCTAD（1984，85）*Handbook of International Trade and Development Statistics.* New York-UN., 1990-1998は経済企画庁調査局『海外経済データ』より．

2. パックス・アメリカーナ第Ⅱ期（以下 PA Ⅱと略す）の出現

　二極体制崩壊後のアメリカの主導性の高まりは現状を PA Ⅱと定義してよい状況である．パックスの要素としては国力の卓越性，国際社会での覇権の正統性，さらに国際システムの定着を挙げることができるが，国力の卓越性，覇権の正統性，国際システムの定着性などの点ではパックス・アメリカーナ第Ⅰ期（以下，PA Ⅰと略す）の1940-50年代を凌ぐものがある．

　まず，国力を見れば，アメリカは軍事的に一極となったが，核の優位とともに，通常兵力でも圧倒的な卓越性を持つ．情報技術活用の優位がその卓越性を大きく高めていることは湾岸戦争，コソボ介入が証明している．経済面でみれば，財政黒字を実現し，情報革命とグローバリゼーションに乗り，「新しい経済」を実現し，雇用の増加はめざましく，高度成長を続け，世界経済をリードする状況である．80年代，アメリカの双子の赤字が問題とされ，その衰退が議論された事態とは大きな差がある．さらにいえば，アメリカの自由で豊かな社会のイメージは広く世界に伝播し，世界から人材が集まり，英語が通用力を高め，インターネットを媒介にアメリカの文化覇権が高まっている．

　次に，現状の特色はパックスの正統性と国際システムの定着が顕著なことである．第二次大戦後の米国には欧州という先輩国があり，パックス・アメリカーナ（以下 PAと略す）の正統性が全面的に認められた訳ではなかった．しかし，ソ連の脅威をまともに受け，主戦場といわれた欧州で戦後50年にわたり，戦争無しに冷戦を終了させたことは大きな正統性を勝ちとった．NATOへの東欧諸国の相次ぐ加盟申請はその証拠であるが，アジアでも日米安保は認められ，多くのアセアン諸国が米軍のアジアへの関与を歓迎している．

　また，PAの国際システムについては，戦後のアメリカの構想のすばらしさが基本であるが，戦後，50年を経て，その定着ぶりが目だっている．戦後システムは米国の主張である国際主義，民主主義，経済主義を基礎にし，グローバルな国連やブレトンウッズなどの多くの国際機関が設立された．しかし，これらの機関は歴史が浅く，東西対立に大きく攪乱された．

この不備を補い，その定着を補ったのは米国を中心とする主要国による支持組織である．安全保障ではNATOと日米安保条約がその支えであり，経済面ではOECDや経済サミットが，米国と西欧，日本の協力を実質的に支えてきた．同盟国による密度の濃い，恒常的国際協力はPAのきわめて重要な特色であり，パックスブリタニカや戦前の国際協力には見られなかったことである．

冷戦終了後の現在，これらの機関による「法の支配」のさらなる進展がある．国連は加盟国も当初の51カ国から200近くに増大し，冷戦によって歪められた安全保障理事会も機能定着ぶりが目だち，国際安全保障活動が盛り上がっている．国際通貨体制はドルが機能を強め，ドル本位の状態となり，IMFの機能もはるかに強化されている．国際貿易ではWTOが設立されたが，その紛争処理機能の充実は法の支配の進展であり，判例による国際貿易法制定への道である．

以上の過程の中で民主同盟国間での連帯が生まれ，これらの諸国間では戦争の危険が消滅するという「民主制による平和」が誕生した（ラセット，1996）．独仏の和解が典型であるが，これらの民主主義国間では戦争が国際関係の紛争を解決するという伝統は交渉や調整による解決に変化した．

3. 関与と拡大の政策とその反応

国力の卓越性と正統性の浸透，国際システムの定着を基礎に，アメリカは関与と拡大の政策を進める．軍事関与は世界をいくつかの国家群に分け，同盟国とは協力を，無頼国家には封じ込めを，国家形成失敗国には時として関与を，中国やロシアなどの敵対可能性のある地域大国には関与政策を行うことである．最近は地域大国への対応を重視し，中国には責任ある大国への転換を求めている．

関与政策が盾とすれば民主主義と市場経済の拡大政策は槍である．この政策の成功例は韓国や台湾が典型であるが，民主主義と市場経済は中南米，アジア，東欧と拡大し，アメリカは自信を深めている．国連による人権，IMFによる市場経済重視の政策，WTOによる自由主義と法の支配の浸透はこの拡大を促

す役割を果たすが，特に，現在の情報革命，グローバリゼーションは拡大政策を進める上できわめて重要な役割を果たしている．インターネット，英語，ドル，銀行，多国籍企業，多くのNGOはその諸活動を通じて，アメリカの価値，制度，標準を流し，グロバリゼーションを浸透させている．

II 世紀を貫くアメリカの挑戦

1. アメリカの価値の貫徹

以上をどう解釈するかだが，特別な国・アメリカ文明の挑戦のドラマの継続と見ることができよう．クリントンは1996年の大統領二期目の就任演説でアメリカの未来は18世紀「約束の地」で，人間は皆平等だという大胆な信念から生まれた．それは19世紀を通じて堅持され，自由な企業家精神や人類の尊厳を価値観に組み入れ，20世紀にはアメリカを世界最大の産業国家に育て，2つの世界大戦と冷戦に勝利し，20世紀を「アメリカの世紀」にした．自由なアメリカ人は21世紀には情報化時代と国際社会を動かす原動力を作り出さなくてはならないとする．まさに，パックス・アメリカーナ第二期の宣言であるが，アメリカ建国以来の価値の21世紀への挑戦ともいえる．

20世紀を振り返るとウイルソンの14箇条の平和宣言は国際安全保障，民族自決，領土不可侵などとともに，自由貿易，民主主義などのアメリカの価値を表明していたが，それは大西洋憲章に継承され，パックス・アメリカーナの国際システムの基幹をつくった．戦後の国連やガットがそれであるが，戦後のアメリカの国際システムについてガードナーは普遍主義，経済主義，法制主義と性格付け，その後の東西対立の中での実効性を批判した（ガードナー，1973, 28-30, 107-114）．普遍主義とはグローバリズムを重視するため二国間などその下部の組織を重視しないことであり，経済主義と国際関係での経済的枠組み，要因を重視することであり，法制主義は協定重視の考え方であり，それはアメリカの体質に根ざしたものであった．確かにこの様な欠陥はあったが，東西対立は戦後の国際システムの計画者の期待以上のものを冷戦を通じて，アメリカ

に与えた．

2. ユーラシア大陸への関与

アメリカの主張はその地勢，国力の発展に影響される．アメリカは大陸国であるが，大きな島国であり，両洋国家である．アメリカが世界の運営をしようとするとユーラシア大陸に関与しなくてはならない．ブレジンスキーは「ユーラシア大陸への地政戦略」でアメリカが21世紀の世界を管理するにはユーラシアの経営が鍵であるが，それには西欧と東アジアに協力者をつくる必要があるとし，西欧ではフランスとドイツ，アジアでは中国が鍵だとした(Brezinski, 1997)．

アメリカは建国以来，欧州の力を恐れ，1823年にはモンロー主義を発して，欧州列強の影響を排除しようとした．19世紀半ばフロンティアが太平洋に達したため，両洋国家になり，国力の充実とともに，20世紀には世界の列強に伍するようになったが，欧州への接近は可能でなかった．第一次大戦はアメリカの世界政治への参加を可能にしたが，その拠点をつくることはできなかった．アメリカが世界に影響力を行使するとすれば，普遍的原則を述べ，かつ，国際合意を法律にまとめ，主張することであった．

第二次大戦の結果，戦略拠点ができたが，アメリカ軍が欧州，アジアにどの位長く残るかは不明であった．普遍主義，法制主義，経済主義の国際システムへの主張が国連やガットやIMFを生んだが，それはユーラシア大陸にはっきりした拠点を持たないアメリカとして影響力を保つ主張であった．この様な主張は西側の諸国には影響を持つ主張であったが，東西対立はこのような普遍主義，法制主義の主張を通さなかった．世界は分断，対立し，力による支配が横断した．

戦後の東西対立は，しかし，ユーラシア大陸に有効に関与する機会をアメリカに提供した．まず，核による脅威はアメリカを中心とする西側の軍事戦略を密度の濃い統合の状態にし，事実上国家主権は棚上げにされた．さらに，前方展開戦略は50万人の海外駐留軍が欧州，東アジアのみでなくユーラシア大陸の

周辺に50年間にわたり，駐留することになった．現在も，駐留軍人の数は減少したが，NATO，日米安保，米韓条約などは，アメリカのユーラシア大陸への関与の基礎となっている．

この様な関与は同盟国との協力を高めたが，それは安全保障のみでなく，経済面の協力にも影響した．IMFやGATTのグローバリズムの協力組織をマーシャルプランの実行母体の後身であるOECDが大西洋同盟の指令塔として西側戦略を主導した．アメリカの戦時援助を棚上げにする条件で進めた戦後の自由貿易計画はGATTに結実したが，アメリカの率先した自由化が戦後の貿易拡大・市場経済拡大の呼び水となった．ケネディ・ラウンドの成果はその典型である．

アメリカの政策はアジアでも成功した．日本の発展はその典型であるが，東アジア諸国の急激な経済発展は自由貿易の成果を示した．しかも，韓国，台湾を初めとする民主化の波は米国の関与政策の成功を示す．アジア・太平洋の発展はアメリカにとって欧州への切り札であり，ユーラシア戦略の成功である．

戦後の安全保障体制はきわめてコストの高いものだったが，アメリカの関与を高め，正統性を強め，国際システムの定着に寄与した．国際経済でもマーシャルプランなどの援助があり，その市場の提供は国際収支を悪化させた面もあった．戦後の二極体制は短中期的にはアメリカの負担を高め，国力を弱めた面もあったが，それが同盟国の協力を引き出し，超長期的にはアメリカに大きな便益をもたらした．

3. 21世紀への挑戦

関与と拡大の政策は以上の歴史的経緯と成果の上に進められている．かつてない成功の上での21世紀への挑戦である．すでに述べたように，近年の韓国や台湾の民主化，多くのアセアン諸国，中南米の動きはアメリカの政策への自信を強めるが，北朝鮮やイランの無頼国家にも開放の動きが見える．グローバリゼーションは急激に進んでいるが，それは世界の市場経済化を進め，アメリカ資本主義拡販の作用をする．IMFとWTOはこの様な動きを助け，法の支配

を進める役割を担っている．戦後計画が東西対立の激化によって効果を減少させられた経験は，アメリカをして21世紀の世界秩序の構築を周到に，強力に行わしめている．21世紀初頭，アメリカでは政権が民主党から共和党に移行し，ブッシュ政権が実現した．その結果，国防の強化，アジア政策の見直しなどが検討されているが，軍事関与と民主主義・市場経済の拡大の基本路線には変化がない．

　アメリカには世界管理の上でかつてない国力と正統性，国際システムの定着はあるが，しかし，世界には新たな波がある．ワシントン・コンセンサスが時として，自信と性急さの余り，一方主義の批判を招いている．1999年のWTOの閣僚会議へ示された途上国やNGOの環境問題，グローバリゼーションへの批判が典型的であるが，欧州諸国やアジア諸国にもアメリカ型資本主義への反発が見られる．こうした中で地域統合がかつてない規模で進んでいる．欧州の統合の進展は世界を担う大経済圏の出現として注目されるが，独自性を模索する動きでもある．中南米，アジアでも地域統合の進展が見られる．

　アメリカの影響力の強まる中でアメリカの覇権に反発する中国の動向が注目を集めているが，中国の台頭を世界はどの様に受け入れるかは21世紀の最大の課題となろう．インドもまた世界最大の人口大国となるが，21世紀の世界の人口増加は圧倒的に南の国に傾斜することになる．その中で関与と拡大の政策はどの様に作用するか．欧州などの価値を同じくする諸国の統合の進展もある．しかし，長期的には途上国の人口が大きく増えることも確かである．そのときPAはどの様な姿になるか．

4. パックス・アメリカーナと日本

　この様な中で日本はどの様な対応をすべきか．戦後の日本はPAの中で急激に発展し，もっとも成功した国といわれ，80年代には日米バイゲモニーといわれる位に影響力を高めた．しかし，90年代は失われた10年の沈滞ぶりであったが，なお，停滞脱却の道筋が見えない．PAの中での成功が現在の日本の混迷の一因であろうが，日本社会の閉鎖性や官僚主導は戦前からのものともい

える．PA I では問題とならず，現在沈滞が生じたのは国際環境の変化の大きさのせいともいえるが，PA I における日本のあり方が問題であり，その検証，PA II における日本の未来への展望が必要である．

III　パックス・アメリカーナの検証

以上，戦後の PA I と II について見解を述べてみたが，以下，米ソ関係，同盟国との関係，正統性の浸透，国際システムの定着などに関して，PA のいくつかの問題を検証してみる．

1. PA I は一極か，二極か，如何にしてソ連に勝利したか

戦後のアメリカは世界の工業生産の4割を越え，圧倒的国力を持ち，パックスを形成するに十分な条件を持っていた．これに対し，ソ連は強大な陸軍力を展開し，工業生産では世界の約2割であったが，貿易は衛星国に集中し，第二次大戦が終了した時点では総合的国力から見て，戦後は米国一極の体制だったといえよう．しかし，ソ連は共産主義を喧伝するとともに，何よりも核の開発に力を注ぎ，1950年代においては米国の原爆・水爆の独占を打ち破った．さらに1957年人工衛星の打ち上げにおいて米国に先んじ，核兵力においては米国との均衡を実現した．

以来，パックス・アメリカーナは総合国力において圧倒的に勝り，世界のシステムを主導するアメリカに対し，核兵力の充実に力を注いで，米国と恐怖の均衡を保ち，その上に，閉鎖的共産圏を構築し，西側に対抗するソ連との二極体制となった．ソ連は受け身であり，世界の発展はアメリカの主導によった．この体制を二極というか一極というかは議論のあるところであるが，核あるが故にこの体制は半世紀にわたり，継続した．

しかし，アメリカは軍事力のみでなくそれ以外の経済力，交渉力を持っていたので，西側諸国を中心とする同盟関係を結ぶことができたし，また，広く国際貿易，国際金融の交易を通じ，競争的開放市場経済を実現し，世界の発展に

寄与することができた．当初はアメリカからの技術輸出が西側の経済力を高めたが，やがて，大西洋同盟の水平分業的発展が行われた．米国は80年代日本の挑戦に悩まされたが，日本との競争がなかったら今日の強い競争力の経済を実現できなかったと思われる．

これに対するソ連の力は侮りがたかった．当初は中国とも友好条約を結び，共産主義の発展は特に途上国に大きな魅力であった．ソ連はキューバ対決を経て，一層の核の発展につとめ，80年代には米国を凌がんばかりの状況であった．問題は安全保障費はGDPの2割を越えたとの推計があるが，このコストを賄うべき経済成長が時とともに，停滞したことである．競争すべき相手もなく技術進歩は停滞し，ゴスプランによる分業の利益は先細りし，経済成長は80年代急激に減速した．しかも，ソ連は同盟国としての中国を70年代失い，また，その他の衛星国もソ連離れを強め，西側同盟との差を示した．

ソ連にとっての核戦略上の過ちともいえるものは1970年代，西欧に10分で届く中距離核のSS20を配備したことである．西側は団結を強め，1984年西欧は中距離核・INFの導入を決定した．米ソの均衡から見るとき，SS20はワシントンに届かないが，INFはモスクワに届く点で米国に有利であった．レーガン大統領はさらにSDI（戦略防衛構想）を示し，核の勝利ある抑止戦略を示したことはソ連に打撃を与えた（村上，1992上，21）．

このような核戦略の交差もあり，1985年登場のゴルバチョフは米ソ和解の新思考外交を展開し，中距離核全廃条約，戦略核削減交渉などを実現し，ペレストロイカを推進するが，経済は好転せず，同盟国は東欧革命を経て離散し，1991年ソ連は70年の歴史を終えて，15の共和国に解体した．

結論的にいうと，米ソの二極体制は核によって支えられた国際体系であったが，その高いコストを東側がさきに支えられなくなった．WALTZはその主著で二極体制はきわめて安定的とし，核の独占による米ソの共同利益が国際関係を安定させるとした（WALTZ, 1979）．しかし，東西対立は核のみでなく，多くの問題に関連し，総合的国力に勝る米国が大きな経済力と同盟国の協力でこのコストをまかなった．同盟国は単に防衛のみでなく経済の競争者，協力者とし

て米国の活力を支えた．他方，ソ連は総合国力で劣り，有効な同盟国を欠き，負担を長期にわたって支えられなかったといえよう．

2. 摩擦と協力を通じる PA システムの定着と正統性の浸透

第二の問題は同盟国・特に欧州諸国との関係である．戦後の米国は圧倒的国力を持っていたが，パックスを唱える正統性に関しては，なお先祖の国・欧州への遠慮があった．アメリカは特に英国との同盟を重視し，国際通貨体制や国際貿易体制の運営には大きな期待を持った．しかし，英国の疲弊は予想以上であり，その他の欧州諸国の状況も悪かった．マーシャルプランはアメリカの地位を高め，ソ連の脅威は NATO を発足させた．

しかし，欧州にも，長い間，世界を主導してきた自負があった．西欧同盟を発足させ，欧州共同市場を形成したが，経済の復興とともに，政治面での米ソへの対抗の意味があった．戦後の国際通貨体制は金ドル本位制になったが，ケインズはポンドが基軸通貨になれない現実においてバンコールという国際通貨を主張し，ドルを牽制した．戦争直後は米国の圧倒的国力と欧州の疲弊を背景にドル不足が続いたが，欧州が復興した1950年代末にはPAの中核的システムである金ドル本位制は投機にあった．ドゴールは60年代に核開発を行い，NATOから脱退し，ドルの正統性を問う通貨戦争を行った．65年のベトナム戦争の本格化とともにドルはさらなる投機に逢い，1971年8月に至り，ニクソン大統領はドルと金の交換を中止した．戦後国際システムの中核である金ドル本位制は1971年PA成立から4半世紀にして崩壊したのである．

以上の状況をどう考えるか．第一にアメリカの国際収支の状況であるが，60年代には援助や対外投資を加味した公的ベースでは赤字であったものの経常収支は黒字であり，企業や産業の競争力は強かった．第二に，しかし，国際通貨体制での金への伝統的信頼，欧州の強い金選好などがドル投機に影響した．第三に，ドゴールの金購買戦略もドルへの挑戦であるが，その底に看取されるのは米国の覇権の正統性に対する疑問といえよう．さらにいえば，米国の核独占が崩れ，またヴェトナム戦争の泥沼化など，アメリカの安全保障力への評価が

ドル価値に影響したといえよう．欧州の金への執着とドルの正統性への疑念はケインズの国際通貨の提案に類似した SDR の発行に 60 年代末結実する．戦後の欧州にはアメリカの覇権への反発が残っていたといえよう（日本でも日米安保体制への反発は長期にわたった）．

石油危機後の仏独首脳提案の経済サミットの背景には，アメリカと競合する世界経済主導の意欲と紛糾する南北対立への調整への試みが見られる．しかし，この後，70 年代後半から，欧州の世界主導の試みは急激に低下する．第一は，石油危機後の世界経済では巨額なオイルマネーの還流が問題であったが，通貨として耐えられたのは金でも SDR でもマルクでもなく，ドルであり，通貨制度としては変動制以外機能しにくかった．第二に，70，80 年代の石油危機からの脱出はアメリカ経済の拡大によらなければならなかったからである．第三に，70 年代末からのソ連の脅威の高まりに，西欧はアメリカへの安全保障面の依存を強めたが，日本，アジアの台頭はその対抗策としての欧州統合の促進を必要とするなど防衛的姿勢が強まったのである．

以上の状況はドルの地位を高め，ドル本位制が国際システムとしての定着性を高めていく．米国の国際収支赤字は大きいが，それも国際流動性としてのドルを世界に伝播する働きをする．SDR は計算上の単位以外の機能は果たさず，欧州通貨の役割も大きく増大するわけではなかった．

情報革命，グローバリゼーション進展の中で，国際金融市場の膨張は急激に進んでいるが，最近の注目は米国を中核とする国際金融の流れが整備され，ドルの機能が高まっていることであり，ドル体制の国際システムとしての定着を示すと見て良かろう．1999 年からの EURO の導入は欧州の挑戦が続いている面のあることを示すが，今のところドル体制を揺さぶる状況ではない．

3. 日本の挑戦と PA システムの強靭性

1980 年代の PA は日本の挑戦に大きな圧力を受けた．東西対立が激化する中で，それまでの米国を支えていた産業，企業の多くが国際競争力を失い，再編成の必要に迫られた．アメリカの双子の赤字は拡大し，80 年代後半，米国は

債務国に転落し，ドルは急落したが，その最大の原因は日本の台頭である．

　戦後の日本は戦争の被害が大きかったが，東西対立の中で，自らは重商主義的体質を温存しつつ，米国の援助を受け，資源の供給，米国市場の開放などPAの便益を活用した．70年代の環境問題，石油危機を乗り越え，電子技術を導入し，80年代には技術大国，国際収支黒字国として米国に挑戦した．黒字国・日本が国際金融の原資を握り，ドル体制を支えたが，1920，30年代のような国際金融国と通貨国との分離が起こり，ドル本位制の危機と思われた．

　米国は国際貿易での相互主義を強め，日本に市場開放を求め，相次ぐ構造協議を行うとともに，自動車や半導体貿易への介入を行った．しかし，貿易面の処置は限界があり，通貨面の措置としてドルの大幅低下を放置した．米国経済は世界経済の地位を低め，覇権の後退が論議された．しかし，その後の状況は米国が日本（とドイツ）の挑戦を退けたことを示す．

　第一は，ドルの大幅下落は国際通貨体制に機能不全をもたらしたが，結果的には競争者である日本，ドイツの国際競争力を大きく弱める作用をした．90年代の米国の回復の大きな原因はドルの低下と他国でのバブルの発生など国際システムの機能不全を逆用した米国の勝利だったといえよう．

　第二に，国際収支の赤字に拘わらず，米国はマクロ政策において引き締め政策をとらなかったことが，80年代の構造調整を容易にし，90年代の経済回復につながったと考えることができる．すなわち，米国の回復は企業経営の改革，規制緩和，情報革命などの構造改革などによっているが，そのためのマクロ環境の整備がドル本位制によって可能だったといえよう．

　第三に，このような不均衡を続けることができたのは，国際システムにおいて米国の安全保障上の優位が国際通貨体制を支持し，ドルの地位が国際金融や国際貿易の劣位を補ったからであると考えることができる．日本は安全保障，国際通貨では大きな劣位にあった．PAの安全保障，国際通貨などの国際システムの持つ総体性，階層性，国際通貨システムの持つ利便性などが全体としての米国主導のシステムを維持したと考えられる．PAの国際システムは予想以上に強靭であった．

第四に，90年代のドルの大幅な低下と国際システムの機能不全の放置は東西対立の激しい時点では可能ではなかったのではないかと思える．しかし，冷戦の終了はシステム保全のみを優先することなくシステムを運用できることになった．米国優位の確保を可能にしたのは二極から一極への国際システムの変化に伴うシステム運営の変化に負うていると仮説したい．

4. PAの回復

90年代半ばからアメリカ経済が急激に回復し，軍事的卓越性，文化覇権を補強し，正統性を回復し，現在国際システムの定着は進んでいる．80年代の事態からも，90年代初めの事態からも予測し難い変化であるが，いくつかの要因が90年代半ばに顕在化し，相乗効果を強めていると考える．基本的には80年代の困難の中でのレーガン革命の効果と考えるが，国際環境の変化も大きい．

アメリカ経済の再生を掲げたレーガン大統領の政策は東西対立の激化の中で財政赤字を拡大し，アメリカを大債務国に転落させたなど不人気であった．しかし，小さな政府の実現を目指し，60年代から急激に増える福祉支出を抑え，マイノリティ甘やかしの政策の転換をはかり，アメリカ人の勤労意欲を高めようした点では画期的であった．この間，規制緩和や税制改革により情報革命を進め，企業経営の改善をはかったが，この間，アメリカ企業が日本の企業経営や労使関係の長所を多く取り入れその改革に利用したのはアメリカの強さである．アメリカ産業の情報化，経営改善が進み，金融機関の体質改善も進んだ成果は90年代に顕在化するに至った．情報革命の雇用創出と雇用破壊効果も雇用創出効果が上回るようになり，大きな新規雇用が出始めたのは90年代初めである．

冷戦終了はこの様な状況を加速するように働き，その成果を高めた．第一に，米国の軍事負担を大きく減少し，財政再建に大きく貢献した．第二に，冷戦終了は軍需から民需への資源転換を可能にし，経済を活性化した．特に，軍需技術の民間への流出を加速したが，折りからの情報革命での主導を可能にしてい

る．

　第三に，社会主義圏の消滅はグロバリゼーションを促進し，世界の物財，金融市場の一体化を進め，巨大な労働力の参加を促した．

　第四に，以上の進展は小さな政府の追求，企業経営の改善，情報化の進展と一致し，その効果を相乗的に高め，新しい経済の出現を見ている．経済成長は先進国で群を抜き，しかも，景気後退なき生産性の向上をもたらし，巨大な雇用を創出し，PA Ⅱ実現の中核となった．

　これらの諸要素がなぜ，90年代半ば相乗的に働いたかといえば，80年代からの努力が90年代に相次いで結実し，その相乗効果が急激に顕在化したことである．冷戦終了とグロバリゼーションの本格化など，国際環境の変化が相乗効果を高め，急激なアメリカ経済の回復をもたらしたということになる．

5. 短中期の負担と長期の便益

　PA Ⅰについては以上総括すると次の諸点を指摘できる．第一は二極体制はきわめてコストの高い体制となり，アメリカの負担が高く，経済の競争力を弱めた．しかし，アメリカの盟主としての正統性が高まり，国際システムの定着が進んだ．同盟国による安全保障の21/2体制[4]の定着はその典型であるが，正統性の浸透と国際システムの定着は西側同盟国のみでなく一部途上国や中進国にも及んだ．東アジアの奇跡はPAの中で起こったが，民主主義の進展も韓国や台湾などアメリカの関与の諸国で起こった．

　第二に，パックス・アメリカーナは70年代から機能不全を高めたが，西側の団結が高まり，サミットは機能し，アメリカは西側の団結と国際システムの持つ総体性，利便性，階層性により，事態を乗りきった．

　第三に，90年代ソ連崩壊，アメリカ経済立ち直りの中で，国力の回復があったが，PA Ⅰの中で進んだ正統性の高まり，国際システムの定着はアメリカの主導力を急激に高め，PA Ⅱの成立に至った．

　PA Ⅰを展望すると，東西対立の厳しさからアメリカは短中期的には国力の不均衡，パックスの機能不全を招いたが，短中期のコストは長期的にはその主

導性を高め，国際システムの定着を結果することによって完全にペイしたといえよう．

Ⅳ　パックス・アメリカーナ第Ⅱ期の展望

1. PA Ⅱ の強さ

　PA Ⅱ の状況はきわめて強力であるが，今後についてもその継続が予測される．すなわち，第一に軍事力に関しては核，通常兵力とも圧倒的強さであるが，情報力の操作においても卓越性が強まり，アメリカの2000年度の国防報告は2015年まで米国に対抗できる強国は現れないとする．経済力は情報革命のほか，今後，底知れない遺伝子科学の成果が期待でき，金融力，技術の先端性において抜きんでている．社会全体のダイナミズムが高く，世界の人材，資本が米国に集まり，活力を高めている．

　第二に，正統性，国際システム定着についてはすでに述べたが，超大国は米一極であり，二極時代の大きな負担はない．むしろ，一極の論理により，アメリカの政策はより自由になり，国際システムの階層性，利便性，総体性を活用した政策をとれる状況である．アメリカにとって国際機関はこの様な政策運営に好都合の機関である．ただし，法の支配はアメリカにも拘束的に作用する．

　第三に，関与と拡大の戦略についてであるが，民主主義，市場経済の同盟国，支持者は確実に増えている．民主主義は権力分散化の作用があり，アメリカも覇権を強制できないが，かつての欧州の植民地支配，共産圏の強権の支配とは異なる強さがある．また，情報革命，グローバリゼーションの進行も企業活動の地球化，個人の活動地域の選択を拡大するが，これはアメリカ社会をモデルとしている．

　第四に，問題は強すぎるが故の反発であり，普遍性を性急に追求するが故の一方主義への批判である．また，内外の格差問題や環境問題はその弱点であり，グローバリゼーションやアメリカ型資本主義への反発がある．このような問題にどの様に対応するか，それはより長期的な課題である．

2. PA Ⅱの課題

　以上のようにPA Ⅱの現状はPA Ⅰを凌ぐ状態であるが，長期的には大きな問題がある．ブレジンスキーはアメリカは次の20年は自国のみで世界を管理できるが，その次にはユーラシア大陸管理の協力者を必要とすると述べている．その協力者は欧州では仏，独であり，アジアでは中国だとする（Brezinski, 1997）．

　欧州は独仏を中核にさらに統合を進めているが，その目標はアメリカに比べると福祉を重視した社会となろう．2002年からは通貨がEUROのみが流通する状況となり，やがて外交や防衛も欧州ベースで行う状況が長期的には予想される．NATOを必要とするかは，ロシアの動向に大きく影響される．独自性を増す欧州はアメリカにとって単なる協力者というより競争者の面が強くなる．しかし，民主主義の平和はこの場合両者の調整に大きな役割を果たそう．

　他方，アジアの情勢は戦後処理が済んでいない．朝鮮半島の緊張は2000年6月の南北首脳会談で大きく緩和に向かっているように見えるが，いまだ目をはなせない状況である．台湾海峡の緊張は高く，また，今後，石油資源をめぐる南沙諸島の状況も不安である．これらの問題は中国の政策に大きく影響される．

　現代中国には一方に開放政策を追求し，WTOに加盟し，西側やアジア諸国との友好を進める姿がある．経済成長は続いており，世界の大国に向けてのシナリオの可能性は高い．ただし，急速な近代化，市場経済化が国内社会の不安定をもたらすという予測もある．他方に，経済困難を克服する中で核を含め軍備を拡大し，地域覇権を追求する姿勢は周辺諸国に不安を与え，アメリカとの関係を不安定にさせる．インド半島の核問題も中国の姿勢に大きく関係する[5]．

　世界の人口の1/4を占める中国の動向はPA Ⅱの未来にとって最大の課題となる．PA Ⅱへのもっともタフな挑戦者ではあるが，軍事的にも，経済的にもなお西側技術への依存は続こうし，何よりも，中国は米国に対抗する世界への

メッセージを持たない．西欧化に苦吟する中国をモデルと考える国は少なく，第二次大戦直後のソ連の共産主義が欧州や日本でも大きな人気を持っていた事態とは大きく異なっている．

クリントン政権は中国を「戦略的パートナー」とし，責任ある大国への成長を期待した．しかし，ブッシュ政権は中国はパートナーの要素は少なく，むしろ「戦略的競争者」だとする．アジアに関しては日本，韓国，豪州などとの協力を重視し，日本には安全保障で大きな役割を果たすことを期待している．また，長期的には人口大国・インドとの提携を重視している．

3. 地球的課題への対応と世界のガバナンス

人口という点からみるとインドは21世紀中に中国を超える．また，21世紀にかけて世界の人口の増大は急激であるが，人口の多くは南の国で増える．人口の増加は現在でも問題となっている環境，エネルギー問題を生み，貧困の克服，格差への対応の課題の重要性を高めよう．グローバリゼーションはさらに格差を強め，文化摩擦などを強めるとの見解もある．このような問題への対応にはどの様なシステムがよいか．

世界の管理を人口の面からみると，今世紀の前半は帝国主義国が植民地を持ち，互いに争いながら世界を管理した．PA I の時点では，二極対立ながら，大西洋同盟とソ連・東欧の人口は世界の3分の1を占め，世界の所得の8割を占めた．2000年の現在はこの人口が2割を割っている．今後，21世紀にかけてアメリカの人口は増大するが，欧州・日本の人口は横ばい・減少する見込みである．米，欧，日の人口は世界の1割であり，旧東欧や今後，民主主義平和の担い手となる国を合わせても世界の15％ぐらいである．

最近の特色は地域統合協力の進展であるが，欧州の統合が21世紀には大きく進もうし，西半球は北米での地域統合と中南米の統合との連携の可能性がある．アジアでもアセアンの活躍もあり，地域統合が進んでいるが，中国やインドなどの大国が急速に近代化し台頭している．グローバリゼーションの進む中で，21世紀の世界のイメージは，アメリカを中心とする西半球，統合を進め

る欧州，中国やインドの人口大国の登場，それに，アフリカなどの人口急増だが，国家形成のうまく行かない地域，に分かれるといえようか．アジアはその中で発展を続けるが，多くの未来予測は政治的にはきわめて不安定な地域とする．その中で日本はどの様な役割を果たすか．

V　パックス・アメリカーナと日本

1. 日本の混迷とPA I

1990年代，日本は「失われた10年」といわれる混迷と停滞を続けた．混迷は政治，経済，社会全般にわたるものであり，戦後システムの総決算の様相である．政局の混迷は相次ぐ首相の頻繁な交代に示されるが，戦後日本を支えた企業もバブルの崩壊後，業績は大幅に悪化し，いまだ回復に至っていない．さらに官僚主導政治の行き詰まりが明らかになり，戦後の日本を主導した政官財の鉄の三角形は大きな改革を迫られている．

国際関係でみても，日本外交は混迷状態にある．湾岸戦争時の対応が典型だが，冷戦後の国際安全保障の高まりに応えていない．しかも，特記すべきは，日本は戦後50年にして未だに多くの隣国と第二次大戦の戦後処理をしていないのである．ロシアとの平和条約は未だであり，北朝鮮とは国交もない．中国や韓国での歴史認識への批判は強く，これらの諸国とも未決着の領土問題を抱えている．

日本の混迷は，80年代の事態からみれば，大きな差であるが，何が原因なのか．戦後の成功をもたらした体制の制度疲労が基本であるが，国際情勢の大きな変化に対応できていないからである．上記の混迷の原因である一国平和主義，官僚主導体制，集団主義のシステムは戦後の日本の成功物語の柱であるが，いまや，制度疲労を強め，混迷を深めている．

奇妙なことに，日本のシステムは80年代以来，国際主義，市場経済，個人主義・民主主義を柱とするアメリカシステムと日米構造協議などに象徴されるように，「文明の衝突」を起こしてきたともいえる．アメリカが主導する世界

の潮流との衝突は激化しているといえるが，戦後，日本を「占領」し続けてきたアメリカとなぜ今「文明の衝突」を起こしているのか．アメリカが日本に大きな改革を迫った戦後になぜ，文明の衝突は起こらなかったのか，あるいは調整できたのかである．日本の混迷はPA Iに発しているといえる．

2. PAの対日政策と日本システムの成功とコスト

米国の戦争直後のアジア政策は中国をアジアの安定勢力とすることであり，敵国日本には徹底した非軍事化と民主化をはかった．その中で日本は細々と生きて行けば良い，戦後の困難は日本人の侵略戦争や非人道的行為のおかげであり，戦争犯罪人は処罰されるべきであるという方針であった．そのアメリカが対日政策を変更したのは東西対立の激化であり，中国大陸における中共軍の優勢とその後の中国人民共和国との敵対関係である．

アメリカは政策を変更し，日本をアジアの安定勢力とし，不沈空母とする方針を決めた．このためには安保条約により，日本の外交，国防に関与するが，日本社会の安定・発展が重要であり，国内政治への干渉は少なかった．平和憲法の制定により，天皇制は保存され，戦争責任も当初ほどきびしくなかった．日本の官僚制は維持され，重商主義的な1940年体制はむしろ強化され，経済発展のため，援助も行われた．日本は歴史に見るように，異質文明移植の天才であり，アメリカの関与に対し，選択的吸収により，その長所を部分的に取り入れ，独自の社会システムを守りながら発展した．それは大きな成功をもたらしたが，現在の後遺症もその過程で生じた．

第一に，平和主義は憲法が典型であるが，戦後，日本が戦争に巻き込まれず，経済立国の路線に邁進し，経済発展を遂げる役割を果たしてきた．しかし，憲法9条による軍事力保有禁止の規定は自衛隊の合憲，違憲をめぐって延々たる議論を長期にわたって展開した．日本は法治国家かとの疑惑を生んだが，より重要なことは世界の安全保障，日本の防衛戦略に関する日本人の思考を著しく貧困にしたことである．米国との日米安保条約は日本の国防と外交の中核をアメリカに依存することとなり，冷戦の中，日本外交は米国への過度の依存を高

め，アジアとも政治的に隔離され，一国平和主義の発展を遂げてきた．日本が戦後50年にして，ロシア，北朝鮮，中国，韓国と戦後処理が十分でないことは，敗戦国日本がPA Iの中でとってきた政策に大きく影響されている．また，国際安全保障への対応の不十分さも湾岸戦争，コソボ，チモールなどへの日本の参加が小さいことに示されるが，PA Iの中での推移の影響が大きい．

　第二に，官僚主導は手本ある追いつき型発展には有効であり，政策の大筋が決定される中での小さな改善には有効なことが多い．1940年体制が残存し，外資を入れないで国内資源の動員により発展するやり方も重商主義的体制を前提にすればそれなりの効果があった．特に，日本は国民国家の素質が強く，閉鎖的だが，一億人を越す人口の国内市場を持ち，技術を導入し，資源を集中しての発展に成功した．日本モデルはアジアの開発独裁の原型となり，途上国では根強い人気があった．

　日本は急速に発展し，80年代は日米バイゲモニーといわれるまでになったところで，日本はその富を何に使うのかとの問いがでた．大国としての世界へのメッセージへの問いであるが，戦後富国を国家目標とした日本には，目標を達成した段階で新しいメッセージを持っていなかった．官僚にはこの様な転換は困難であり，政治の出番であったが，米国に外交と国防を依存してきた日本に新しいメッセージを発することは難しかった．

　変革には政治主導が必要であるが，戦後の日本で行われることは希であった．代わりを努めたのは外圧であった．しかし80年代の米国からの外圧にも，政治的決断を伴わない官僚主導では防衛的にしか対応できなかった．日本社会の開放も十分でないままバブルの道へ転落した．また，企業が国を選ぶ時期に日本企業はノーハウを海外に輸出するが，海外企業の経営の長所を吸収できず，開放経済の便益を放棄してきた．冷戦終了後の日本は政治的判断の重要性がますます高まっているが，政治は未だに混迷し，新しい道が示せない．

　第三に集団主義はかつて日本企業をささえ，平等主義教育は日本の発展に寄与した．集団主義はタテ社会の基礎であり，社会組織の団結を強めた．しかし，平等主義を強め，出る杭を打った．日本企業は従業員中心主義により大きな発

展をし，官僚は省益をまもって団結した．団結は強まったが，同時に日本社会の閉鎖性は強まった．また，個性化を弱め，個人としての説明責任を弱めた．追いつき型成長には適していたが，少数意見を圧迫し，社会全体としての独創性を弱め，政策転換を抑止した．

集団主義はしかし，日本の価値につながる部分も多い．世界に冠たる企業組織をつくったのもイエ文明であり，日本語が残る限り，その社会観は日本人の集団性を残すであろう．問題は個人主義，少数意見尊重，説明責任など，国際化，地球化，情報化，メガコンペチションの中で生存・発展に必要なものを取り入れることであるが，どの様に行うか．

3. 日本の方向

日本の現状はこれまでの発展の柱の一国平和主義，官僚主導，集団主義が世界の潮流である市場経済，個人主義・民主主義，人権重視の国際安全保障などと不適合を起こしている状態であり，それは同盟国・アメリカ文明との摩擦・衝突ともいえる状況である．このような摩擦・衝突は日本が大国となった80年代以来起こっており，日米構造協議や湾岸戦争はその典型である．この様な不適合はPA IIの出現とともに，強くなっている．過去の例で行けば再び，日本は文明移植を試みれば良いことになる．しかし，過去と異なるのはグローバリゼーションと情報化によりシステム間の接触がより直接的になっていることであり，要請される変化のスピードが早いことである．また，日本自身先進国になっており，追いつき型発展は必ずしもうまく作動しないことである．

日本が文明摩擦に混乱しているといっても，日本が民主主義の国であり，また，市場経済の国であることは明らかである．平和主義は日本の歴史の中では戦後のものであるし，一国主義の歴史は長いとはいえ，克服できないものではない．官僚主導もお上意識となると長い歴史だが，明治時代の政治主導は見事であった．集団主義はしかし，より根元的ともいえる．個人主義的主張は強くなり，家族や企業との関係も代わってきている．しかし，一人称の表現として日本語は多種の表現を持つが，それは対人関係の中で異なる自分を意味し，日

本語の影響は集団的な考えを残存させよう．

　日本は世界の潮流の中で否応無しに変革を迫られる部分はあるが，上記のような日本の価値，長い歴史の遺産を拭い去ることはできない．それは日本人の自己意識であり，これまでも日本を支えてきたものである．明治以来欧米以外で工業化に成功した唯一の国であり，アジアにも大きな影響を及ぼした国である．欧州がアメリカ文明に対する主張を福祉重視の社会においているように，日本も個性を高めながら集団主義的なシステムを主張することになろう．

　以上を前提に新しい日本型民主主義，市場経済を今後の目標としたいが，それは政治主導，個性の重視，開放社会，国際社会への責任の重視などの内容となろう．このような内容を保障するため憲法の改正，首相公選制の実現，規制の緩和，教育改革などが必要とされるが，その上での外交の積極化である．

4. 日本の対外政策

日本の対外政策に関してはこれまで，独自の政策がなく，アメリカや外国からの外圧で動いているとの批判が強い．それは国防や外交をアメリカに任せ，世界へのメッセージがなかったことの後遺症であるが，戦略性の欠如が目につく．それは目標の欠如に関係しており，目標のないところに戦略は生まれず，戦術も育たない．アメリカ外交を見ると目標がはっきりし，戦略は骨太で，戦術は柔軟であるが，中国の外交も見習うべき点が多い．

　例えば，日本と北朝鮮との国交回復に当たって，経済協力や戦時保障が問題になると思うが，その場合，日本にとってどの様な朝鮮半島が好ましいかという目標を検討すべきであり，その目標に応じて戦略が決定され，具体的な保障問題などが，戦術として決定されるべきである．現在の議論は戦術が先にきて長期的目標や戦略の形跡が見えない．

　以上が前提であるが，日本にとってアメリカとの関係は今後もきわめて重要であることはいうまでもない．文明摩擦はあるが，民主主義，市場経済の国として大きな方向には異存がない．しかし，この場合，改めてアメリカ研究が必要である[6]．欧州のように独自性を持った社会の建設という目標が必要であり，

日本の特色を持った社会の建設である．高齢化の進展は日本社会にとって試練であるが，特色ある社会建設の契機となるように知恵を傾ける必要がある．

外交に関しても，日米安保体制の維持・日米ガイドラインの協力は重要である[7]．しかし，アメリカは一極の論理に転換していることを十分に認識すべきである．その上で上記のように日本の目標，戦略を打ち立てての協力・調整となる．そうでないと，また，アメリカの骨太の戦略に圧倒され，外圧として押されるだけになる．他方日本には，PAでは不十分な，未解決の地球環境や格差の拡大，貧困対策などでの協力拡大の分野があろう．日本はこれまでも途上国への援助では大きな実績がある．

アジアとの関係はきわめて重要である．まず，日本の選挙区はアジアだということを改めて知るべきである．そのアジアは今後も世界の中でもっとも発展の可能性の高い地域であるが，同時に今後世界でもっとも安全保障上の問題が発生し易いと見られていることにも留意すべきである．PA Iの経験はアメリカ依存の体制が日本の未来に大きな硬直性を残していることがわかる．安全保障問題は国家 100 年の尺度で考えるべきである．

日本は，しかし，経済の面では例外的といえるほどアジア太平洋地域の協力の発展にリーダーシップをとってきた．1960 年代の小島清教授の太平洋自由貿易地域構想以来，財界や学会の協力でも，また，1980 年形成の PECC やその拡大・延長ともいうべき APEC の発足でも主導的役割を果たしてきた．その際に，太平洋協力の中核というべきアセアンとの関係はその発展，拡大，強化に大きく貢献してきた．

アセアン諸国は 1993 年のアジア地域フォーラムを発足させ，アジア太平洋の安全保障の対話の発展に大きな役割を果たした．自らはベトナムなどの諸国の加入により，加盟国を増やすしたが，欧州と東アジア諸国との関係強化の国際会議も設立するなど，国際的活動の活力は目を見張るものがある．1997 年のアジア通貨危機はアセアンにも，太平洋協力にも大きな危機であったが，宮沢構想を初めとする日本の対応はアセアン諸国の支持をえている．

このような資産を日本は大事にすべきである．日本にとってアジアはきわめ

て重要な地域であり，それはまた，アメリカや欧州など他の地域との交渉において日本の大きなカードであることを銘記すべきである．日本とシンガポールや韓国との自由貿易構想も歓迎すべきである．これに関連し，中国がアジアの活動に活発になり，東アジア3カ国の首脳会議も定例化してきたことは喜ばしいが，アジアにおける日本と中国の主導権争いの面もあることに留意すべきである．

VI 世界管理の上での国際システムの視点の有効性

PAの検証になぜ国際システムの視点が有効かというと，国際システムは世界秩序のシステムであり，世界管理のシステムだからである．PAはまさにアメリカが世界を管理するシステムであり，システムを通じて世界秩序が理解されるからである．いくつかの視点がある．

1．パックスを形成する要素

第一に，筆者はある国がパックスを形成するには卓越した国力，パックスの内容となる国際システムの認知，さらにパックスを主導する正統性を必要とすると理解している．システムは安全保障，国際通貨，国際貿易が主要な柱であるが，強い軍事力，経済力がなければ，世界に跨る安全保障や国際通貨体制，国際貿易のシステムを形成，主導できないからである．しかし，それだけでは十分条件ではない．そのシステムが他の主要国も受け入れることができる内容だという国際的合意が必要（その中で生存できる）であり，さらにシステムの運営などでの主導性を他国が受け入れる正統性の認知が必要である．

ナポレオン戦争後の英国と第二次大戦後のアメリカはこのような条件を持っていた．ウイーン会議後の英国は世界に誇る海軍力を持ち，またフランスに最後まで屈服せず，大陸の同盟国を応援し，ワーテルローで勝利した正統性があった．国際システムとしては欧州での勢力均衡と世界の海路を支配することによって国際貿易・通貨体制を供給した．第二次大戦後のアメリカも圧倒的な国

力と国際主義，民主主義，自由貿易の国際システムを持ち，第二次大戦を勝利した正統性を持っていた．しかし，ソ連はアメリカ主導の体制を受け入れず，欧州諸国にも正統性に関しては若干の留保があった．

2．主導国の国相と主要国との関係

第二に，世界管理システムは主導国の特色（国力・地勢），主要国との関係に大きく影響される．国際システムの制御の形態としては一極，二極，多極があるが，一極が安定的とされる（Gilpin, 1981, 29）．しかし，国民国家を主体とする現代にあって，一極が安定的といっても，かつての帝国体制のように，すべての国を征服はできない．一種の幕藩体制として植民地を持って強くなるか，同盟国との協力による制御によるか，あるいはその混合である．

イギリスは島国であり，人口は大きくなかった．従って，海軍力と産業力を柱として，欧州での勢力均衡と海の支配，植民地支配を中核とする国際システムを築いた．イギリスの支配は，欧州大陸には及ばず，19世紀の欧州は多極の状態であった．しかし，その特色を生かし，最盛期には7つの海を支配し，世界の領土と人民の4分の1を支配して世界を管理した．

アメリカはすでに述べたごとく大きな資源と市場を持ち，人口も多く，植民地の必要性は少ないが，島国であり，世界管理にはユーラシア大陸への有効な影響力の確保が必要であった．戦後アメリカは圧倒的軍事力，経済力の上に，グローバルな安全保障システムと自由通商体制を発展させることにより影響力を高めようとした．しかし，東西対立の中，これが不調になると，ユーラシア大陸の両側に強力な同盟拠点を築き，同盟国との協力において安全保障を維持し，自由通商体制による世界管理を進めた．

覇権国と主要国の関係は国際システムに大きく影響する．戦後のシステムは米ソ二極体制となったが，世界の主要問題には必ず米ソ関係が絡み，その調整が必要となった．二極体制は長期化し，国際関係は二極が安定だとの論もでたが，両国とも大きなコストを負担したため，ソ連は崩壊し，米一極となった．ソ連が核を持ち，独自の勢力圏を築いて立て籠ったが，これをもって，ソ連が

パックスを築いていたとはいえない．冷戦中もアメリカ一極だとの評のあるくらい，国力，正統性，国際システムの主導性において差があり，二極とはいってもPAの中の二極体制であった．

3．主要な国際システム，安全保障・国際通貨・国際貿易

　第三に，世界管理は安全保障，国際通貨，国際貿易システムを通じて行われる（このほか国際通信，郵便などのシステムがある）．これらのシステムは覇権国あるいは主要国の利益を維持，促進する面のあるところから，世界支配のための私的財と性格付けられることがある．ただし，他の国も自身で国際システムを形成できなければこれを利用した方が便利であり，他方，覇権国もその覇権を維持したければ，私的利益を抑えて公共財的運用をした方が得である．

　アメリカは植民地を持たず，主要国との協力によってシステムを運用しようとしたため，公共財的主張を強めたが，東西対立がそのような傾向を促進した．ただし，システムによっては多くの国の参加が難しいものもある．

　戦後の安全保障システムは当初，国連中心のシステムとして形成されたが，平和の維持，公正な平和，多数の参加を重視し，侵略，武力の行使に対しては，国連軍による排除を行うなど強い姿勢を示す．その背後には両大戦への反省，戦争を悪だとする強い国際安全保障への意識がある．

　国際通貨体制は金ドル本位制，IMF体制となったが，統一した通貨体制のもと各国通貨価値の維持，国際流動性の確保を目標とした．金ドル本位制は71年崩壊したが，ドル本位制が実現した．国際貿易システムも戦前の貿易戦争への反省から，保護貿易の抑制と自由貿易の促進をめざした．貿易による国際的資源配分の適正化による経済成長の促進がその大きな役目であるが，これが戦後の高度成長を実現した．最近のグローバリゼション，情報革命は国境の壁を低め，企業が国を選択する時代を促進している．WTOの発足は自由貿易の論理の貫徹と法の支配を強化している．

　これらのシステムのうち安全保障システムは参加者が多く，グローバルなシステムと並んで，欧州・アジアにNATOや日米安保などの地域的システム，

さらに二国間システムが発展し，システムの定着を支えているが，国際貿易についても同じように，APECやEU，NAFTAなどの地域システムがグローバルなシステムを支えている．しかし，国際通貨システムは階層性が高く，参加者は少ない．

4．国際システムの総体性，利便性，階層性

第四に，国際システムは総体性，利便性，階層性の性格を持つが，覇権の変動は国際システムの運営に大きな影響を与える．モデルスキーは世界国家は4つの時期を経るとする．世界戦争，世界国家，非正統化，分裂・崩壊の時期である (Modelski, 1986)．世界戦争に勝利したあと，新覇権国は国際システムを総体的に活用して世界国家の基礎を固める．アメリカは戦後，米ソ対立の中，安全保障の維持と自由通商体制を総動員して，体制間の競争に対応し，PAの基礎を固めた．システムは定着し，公共財の色彩を強め，正統性の浸透があり，同盟国の協力体制が整った．現在，アメリカはPA IIのシステムを関与と拡大の政策により，総体的に構築中である．

国際システムは国際通貨体制が典型だが，一端確立するとその利便性から簡単に退位しない．基軸通貨がなくては世界経済は一日も成り立たない．基軸通貨に少しぐらい欠陥があっても代わりの通貨が十分に役割を果たすまで基軸通貨は退位しない．世界国家から非正統化の過程は緩慢で長い．ポンドもイギリスの国力の衰えた1920年代まで基軸通貨であった．アメリカの国際収支の赤字が大きくとも，ドルに代わる通貨が出現しない限り，ドル本位は続く．通貨は利便性により覇権の遅行指標の性格を持つ．

また，国際システムは各国の参加，管理の仕方により階層性を持つ．世界の安全保障システムと基軸通貨のシステムの階層性は高く，国際金融や国際貿易システムの機能不全を抑える．1980年代のアメリカは日本から国際金融と貿易での挑戦を受けたが，その挑戦を抑えたのは安全保障と基軸通貨の優位を持っていたからである．システムの階層性は利便性，総体性とともにシステム維持の作用を持つ．

5. 国際システムの変動

　第五に，覇権国の盛衰，主要国間の関係の変化は国際システムの機能状況と密接な関係を持つ．国力の充実過程は産業，国際貿易，自国の防衛，国際金融・投資，国際通貨，世界の安全保障システム，基軸通貨の順序を経る．この流れからいうと，摩擦は貿易摩擦から起こるが，それは後進国にとって登龍の門といえよう．防衛摩擦も貿易摩擦と同じ状況で起こるが，やがて，金融摩擦に発展する．しかし，国際通貨摩擦は先進国，主要国間で起こるということになる．

　覇権国の力が大きく衰えると，国際システムは不安定になる．まず，貿易摩擦が激化し，国際金融での依存が高まり，国際通貨不安が起る．さらに進むと，基軸通貨の交代や世界的安全保障システムの動揺・変動に至る．1980年代にはアメリカの衰退が問題とされた．パックスブリタニカからパックス・アメリカーナへの変化時には国際社会は激動し，国際システムの大変動があった．また，二極体制の崩壊は未だに大きな影響を世界に与えている．

　ギルピンは国際システムの変動の態様として第一に国民国家体制の崩壊（世界連邦制の出現など），第二に世界管理システムの変化（PBからPAへの変化）と，第三に国際システムの定期交流・管理のルールの変化（金ドル本位制の崩壊など）をあげる．米ソ二極体制の崩壊は世界管理システムの変化といえるが，国際システムの管理ルールの変化の面もある．

VII　本著の内容

　本著は以上第1章を皮切りに，国際システムの視点からパックスアメリカーナを検証し，日本の対応を考えるという問題意識のもとに，戦後の国際関係を分析し，今後の国際社会の未来を展望する．第2章はPA Iの総合的検証を行う．第3章はPAの安全保障システム，第4章，PAの国際通貨体制，第5章，PAの自由通商体制であるが，PA Iの国際システムを中心に分析を進める．第

6章はPA IIの成立とその展望を試みるが，第7章はPA IIと特に中国・アジアの関係を論じる．第8章はPAと日本の問題を取り上げる．第9章はPAの分析を通じて国際システムの理論的分析をする．

1) 世界秩序の変化は国際システム論ではきわめて大きな変化である．かつてフランス革命の後，新しい世界秩序が出現したのは35年後のウイーン会議であり，第一次大戦後の欧州中心の体制からPAへの変化に30年近くかかっている．また，国際システム論において二極は不安定だとの議論が強いが（Gilpin, 1981），Waltzの様に核管理を中核とする米ソ二極は安定的だとの論もある（Waltz, 1979）．
2) ソ連の崩壊は各国の国内政治に影響した．東欧やアジアの旧社会主義政権は相次いで，崩壊，変貌を余儀なくされたが，西側社会での社会主義政党も相次いで挑戦を受けた．日本の自民党，社会党の対立，連携による55年体制の崩壊もこの流れの上にある．
3) 二極体制時，アメリカも同盟国もソ連カードがその団結を強める役割を果たした．アメリカは同盟国がソ連側につかないよう大きな配慮をしたし，同盟国もソ連の脅威を恐れた．冷戦終結後，両者からソ連カードは消え，アメリカは世界で恐いものはなくなった．しかし，欧州，日本はともにロシア，中国の脅威がありアメリカへの依存が増大している．
4) 冷戦中，アメリカは欧州，アジアでの大戦争とその地域での中規模戦争を同時に遂行できるように，武力の前方展開を行い，即応性を高めていた．現在は2つの地域での同時戦争に対応できるようにと体制は変わっている．
5) 中国の核兵力は急速に増大している．将来の姿として，米国に対抗する水準に近いところまで達すると見るか，米国の宇宙戦略の前に次第に効力を失うと見るかによってその脅威は大きく異なる．
6) 1980年代，米国は日本経済の強さの原因について多くの研究を行ったが，日本側に徹底した米国研究は欠如していた．米国の構造的強みである社会の開放性，競争重視の強みを軽視していた．
7) 最近のアメリカでの21世紀の展望はアジアでの安全保障が重要だとの認識であり，日本に対し集団自衛権の行使や国連平和維持軍などでのより積極的役割の期待が強い．ブッシュ新政権を支える人脈も日本を重視する流れであるが，それだけ日本に対しアメリカのアジア政策への協力の要請を強めよう．

第 2 章

パックス・アメリカーナを検証する

I 西欧文明の継承者,異端者・アメリカ

1. 西欧文明とアメリカ

　西欧の興隆は16世紀以来であるが[1],人口としてさほど大きくない国が次々と台頭し,生産力を高め,他の大陸に進出し,世界を覆う国際システムをつくって,世界をリードしてきた.アメリカの国相は異なるが,西欧文明後継者の流れを汲んで,今世紀,主導国として登場し,世界をリードしている.

　村上は西欧発展の理由として,キリスト教から発生した能動主義と個人主義を挙げる.個人主義は民主主義の基礎であるが,能動主義が自然科学,工業技術を生み,現在の欲望を抑えて将来に備える手段主義が資本主義を促進したとする (村上他, 1979, 119-124).ウエーバーは西欧文明の特色として「魔術からの解放」「合理性の追求」を挙げる.プロテスタンティズムの禁欲的職業倫理が非合理的衝動や欲望を統御して,合理性を追求し,勤勉な労働を生み,資本主義の原点となった[2].都市の強い自治が自由な合理性の追求を可能としたのに対し,東洋では帝国による秩序の論理が強く (BOX 1―帝国文明),都市の自由な発展を阻害したとする (ウエーバー, 1975).

BOX 1 ──帝国文明

　帝国文明は中国，インド，トルコ，ローマなどが典型であるが，広大な領土での高度農業文明を基礎とし，強大な軍隊を持ち，運輸網を発達させ，中央集権的支配を築いた．帝国体制は支配層と被支配層の秩序維持のため，進歩・発展より秩序・安定を重視した．多くの民族を統治するため，時として皇帝の宗教的権威を必要とした．有史宗教がこれらの帝国に発展したのは偶然ではない（村上他，1979，66-67）．帝国は周辺民族に対し，同化，吸収，朝貢などの関係を形成し，帝国を拡大した．長期の生命を有したが，西欧文明の世界化は帝国文明の破壊の歴史といえる．

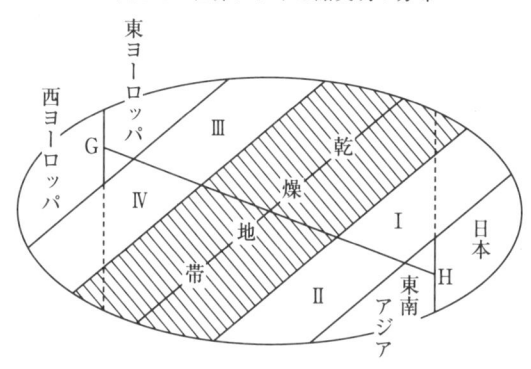

図 2-1　世界における諸文明の分布

（備考）　梅棹忠夫によると，世界の中央に乾燥地帯をはさんで第2地域の中国（Ⅰ），インド（Ⅱ），ロシア（Ⅲ），トルコ（Ⅳ）各帝国があり，建設と破壊をくり返した．その周辺に第1地域の西ヨーロッパ（および東ヨーロッパ）並びに日本（および東南アジア）が位置する．
（出所）　梅棹忠夫『文明の生態史観』中公叢書，中央公論社（1967年，167ページ）．

　ロッジはアメリカの伝統的イデオロギーとして個人主義，私有財産，競争原理，限定的国家権力，科学的専門化をあげる（Lodge, 1976, 10-11）．アメリカの発展は強い個人主義・民主主義に支えられ，自然への能動主義はきわめて強烈であり，20世紀資本主義の牙城となった．広大な処女地，束縛のない社会環境は能動主義を強め，自由競争，個人主義，民主主義はアメリカの価値とな

った(ただし,私有財産やこれらの権利を犯す可能性のある国家権力には強い警戒を示す).また,現在のアメリカ人のキリスト教への信仰の強さは西欧を凌ぐものがある[3].

アメリカの1776年の独立宣言は自由,人権,民権を強く訴える理念を示すが,ロックの民権思想とモンテスキューの三権分立の構想が基礎をなしている.欧州はその先祖の国であるが,アメリカでは三権分立はより独立的に取り扱われ,議会の権限の広範さと強さが特色である(議会と大統領の関係についてはBOX 3を参照).議会は法案提出権,予算編成権と関税変更権を独占し,公務員の任命も議会の承認を必要とするなど強い権限を持つ(通常,予算の編成権は行政府が持ち,法案の提出は行政府も可能である.).さらに,議員は数十名の秘書を公費で保障されるが,議会の委員長の権限の強さも目だっている.大統領は直接選挙であり,その地位,身分は犯されないが,議会選出の日本の総理大臣に比較するとその権限にはより大きな制限がある.

なぜ,議会の権限が行政府に比較して強いかといえば,アメリカが植民地だったという歴史と深い関係を持つ.アメリカの独立宣言はイギリス国王の専制主義を強く非難し,独立の理由とするが,大統領に対してもこのような警戒の念を持っている.建国以来,連邦主義者と分権主義者の対立が続いている.アメリカの中央銀行は1820年代廃止されたが,中央銀行を通じて連邦の権限が強くなりすぎることを恐れたものであった.連邦準備制度が復活したのは,第一次大戦最中の1917年であった.

国民国家は帝国の規模の長所と都市国家の人民の忠誠心の長所を結合した西欧の政治発明だとはギルピンの指摘であるが,国民国家の成立は絶対王政によってつくられた領土に集められた「君主の人民」が愛国心を強めて,「国家の人民」・国民として自己を認識することから始まる[4].西欧ではこのような自己認識は同じ民族が国民の多くを占めていたため,比較的容易に形成されたが,現在でも,なお,少数民族の問題は残っている.

この点,アメリカは移民からなる多人種国家である.人種の融合,坩堝を目指し,努力が重ねられたが,長年の間,人種問題はアメリカのアキレス腱であ

った．アメリカ社会の分裂を防ぐため，アメリカの価値が強調され，自由，人権，競争などの価値がイデオロギーのような強さとなった．

しかし，このような多人種国家であるが故に21世紀を迎えて地球化の時代のアメリカは社会の活性化を経験している．クリントン大統領は97年の第二期大統領就任演説でアメリカは長く人種問題に悩んだが，今やその果実を享受していると述べている．多民族国家であることは世界の事件の影響を受け易いが，海外の人材はアメリカに向かい，海外とアメリカとの交流は直接的となる．また，技能を持たない移民が多数移住したため，単純労働の組み合わせによるテーラシステムを発展させたが，これが海外への技術の移転を容易にした．

西欧や日本は土地，資源に限界があり，物質節約の精神が強く，また社会の制約に大きく影響されてきた．アメリカ人は新天地を目指して社会の制約から逃れ，自然への能動主義を高めた面がある．豊富な資源，食料があり，大量生産，大量消費の生産・消費の社会をつくり，豊かな社会を実現した．節約の徳を古びたものにしたが，豊かな社会，競争社会の技術革新はさらに急激な進歩を遂げている．他方で，環境・エネルギー資源の多消費はアメリカ文明の強い副作用であるが，その能動主義は情報技術や遺伝子技術など新しい技術・物質の出現をもたらすことに貢献している．

2. 国際体系の特色

西欧は国民国家体系の上に世界を支配する体系をつくった．西欧国際体系の柱として，主権国家，勢力均衡，国際法があげられるが（シューマン，1991, 71），近代欧州では欧州全体を統合する帝国のなかったことが，各国の競争を強め，発展を促した（ケネディ，1988, 45-51）．欧州は英，仏，露，墺，普などの大国を中核とする勢力均衡の国際体系とが構築され，同時に欧州諸国間では外交や戦争に関する国際法が発展した．16世紀，欧州は新大陸を発見し，また，東方への海路を開拓して，大航海の時代を開くが[5]，それは欧州を中継として，アメリカとアジアが結びつき，シーレーン管理を中核とする世界政治システム（Modelski, 1980, 4），あるいは世界貿易・世界経済システムが成立した（ウォーラ

ステイン，1981，II，280-4)．この世界システムは植民地を必要としたが，これを管理するには島国か半島のシーパワーが有利となり，16世紀以来，ポルトガル，スペイン，オランダについで英国が覇権を握った．

　パックス・ブリタニカは人口大国でないイギリスが産業革命をリードした経済力，議会制民主主義，海軍力により，世界システムを構築したシステムである．欧州での勢力均衡と海軍力を利用した植民地支配をテコとする世界管理であるが，「5つの錠前」の主要な基地を設け，海路の管理に当たった（ギルピン，1977，77)[6]．最盛期の英国は植民地を合すると世界の人口と領土の1/4を支配したが，それは安全保障，貿易，投資，通貨，金融のシステムによる管理であった．

　米国は島国ながら大きな大陸国であり，西半球は米一極の構造であることは，19世紀初頭，欧州の西半球への干渉を排除するモンロー主義の採用を可能にした．安全保障の有利さを示し，しばしばアメリカの孤立主義を特色づける．他方，米国が大西洋，太平洋の両洋国家であることはユーラシア大陸への関与を可能にしているが，戦後の技術進歩と米国の国力の増大は世界管理の上でのこの地勢的優位を高めている．英国が世界管理のため，ユーラシア大陸の東側に至る長い距離を克服しなければならないことと対比するとその優位が鮮明になる．また，移民の国ながら大きな人口，豊富な農産物，資源に恵まれ，大規模な市場と資源多消費型の大規模生産の発展を可能にした．加工貿易の必要性が低く，植民地を必要としない点も西欧と異なる．アメリカはこのような地勢と国力と正統性を軸に世界管理のシステムを発展させた．21/2体制の安保システムと通貨，貿易システムである．

　アメリカが世界国家となる時点で西欧国際体系と異なる国際環境がいくつかある．第一はアメリカに対抗したソ連が共産主義というイデオロギーを持った国だということである．国民国家の行動原理は勢力均衡であるが，国家同士に価値の上下はなかった．しかし，戦後，共産主義は資本主義を否定する体系であり，それへの対抗には強い主張を必要とした．この点でアメリカは強い価値を持ち，東西対立では価値の優位をめぐる争いが重要となった．対立はイデオ

ロギー，社会体制，経済体制に及び激しいものとなった．

　第二は，勢力均衡を原理とする19世紀の欧州の体系では戦争は外交の延長であり，悪ではなかった．しかし，第一次大戦後の国際関係において軍縮が唱えられたが，その背後には戦争は悪だとの考えの台頭があった．アメリカの国際安全保障の考え方にはこのような変化を反映している．国連は侵略行為，武力の行使を禁じたが，核の登場は大量虐殺へ反対する国際世論を強め，大国の行動への大きな制約となった．

　第三に，パックス・ブリタニカの成功は英国帝国主義モデルを伝播させ，世界を覆う植民地形成が進行した．20世紀初頭には10に満たない列強が世界の領土と人口の7割を支配した．しかし，戦後は植民地の独立が相次いだ．アメリカが植民地を必須のものとせず，その国際主義が反植民地主義を拡大した事情がある．戦後における民主主義の伝播は世界に強い影響を与えた．

　第四に，科学技術の発展，世界貿易・投資の拡大は世界の相互依存を急速に高めた．アメリカの多国籍企業が大きな役割を果たしたが，生産要素が移動しない国民国家体制の論理は戦後世界では大きく変化し，情報化，グロバリゼーションの中で経営資源の移動が高まり，労働の大規模な世界市場への参加が進んでいる．

　アメリカは西欧文明の後継者ではあるが，以上のように西欧とは異なる資質を持った国である．その大陸的領土といい，イデオロギーの強さといい，多人種国家ぶりといい，筆者は国民国家と帝国的資質を合わせた面があると判断するが，それが現代世界への影響を強めているゆえんでもある．以下，まず，アメリカの発展を探る．

II　大国・アメリカの台頭

1.　19世紀末からの経済大国

　アメリカの版図は独立以来急速に西へ伸びて19世紀の半ばにはほぼ現在の国境が形成された．鉄道の急激な普及と通信の発達がこの大きな国の政治・経

BOX 2——パックスブリタニカの国際システム

英国の安全保障システムは,欧州大陸の勢力均衡と植民地支配による世界管理である.英国にとって欧大陸を支配する強国の出ることは安全保障上重大な脅威であるが (Imlah, 1958, 2-3),島国で,人口大国でない英国にとって欧大陸の支配や大陸拠点の維持はきわめてむづかしい.従って,イギリスの欧大陸政策は海軍力を強化し,侵略を防ぐとともに,いくつかの勢力の均衡した主要国を鼎立させ,欧大陸を支配する強大国の出現を防止することであった.ウイーン会議において英国は昨日の敵であったフランスが弱くなりすぎないように,また,ロシアやプロシアの力が強くなりすぎないような戦略を取ったのはこのような配慮からであった (Fisher, 1935, 959).

この様な戦略の遂行のため,海軍力については第二位と第三位の海軍国が同盟しても英国はこれに勝る戦力を保持するという二国標準の戦略を取った.

海軍力は7つの海を支配する植民地を管理し,貿易,投資を保護し,海運・保険を保証し,多角決裁,金融貿易システムを保護するため必要であった.

自由貿易の推進は特に1860年の英仏関税条約以降進展し,金本位制も19世紀後半に定着したが,多角決裁システムによるポンドの還流システムがあった (ソール, 1980, 6, 9).イギリスから出た資金は欧州とアメリカに流れるが,これを回収してイギリスに資金を回収させるのはインドであった.インドは多角決裁システムの要であったが,さらにいえば,軍隊の要員,他の植民地での下級官吏の費用などパックス・ブリタニカの安全保障についても不可欠の役割を果たした (牧野, 1980, 246-248).

済的統合を強めた(大陸横断鉄道の完成は1869年).統合の進展と相俟って,19世紀央以降,幸運にも鉄鉱,石炭,金などの豊富な地下資源が相次いで発

見された.しかもその精錬,開発に必要な革新技術が欧州から相次いで導入された.多くの金属精錬,内燃機関,さらに電力利用などは第二次産業革命の中核技術であるが,これら技術の急速な導入は米国産業の競争力を急激に向上させた.

1861-65年の南北戦争はアメリカの進路に決定的な影響を与えた.それは,まず,国の政治的,経済的統合を一層強めたことであるが,特に工業開発戦略の合意形成の上で大きな役割を果たした(坂本,1990,71-73).すなわち,産業発展の上で,アメリカは19世紀初頭以来,2つの開発路線の選択に迫られていた.19世紀の前半はイギリスからの綿花など原料への需要は大きく,その利益を受けた南部には農本主義,自由貿易の主張が強かった[7].しかし,アメリカにはハミルトン以来の幼稚産業育成論があり,北部の製造業者は工業化のため,高関税による産業育成の路線を主張した.

南北戦争はこの様な開発路線の選択に決着を付けた.戦争終結と同時に,北部資本は関税を高率に引き上げ,大西洋の長い距離により保護された広大な国内市場を独占した.上記のように豊富な資源の開発と先端的技術の導入が急激な工業化を可能にした[8].鉄鋼価格をピッツバークからの距離によって決めるシステムなどにより,鉄鋼消費産業など工業を北東部に集中することになったが,同地域における石炭,鉄鋼,鉄道産業の相乗的発展を跳躍台にして,米国産業は怒濤の進展をする.アメリカは1880年,鉄鋼生産で英国に追いついたが,石油,電力,機械の先端産業も発展した.1900年には世界一の工業国になり,第一次大戦直前には英国の工業生産の3倍近い水準になっていた.

米国産業の世界における卓越性は第一次大戦後頂点に達する.1925年,世界の工業生産の約半分を占めたが,それは自動車,電気機械,石油など当時の先端産業での圧倒的地位を含むものであった.特に自動車産業の発達は米国の産業のみでなく,社会全体を含め大きな変化を与えた.米国の生産システムは科学的労働管理を主張するテーラー方式を基礎とするものであった.それは不熟練労働の多い米国の労働事情にもとづき,生産の簡素化,標準化,専門家を目指すものであったが,自動車産業に採用されたフォードシステムはこれをコ

ンベアで結び，大幅な生産性の上昇を可能にした．これによりフォード社は自動車の価格を大幅に引き下げるとともに，他方では労働者の賃金を引き上げて，大衆車の生産・普及に成功した．

　自動車産業の発展は一方に鉄鋼，各種非鉄金属，硝子，ゴム製品などの川上産業への膨大な需要を生んだが，他方にディーラー，セールスマン，中古市場，ガソリンスタンドなどの川下産業を発展させた．それはまた，月賦販売，保険，広告などの金融・サービス業にも影響した．さらに道路，橋，別荘，ホテル，レストラン，コンビニエンスストアーなどを発展させ，人々の生活を変え，アメリカ文明の象徴となった．

　自動車産業はまたフォアマンを中心とする生産・労働組織を形成し，労働組合を発展させ，アメリカ的労使関係を形成した．自動車三社によるラウンド・テーブルは寡占的価格設定を生んだが，これは鉄鋼などの他産業にも波及し，アメリカ的経営の一面となった．自動車産業が発展した1920年代は，多くの官公庁が成立し，ビジネススクールが群生するなど，その後のアメリカ社会の骨組みを作った時代といわれる (Reich, 1983, 84-96)．

2. 戦間期を通じる覇権の継承

　第一次大戦後のアメリカは経済力では超一流になったが，その総合的国力においては英国に劣っていた．国際システムの主導性は及ばなかったし，覇権の正統性はなお，英国にあった．しかし，戦間期の過程の中で，英国の国力の低下と国際システムへの主導力の衰えが明らかになり，逆に，米国の国力の大きさが示されてくるが，米国の国際システムへのリーダーシップの不十分さも明らかになった．キンドルバーガーは戦間期の混乱は英国に国際システム維持の意志はあったが，維持の能力がなく，逆に，アメリカには能力があったが，意志がなかったことに原因があったとした．しかし，それは大混乱を通じての覇権継承の過程だったのである（キンドルバーガー，1982，266-271）．

　第一次大戦後の米国は軍事力で見ると，ワシントン条約での戦艦の比率が英，米，日で5・5・3であったのからすれば海軍力では英米は互角といって良い．

表 2-1　世界工業生産および世界貿易における主要国のシェアー
　　　　（クチンスキー推計）（1820-1950 年）　　　　（単位：％）

年次	世界工業生産に占めるシェアー					世界貿易に占めるシェアー				
	英	米	独	仏	露(ソ連)	英	米	独	仏	露(ソ連)
1820	50	10	15〜20		1	18	8			
40	45	11	12			21	9		12	
50	39	15	15			21	10		11	
60	36	17	16	12	4	21	11		11	
70	32	23	13	10	4	22	8	13	10	
80	28	28	13	9	3	20	11	11	11	
1900	18	31	16	7	6	19	12	13	9	3
13	14	36	16	6	6	15	11	13	8	4
20	14	47	9	5	1	15	14	8	7	1
30	9	39	11	7	8	14	12	10	7	2
37	9	35	10	4	17	14	12	9	5	1
48	7	45	3	3	21	13	18	2	5	
50	7	39	4	3	25	13	16	5	5	

（出所）　宮崎犀一・奥村茂次・森田桐郎編（1981）『近代国際経済要覧』東京大学出版会, 11 ページ.

しかし，当時の英国は世界の人口と領土の 1/4 を支配し，世界に張めぐらした，政治的，安全保障上の能力はアメリカを上回っていた．経済力でみれば，1925 年のアメリカの工業力は世界の過半に至り，先端技術では英国をはるかに凌い

表 2-2　PB，PAにおける

	1860	1910			1925→35				1960	1985		
					1925		1935					
	英	英	ドイツ	米	英	米	英	米	米	米	日	ソ
安全保障	Å	A	A	C	A A		A A		Å	A	C	A
国際通貨	Å	Å	C	C	A B		Á A		Å	A	B	C
国際金融	Å	Å	B	C	Á A		B A		Å	Á	A	C
国際貿易	Å	A	A	Á	A A		A A		A	A	A	B
産　　業	Å	B	A	Å	B Å		B Å		Å	Á	A	B
Ｇ Ｎ Ｐ	Å	Á	B	A	B Å		B Å		Å	A	A	A

（注）　1．Å, A, Á, B, Cは各システムの地位．Åは卓越したA.
　　　2．国際金融は経常収支黒字，対外投資，援助，資本市場の力など．

でいた．しかし，国際貿易でみればほぼ互角であり，しかも英国は英連邦という独占的市場を持っていた．欧州対北米の構図では欧州の優位がなおあった．

　第一次大戦後の国際金融では1925年のドーズ案とその後のアメリカからドイツへの長期資本の大量な流入が英国の金本位制への復帰など相対的安定期をもたらしたことからわかるように，アメリカは大きな黒字を背景に大きな金融力を持っていた．アメリカは連邦準備制度を1917年に創設し，1918年には短期政府証券，銀行引き受け手形などを導入して，ドルの機能を高めようとしたが，しかし，国際通貨のシステムではポンド為替の流通がなお圧倒的であった．ロンドン・シティの国際金融機能はニューヨークを凌ぎ，多くの商品相場はポンドによる評価であった．100年に及ぶ英国の国際金融，ポンド支配の影響力は大きかった．

　1920年代の相対的安定期のスローガンがすべての事態の戦前復帰に示されるように，欧州には国際システムにおける欧州と英国の正統性への支持が強かった．他方，アメリカはウイルソンが提案した国際連盟にも加入しなかった．また，大きな国際収支の黒字にも関わらず，きわめて高い関税を維持し，1929年のスムート・ハーレー法による大幅な関税引き上げは非難の対象となった[9)]．国際通貨面でも大きな国際収支の黒字を金に交換し，不胎化し，世界中

国際システムへの影響力

2000					2030				
米	EU	日	中	ロ	米	EU	日	中	印度
Å	A	C	B	B	Å	A	B〜C	A	B
Å	A	B	C	C	Å〜A	A	B	C	C
A	A	A	C	C	A	A	Á	B	C
A	A	Á	B	C	A	A	Á	A	B
Å	A	Á	B	C	Å	A	Á	Á	B
Å	A	Á	B	C	Å	C	B	A	B

の金を集め，国際的流動性の不足を招くなど国際システムの主導性の欠如が問われた．

しかし，1930年代の大不況，国際貿易の激減，国際通貨の切り下げ競争など体制の激動が起こり，世界経済はブロック化を経験した．1936年の米，英，仏の三国通貨協定は国際通貨としてのドルの優位を確立した協定である．1930年代は欧州，アジアで戦乱が起こり，英国，欧州の国際システムにおける主導性は第二次大戦を挟んでアメリカに移行した．

アメリカが世界の工業生産で英国を抜いたのは19世紀末であるが，国際貿易では第一次大戦後互角となった．国際金融では第一次大戦後，アメリカが圧倒的な金融力を示したが，国際通貨において，ポンドをドルが越えて基軸通貨になるのは最終的には第二次大戦後であった．軍事力においてもアメリカは第一次大戦後には大きな勢力を示したが，国際的安全保障システムを整備し，世界の安全保障を主導する状況に至ったのは第二次大戦での勝利の後である．アメリカが工業力で世界のNO.1の状態から主要な国際システムの主導性を獲得するには実に半世紀を要している．

この間の国際システムでの主要国の関係は表2-2のようである．

Ⅲ　パックス・アメリカーナの成立と発展

1. 国力の卓越性と覇権への正統性

第二次大戦後のアメリカはパックス・アメリカーナを成立させるにふさわしい卓越した国力，覇権への正統性，国際システムへのリーダーシップを持っていた（坂本，1986，36-42）．すなわち，戦後のアメリカは世界に対し，GNPで5割，貿易の2割，金準備の7割を持っていた．人口，国土は大きく，石油をはじめとする主要資源は米国の支配下にあった．軍事では核の独占があり，世界を覆う空母，航空機において圧倒的であった．アメリカの国力の卓越性は大きな経済規模と先端技術に示されていたが，資源と市場規模は植民地を必要とせず，強い国力は同盟国を必要としないほどのものであった．

覇権への正統性は連合国の首領として，膨大な援助を行いつつ，勝利したことだが，その過程は同時に欧州を始め多くの連合国と広範な人的ネットワークを築くことを可能にした．特に，戦前の覇者である英国とは戦時中の首脳同士の密度の濃い交渉があった（ガードナー，1973，123-4）．英国との了解を深め，英国の持つ世界の情報を吸収した覇権継承の過程であった．また，戦後の世界は飢餓が溢れていたが，米国からの援助は旧敵国をも対象とし，大規模に続けられ，覇権の正統性を高めた．ただし，欧州には欧州の覇権の伝統への意識が強く，新参者アメリカの正統性に時として疑念を示すことがあった．特にヤルタ会談への参加を排除されたフランスに代表される欧大陸には協調と同時に競争の対応が見られた．

2. 三つ目の条件の国際システムの主導性

国際システムへのリーダーシップは他国がアメリカ主導の国際システムを合理的と認めて受け入れる否かに示されるが，そのための準備は第二次大戦が欧州で始まった1939年に始まり，アメリカ自体は，なお，戦争に参加していない時点で早期から周到に行われた．米国の早期の国際システムへの取り組みは第一に第一次大戦後のヴェルサイユでの米国代表団の取り組みの不手際への反省があった．1941年8月のルーズベルトとチャーチルが宣言した大西洋憲章は早期からの取り組みの集大成の意味があったが，アメリカの戦後計画にはいくつかの柱があった（ガードナー，1973，153-162）[10]．

第一は，ウイルソン以来の国際主義であり，平和主義である．ルーズベルトがヤルタ交渉でもっとも力を入れたのは国際連合であるが，平和維持のため，大国の権力主義や秘密外交を排除する米国の民主主義を反映している．国連に限らず，第二次大戦後には多くの国際機関が設立され，国際主義の結実を示したが，世界の国々の参加と交流を促進した場としての意義は大きい．

しかし，ルーズベルトは世界の運営には主要国の協力，参加が必須だとの認識も強く，世界平和の維持の上での米ソの協力をきわめて重視した（明石，1985，31-32）．国連には総会と並んで，拒否権を持った米，ソ，英，仏，中の

表 2-3　戦後における主要国際組織の成立

	1940-50 年代	1950 年代	1960 年代	1970 年代	1980 年代	1990 年代
安全保証	国連　　(1945) WEU　 (1948) OAS　 (1948) NATO (1949)	ANZUS 　　　　(1951) WTO　 (1955) CENTO 　　　　(1955)	核拡散防止条 約 (NPT) 　　　　(1968)	SALT I (1972) CSEC (1975) SALT Ⅱ 　　　　(1979)	INF 全廃条約 　　　　(1988) 米ソ軍縮 　　　　(1988) 国連 PKO 活 性化 　　(1988～) ベルリンの壁 崩壊　(1989)	独統一 (1990) CEF　 (1990) 湾岸戦争 　　 (1990-91) CIS　　(1991) START I (1991) 中東和平会議 　　　　(1991) UNTAC (1992) START Ⅱ (1993) ARF　 (1993) NPT 無期限 　延長 (1995) KEDO (1995) CTBT (1996) コソボ (1999) 南北朝鮮首脳 　会議 (2000) 東チモール 　　　　(2000)
国際経済	IMF　　(1945) IBRD　 (1945) マーシャル・ プラン (1947) OEEC (1948) GATT (1948) COMECON 　　　　(1949)	EPU　　(1950) ECSC (1951) EEC　　(1958) EFTA (1959)	OECD (1961) ケネディ・ラ ウンド 　　 (1963-67) EC　　 (1967)	変動制 (1973) IEA　 (1974) サミット 　　　　(1975) EMS　 (1975) 東京ラウンド 　　 (1973-79)	G 7　　 (1985) EC1992 　　　　(1985) ウルグアイ・ ラウンド 　　 (1986～) 米加自由貿易 協定　 (1989) APEC (1989) 欧州復興開発 銀行　 (1989)	マーストリヒ ト条約 (1992) NAFTA 　　　　(1993) AFTA (1993) EU　　 (1993) APEC 首脳会 議　　 (1993) WTO　 (1994) EMI　 (1994) EURO (1999)
途上国の開発		コロンボ・プ ラン　 (1950) IFC　　(1956)	IDA　　(1960) DAC　 (1961) UNCTAD 　　　　(1964) UNITER 　　　　(1965) UNDP (1965) 77 カ国グル ープ (1964)	NIEO (1974) CIEC (1975)	SAAR (1985) 1 次産品基金 (CFC) (1989)	中米自由貿易 国　　 (1992) 南米共同市場 　　　　(1994)
その他	UNESCO 　　　　(1945) FAO　 (1945) ILO　 (1946) ITU　 (1947) WHO　 (1948) UPU　 (1948)		OPEC (1960) OAPEC 　　　　(1965) ADB　 (1966) ASEAN 　　　　(1967)	UNEP (1972)	PECC (1980) 海洋法 (1982) APEC (1989)	UNCED 　　　　(1992)

5大国を中心とする安全保障理事会が設置された．安全保障理事会は平和の維持に関しては総会に優先する権限を持つとされたが，国連憲章は侵略戦争を悪とし，武力行使に大きな制約をもうけ，このための制裁措置や国連軍の形成について詳細な規定をもうけている点は画期的である（森本，2000，77-78）．

　第二は自由通商体制の推進であるが，アメリカの推進した自由貿易はいくつかの特色があった．まず，30年代の苦い経験から貿易は平和を作るとの経済主義ともいうべき信念があった（ガードナー，1973上，110-1）．資源や食糧への接近を保障することを平和維持の条件としたが，それは資源大国・米国の利益にも適っていた．すでに述べたようにアメリカにとって国際貿易はかつての西欧諸国が加工貿易に求めたような死活的意味はない．豊富な資源も広大な市場も国内にあるからである．しかし，アメリカ企業の活動の場としての自由な世界市場は必要であり，かつ，また米国企業による世界の資源，市場の支配は間接的には米国の威信の高揚に繋がる．貿易自由化とともに企業活動の自由を保証する資本取引の自由は重要な条件であった．

　ただし，戦後の状況でいえば競争力を低めた欧州などでは急激な貿易自由化には抵抗があった．アメリカは戦時援助の返済を棚上げにするとの条件で，欧州諸国の自由通商体制への参加を促進した．アメリカが当初考えていた国際貿易機構を成立することはできなかったが，貿易の自由化，関税引き下げを目的とするガットが設立され，貿易自由化の進展があった．

　第三に，国際通貨については30年代の苦い経験から世界全体を統合する通貨体制への必要性は米英両国で強かった（ガードナー，1973上，197-206）．1943年から，ホワイト案とケインズ案が国益をかけて検討されたが，ブレトンウッズ体制の中核となったのはホワイト案を基礎とする金ドル本位制であり，国際通貨基金が設立された．当時のアメリカは世界の金の過半を保有していた．金とドルに対し，各国通貨が平価で結びつく固定制はドルを中核とする為替の安定を実現することが目的であった．IMFが金ドル本位制の中核的機関となったが，その意志決定は出資額に応じる投票権によるものであり，多額出資国・米国の意向に逆らっては決定ができないシステムになっている．

第四に，米国の推進した国際システムの背後には米国の自由で，民主主義の豊かな社会があった．米国の豊富な食糧，資源，技術水準，広大な国土，自由な社会に支えられた豊かな社会は人類にかつてない希望をもたらすと同時に，節約を美徳とし，勤勉を讃えてきた伝統的価値観に大きな衝撃を与えた．米国民の消費する資源・エネルギーや恵まれた住宅環境などを享受することは米国にしか成立せず，全人類が享受することは資源，環境の隘路を生じるものであったが，それは豊かな社会の象徴として伝統社会に大きな衝撃を与えた．

Ⅳ　パックス・アメリカーナを強化した東西対立

1.　ソ連の挑戦と強い影響力

　東西対立はアメリカが推進したグローバルな体制の戦後計画を大きく変えた．世界は米ソの主導する陣営に二分された．安全保障面では国連は機能せず，アメリカは欧州では NATO を形成し，アジアでは日本との安全保障条約を中核に体制を整えたが，さらに東南アジアや中東にもソ連包囲網を形成した．ソ連は東欧諸国とワルシャワ条約機構を形成し，中国とも同盟を結んで対抗した．経済面でも自由通商体制を持ち，OECD を指令塔とする西側と，コメコンによって結ばれた共産圏に二分された．しかし，世界経済の循環は西側が圧倒的であり，PA は一極体制だったともいえるのである．

　アメリカは軍事的，経済的に圧倒的優位を誇ったが，ソ連の影響力も大きかった．戦後のソ連の生産拡大は急速であり，アメリカには大きく劣ったが，世界第二の規模であった．フルシチョフがソ連経済は70年代アメリカに追いつくと豪語した位，好調であった．社会主義の優位，イデオロギーの力は大きく，途上国には共産主義への憧れがあった．軍事面でも50年代ソ連も核を持つことになり，しかも，大陸間弾道弾を先に開発するなど一部軍事技術面での優位な面もあり，総合力では圧倒的に優位なアメリカも安全保障での対ソ優位・対等に大きな考慮を常に払う必要に迫られた．しかも，経済面でも両陣営の競争は激しかったが，西側の盟主のアメリカは経済運営でもその管理の最終責任を

負うことになった．

　かくして戦後体制は米国を盟主とし，世界経済を管理する西側と，ソ連を頂点とし，軍事的対等を追求するが，閉鎖体制を続ける東側との対立となった．両陣営間の対立は激しかったが，この体制はアメリカを中心とする西側の協力を高め，パックス・アメリカーナにおける政治・経済的統合を強めた面があった（坂本，1986, 82）．アメリカはアメリカの主導性は認めながらも，独自の発展をめざす欧大陸諸国や独立と発展をめざす南の国にも配慮をめぐらす必要があったが，東西対立は西側の団結を強めた面もあったのである．

2. 二極体制の特色

　米ソ二極体制は国際システムとしていくつかの特長を持った．第一は，核の登場が軍事上の即応性の重要性を著しく高め，しかも，地球的・宇宙的に勃発する紛争への対応を必要としたが，この様な体制は軍事管理の高度の求心性を要求し，米ソ両国と同盟国の軍事統合を高めた．しかも，地球を覆う即応性の維持には膨大なコストを要求することから，高コストを賄える米ソの同盟国への優越性を高めた．欧州にはアメリカの専権への複雑な反応もあったが，中国が70年代，東から脱落しても，東西の軍事力の基本的バランスは変化しなかったくらい，米ソはそれぞれの陣営での高い卓越性を保持していた．

　第二に，東西対立は地球を二分する陣取り合戦に発展したが，ソ連の国際社会での論理は徹底した勢力均衡であり，権力外交であった．米ソによる東西への帰属をめぐる闘いは強化され，第三世界もその去就を迫られたが，逆に南への援助競争も激化した．

　第三に，上記のように両陣営は体制としての優位を示す必要に迫られ，西側では，NATOやOECDにおける国際協調が進められた．西側での協力は必ずしも内部の摩擦なしではなかった．欧州はEECなどの地域協力を強め，米欧関係は協調と競争の様相を示したが，全体としてOECDクラブを中心とする密度の濃い政策の協調，調整が行われた．高度成長政策がとられ，技術革新の導入が目覚ましく，貿易と投資が活発となり，国際金融の円滑化があった．物，

金，人，情報の相互依存が強くなり，企業活動はかつてない国際化を遂げた．戦後の経済成長は19世紀以来もっとも高かったが，それはOECD諸国の高度成長とこれを上回る貿易の拡大を伴ったものであり，パックス・アメリカーナの成果であった．

3. パックス・アメリカーナの矛盾

パックス・アメリカーナは成功の反面，矛盾も大きかった．第一は，主要国の間の戦争はなく平和は維持されたが，地球規模の領土戦争であった二極体制は，多くの途上国を巻き込み，第三世界での代理戦争に発展した．また，軍事負担は米ソのほか欧州諸国や中国でも大きく，資源への歪みを与えた．さらに，東西対立は多くの国でイデオロギー的締め付けを強めたが，特に東の国での共産主義支配は思想の自由，人権を侵害した．

第二に，南の問題である．パックス・アメリカーナは植民地の政治的独立をもたらしたが，多くの南の国は経済的自立ができず，南北の格差は拡大した．70年代の資源価格の高騰，石油戦略の成功は「新国際経済秩序」の宣言などの南の主張を強めた．1980年代も中南米をはじめとする南の困難があった．しかし，この間，アジアは成長を高め，「東アジアの奇跡」を実現した．

第三に戦後の大量生産，大量消費方式は豊かな社会を急速に伝播したが，資源多消費のシステムは環境，資源問題を地球の問題とした．70年代初頭，ローマクラブ報告は「成長の限界」を指摘した．70年代の石油危機は省石油を進展させたが，その後石油消費は拡大し，中東への依存は増大している．豊かな社会はまた環境資源を過大に消費してきた．酸性雨や大気・土壌・水汚染の問題は早期から提起されたきたが，工業化が地球大に拡大するにつれて，CO_2による地球温暖化やフロンによるオゾン層の破壊などが深刻な問題として提起されている．

しかし，より重要な第四の問題は，パックス・アメリカーナの柱であるアメリカが過剰な国際負担を一因として経済力を低下させ，国際収支の赤字増大に至ったことである．反面，当初，戦争の疲弊や東西対立の中で混迷した欧州，

日本が回復・台頭し，競争者として登場し，国際システムでの影響力を増したためその調整を必要とした．特に，欧州には国際覇権の長い伝統があり，アメリカの主導の正統性を無条件で受け入れない面があるので調整の必要性は強かった．日本もアメリカに打ちまかされた国であり，同盟の観念が強くなったのは80年代からである．

戦後の欧州統合の進展はその一面である．EECの形成はGATT体制の中で例外的な地域的統合であり，アメリカがこれを認めたのは東西対立の中での欧州の復興を優先したためである．しかし，欧州が復興，発展するにつれて，米欧間での貿易自由化の調整が必要になった．欧州市場への参入強化を狙ったケネディ・ラウンドの背景である．日本も後述のように産業の国際競争力を高めて，無意識ではあるが，アメリカの経済覇権に挑戦することになる．

このような中で問題となるのはアメリカの国際収支である．アメリカの経常収支は19世紀末から黒字に転じ，両大戦を経て急激に増大した．第二次大戦後も巨額の黒字を記録した．しかし，60年代ヴェトナム戦争を契機に黒字が減少し，1971，72年には赤字を記録した．ニクソン大統領は70年代初頭，米中和解，ベトナム戦争の終了，SALT I，IIの軍縮を進める一方，1971年8月，金ドル本位制を停止し，西欧，日本との間で，防衛，援助，貿易自由化などの国際負担の全面的な調整に乗り出すとともに，物価の凍結を含む米経済建て直しの新政策を発表した．このような国際負担軽減を含む米国経済建て直しの努力はその後歴代の政権によって続けられた．しかし，米国経済の相対的地位の低下は止まず，1980年代に入ると財政赤字が急増し，国際収支の巨額な赤字は1980年代初頭世界一の債権国だったアメリカを1980年代の後半には世界一の債務国とした．

V　PAにおける国際負担と同盟国間の分担

1.　急激に増大したPAの負担

アメリカの国際負担についてはNATOの分担金がアメリカの経済規模から

表 2-4　国際システム負担シェアー　　　　　　　　(単位:％)

国名	年	GNP (GDP) 対世界(A)	GNP (GDP) 対先進国(B)	防衛 対世界(C)	援助・ODA (D)	国連分担金 (E)	公的外貨準備中比率 (F)	貿易(輸出入) (H)
アメリカ	1950	40.3	59.6	29.5	52.2	40.0	34.6	17.1
	60	36.3	53.8	42.3	56.6	32.5	59.4	13.4
	70	31.3	46.1	34.3	44.6	31.5	75.6	13.4
	80	23.3	35.2	25.4	26.2	25.0	62.4	12.5
	90	26.1	34.2	31.6	19.5	25.0	50.1	12.0
	98	29.2	37.7	34.2	16.3	25.0	66.2	15.3
日本	1950	1.6	2.2	2.0	-	-	-	1.5
	60	3.1	4.6	1.2	2.1	2.2	-	3.2
	70	6.5	9.6	1.5	6.7	5.4	-	6.0
	80	9.2	13.7	1.7	12.3	9.6	2.6	7.0
	90	14.1	18.5	3.4	17.3	11.4	8.1	7.7
	98	13.9	19.3	4.7	27.4	20.5	5.1	6.4
ドイツ	1950	2.8	4.2	3.7	-	-	-	4.0
	60	5.2	7.6	4.9	7.0	-	-	8.2
	70	5.9	8.7	4.4	8.8	-	3.3	10.0
	80	6.9	10.0	4.7	13.1	11.3	10.9	9.9
	90	7.6	10.0	3.8	12.1	10.0	17.3	11.2
	98	7.6	9.2	4.1	9.8	9.8	12.1	9.4
フランス	1950	3.4	5.0	4.7	34.3	-	1.1	5.1
	60	4.4	6.4	5.3	17.4	6.4	2.1	5.0
	70	4.4	6.6	3.8	14.2	6.0	1.3	5.6
	80	5.7	8.6	4.6	15.3	6.2	1.9	6.2
	90	5.6	7.3	3.8	13.6	6.2	2.3	6.5
	98	5.1	6.6	5.1	9.8	6.5	1.3	5.5
イギリス	1950	5.3	7.9	6.8	8.4	12.0	64.3	11.7
	60	5.1	7.5	5.3	8.8	7.8	33.8	8.7
	70	3.9	5.9	3.5	6.5	5.9	12.8	6.4
	80	4.7	7.1	4.7	6.8	4.5	1.7	5.8
	90	4.6	6.0	3.9	5.0	4.9	3.1	6.0
	98	4.8	6.2	4.6	5.9	5.1	4.0	5.4

(備考)　1．援助の 1950 年はハーバラ報告より，マーシャル・プランによる先進国援助を含んでいない．
　　　　2．ドイツの国連加盟は 1973 年．
　　　　3．1990 年までは西ドイツ．
(出所)　国連統計，経済企画庁『海外経済データ』4，SIPRI，TISS，DAC，IMF 報告，IFS，『科学技術白書』，JETRO『海外投資白書』，国勢社『世界国勢図会』などにより作成．

表2-5　国際システム負担指数　　　　　　　（単位：%）

国名	年	防衛対世界	援助(ODA)	国連分担金	公的外貨準備中比率	貿易(輸出入)	R&D支出	海外投資
アメリカ	1950	0.73	0.88*	—	0.58	0.43	—	—
	60	1.17	1.05	0.90	1.29	0.37	1.08	1.13
	70	1.09	0.97	1.00	1.64	0.43	1.11	1.19
	80	1.09	0.74	1.10	1.94	0.54	1.07	1.39
	90	1.21	0.57	0.96	1.68	0.45	1.03	0.42
	98	1.17	0.43	0.86	2.27	0.52	1.02	0.81
日本	1950		—	—		0.96	—	—
	60	0.38	0.45	0.71	—	1.04	0.78	0.4
	70	0.23	0.70	0.80	—	0.92	0.70	0.3
	80	0.18	0.92	1.04	0.19	0.76	0.90	0.3
	90	0.24	0.94	0.81	0.43	0.54	1.05	1.36
	98	0.34	1.42	1.47	0.26	0.46	1.02	0.30
ドイツ	1950	1.32	—	—		0.96	—	—
	60	0.94	0.92	—	—	1.43	0.77	0.4
	70	0.75	1.01	—	0.37	1.69	0.93	0.7
	80	0.68	1.31	1.63	1.09	1.43	1.03	0.7
	90	0.50	1.21	1.32	1.73	1.47	0.96	1.19
	98	0.54	1.06	1.29	1.32	1.24	1.13	1.78
フランス	1950	1.38	6.86*	—	0.22	1.44	—	—
	60	1.20	2.71	1.45	0.32	1.96	0.92	1.1
	70	0.86	2.71	1.45	0.20	1.45	0.83	0.4
	80	0.84	1.80	0.66	0.22	1.00	0.85	0.7
	90	0.79	2.47	1.02	0.22	1.49	1.00	2.0
	98	1.01	1.48	1.03	0.39	1.08	0.89	0.75
イギリス	1950	1.28	1.06*	—	8.50	2.20	—	—
	60	1.03	1.17	1.52	4.51	0.98	0.88	1.9
	70	1.89	1.10	1.51	2.17	1.49	0.90	1.7
	80	1.04	1.00	1.11	0.24	1.22	0.99	1.1
	90	1.02	1.09	1.06	0.52	1.48	0.85	1.61
	98	0.96	1.22	1.06	0.80	1.13	0.88	3.46

（備考）(1) *はマーシャル・プランを含むと，アメリカの数字は2.0, 仏は2.4, 英は0.6になる．
(2) ソ連の負担指数は防衛が1950の3.2から1980年代の2まで一貫して高い．貿易は0.3-4と低い．中国も防衛の負担指数は2-3と高い．

（出所）表2-4より計算．「防衛」対「世界」は表2-4のC/A，「援助」はD/B，「国連分担金」はE/A，「公的外貨準備中比率」はF/B，「貿易」はH/A, R&D, 海外投資は分母・分子とも主要5カ国の割合．

みても高すぎるとの論議が60年代からあり，ニクソン大統領の特別白書はもはや戦後ではないとして，防衛，援助，貿易自由化，国際通貨の負担の分担を提案した[11]．これに対し，Olsonは公共財のコストと便益の関係から大国・アメリカがより大きな負担をし，同盟国のただ乗りも仕方がないとした[12]．また，フランスなどはアメリカはドルを印刷してフランス企業を買収していると批難した．

戦後のパックス・アメリカーナでの主要国間の国際負担を分析するため，筆者は国際システム負担指数を開発した．米，英，仏，独，日の主要国の相対的経済規模で軍事，国際通貨，援助，貿易などにおける当該国の相対的負担を除した指数である．1割国家が1割の負担をするとすれば，指数が1となる．指数が1以上は経済規模に比して国際負担の過大負担（overcommitment），1以下は過小負担（undercommitment）を意味する．

主要国の指数を見ると，1950年にはアメリカの指数はほとんどの分野で1を下回っている（ただし，マーシャル・プランの負担を考慮すると援助の指数は2を上回っていた）．1940年代後半にはアメリカの国際負担はどの分野でも世界一であり，特に援助や防衛で高かったが，世界の4割を占める経済規模から見ると，全般的にはなお過小負担だったといえる．これに対し，イギリスとフランスの指数が高く，特にイギリスのポンドは世界の外貨準備の6割を占め，国際通貨の大国ぶりを示したが，防衛でも指数は高かった．40年代後半は，老大国の影響力がなお強かったのである．

ソ連について指数を見ると，GDPがアメリカの4分の一なのに防衛費はアメリカと余り差がなく（1950年世界の28.2%，1970年24.3%），いかに資源を防衛に集中していたかが示される．国連分担金と貿易でもかなりの水準だったことが示されるが，他の分野では大きく劣っていた．中国も防衛での負担は大きかった（1950年9.6%，1970年9.9%）．

1950年代になると事態は激変する．1960年のアメリカの指数は安全保障をはじめほとんどすべての分野で激増し，過剰負担の状況となった．特に，米国の軍事費は朝鮮動乱時にGDPの5%から13%にまで急増し，以来，久しく

GDPの1割近いものが続いた．メルマンはアメリカは恒常的に準戦時体制を続けたとする水準の高い負担が続いた (Melman, 1984)．世界への比重で見ても4割を越えた．途上国援助も急増し，また，ドルの外貨準備としての割合が増大した中で GDP の比重は低下し，国際負担の相対的上昇があった．これに対し，イギリスとフランスの役割が多くの分野で低下し，代わってドイツと日本の指数が多くの分野で増大した．

1970年代から80年代にかけて，さらに注目すべき変化が現れる．アメリカの負担は軍事費と国際通貨ではむしろ増大する．これに対し援助，国際機関への負担，国際投資，研究開発費（R＆D）などの分野では過小負担の状況になる．アメリカの GDP の比重が下がる中で防衛と国際通貨の比重は相対的に下がらず，他の分野では急速に低下しているのである．アメリカは明らかに国際負担の選択を行った．防衛と通貨は一国の中でも権力につながるシステムである．防衛面ではソ連との対抗上負担を低下できず，また，負担の分担に馴染まないことである．国際通貨についてはアメリカの赤字をどう理解するかであるが，70年代・80年代の世界経済の不況はアメリカの景気拡大によって克服できた．そのための増大した赤字はドル残高として現れ，国際通貨の指数を押し上げている．

これに対し貿易，援助，国際投資，国連分担金は負担の分担に馴染む．70年代から80年代にかけて，日本とドイツの負担がこれらの項目で増加しているのでアメリカとの間に負担の分担があったといえる．防衛でも増加がみられる．これに対し，英仏の指数は防衛，援助，貿易，海外投資など多くの分野で1を上回っている．米国の経済困難，国際負担の選択に対して，独日英仏の負担分担が行われたといえよう．

以上からわかるように，戦後の PA の国際負担は三段階に分かれ，アメリカは1950年代以来ほとんどの分野で過剰負担の状態にあったが，70年代以降は同盟国と負担の分担を進める状況になった．しかし，米国は防衛と基軸通貨という国際システムの中核において負担を拡大していることは，これらの部分の負担が他国との分担に馴染まず，覇権国が陥る過剰な国際負担から逃れられな

かったことを示している．ケネディのいう「過剰伸長」の状況であった（ケネディ，1988）．

戦後の国際システムは東西対立を前提にして，安全保障での米国の専権と国際経済での米国を中心とする西側諸国の協力からなっていた．これを国際システムへの負担で見れば，米国は軍事面では，世界経済への協力は顧みず，軍事力のみに専念するソ連と対抗する一方，経済面では，安全保障は米国に任せ，経済力の充実に専念した日本や西欧諸国との競争に対抗するという二正面作戦を行ったことになる．70年代以降負担の分担は進んでいるが，国際システムの持つ軍事，国際通貨システムでの負担の分担には限度があり，アメリカの過剰負担の状況は基本的に変わっていなかったといえる（坂本，1986，187-190）．

2. パックス・ブリタニカ（PB）のシステムとの比較から見たPAの特色

この様な米国の国際負担の状況をパックス・ブリタニカの時代のイギリスと比べて見ると次の指摘ができる（坂本，1986，終章）．第一は，防衛負担で見ると米国の負担がGDPの1割近い時代が長く，かつての英国の2％程度を大きく越えている．第二に，しかもアメリカは競争国である欧州，日本をはるかに越えているのに対し，19世紀の英国の負担はフランス，ロシア，ドイツより少なかった．第三にその他の国際負担で見ても，米国は戦争直後から貿易自由化など大きな負担をしているが，19世紀前半の英国の貿易自由化の進展ははるかにゆったりしていた．米国の援助負担も大きかったが，英国はインドから逆に大きな搾取をしてパックスを保っていた．

このような相違を生んだ最大の理由は，アメリカがソ連というおそるべき挑戦者を持っていたのに対し，英国は19世紀前半において挑戦者を持たなかったため，国際負担を大きくする必要がなかったのである．ただし，英国もドイツや米国が登場した19世紀末から大きな挑戦を受け，20世紀前半の国際システムは安全保障，国際貿易，さらに国際通貨面で次々と大きな機能不全を起こした．基本的には英国の国力は競争国の国力に劣っていたためである．

表2-6 パックス・アメリカーナおよびパックス・ブリタニカの国際システム負担表

年次	パックス・アメリカーナ					項　目	年次	パックス・ブリタニカ			
	ソ連	日本	西ドイツ[2]	イギリス	アメリカ			イギリス	フランス	ドイツ	アメリカ
1960	12.4	1.1	4.0	6.5	9.0	軍事支出	1841	2.4	3.1		0.7
1970	12.0	0.8	4.2	4.8	8.0	(GNP比)	1881	1.9	3.8	2.8	0.5
1983	(12〜3)[1]	1.0	3.4	5.6	6.9	(％)	1913	2.8	5.0	3.7	0.9
1938		5.0	33.3	24.1	19.2		1841	36.3	23.8		11.2
1955		2.8	7.4	30.4	5.4	関税率(％)	1881	4.8	5.9	6.1	29.5
1982		2.6	3.1		3.6		1911	4.9	9.5	7.6	19.5
							1930	11.8	18.0	10.5	11.7
1963		132			7	輸入制限品					
1970		90	39	25	7	目数					
1983		27	5	3	7						
						直接投資シェアー(％) / 海外投資シェアー(％)	1881〜1885	68	17	30	△12[3]
1960		2	4	18	76						
1970		3	8	12	72		1911〜1913	64	13	22	1
1983		15	14	44	20						
1960		29.5	24.3	16.4	17.9	国内資本	1850	7.1	17.5	8.2	
1970		35.5	25.6	18.6	17.6	形成	1890	5.8	14.1	14.1	19.3
1983		28.5	20.8	16.5	16.8	(GNP比;％)	1913	6.0	20.9	15.6	20.7
1960	10.5	3.1	5.7	5.1	36.3	GNPシェアー(％) / 工業生産シェアー(％)	1840	45	15	12	11
1970	10.9	6.5	5.9	3.9	31.3		1880	28	9	13	28
1983	9.8	9.4	5.6	4.2	24.1		1913	14	4	16	36
							1920	14	5	9	47
1960	4.3	3.2	8.2	8.7	13.4	世界貿易の	1840	25	11	8	7
1970	4.1	6.0	10.0	6.2	13.4	シェアー	1880	23	11	10	10
1983	4.0	6.8	8.0	4.8	11.8	(％)	1913	16	11	12	14

(備考) (1) 〔 〕は厳密な推計はない.
(2) 1938年はドイツ.
(3) △は流入額
(出所) 坂本正弘『パックス・アメリカーナの国際システム』有斐閣，1986年，271ページ．

3. 国際システムの負担から見たPAの特色

　国際システムの負担から見て，著者は1986年刊行の著『パックス・アメリカーナの国際システム』において出した結論は1980年代のPAは機能不全に

陥っているが，これはPAの国際負担が大きすぎるためで，アメリカの国力が弱っているためではない．これは国力が低下したため覇権を交代した1930年代のイギリスとは決定的に異なるというものであった（従って負担が小さくなればPAの機能は回復する）．PAの国際負担は核を持ったソ連の軍事上の挑戦とともに，日本や欧州などからの経済競争への対応という二正面作戦によっている．しかし，アメリカの負担は同盟国への交渉力の源であり，見通せる将来，アメリカを継承する国はないということであった．

東西対立の中での同盟国との国際負担の分担については，安全保障，援助，国際通貨，国際貿易，投資など多くの部分で進展したことがPAの特色である．ただし，核などの防衛の中核部分と国際経済への最終負担ともいえる基軸通貨の役割は複数国による分担に馴染まないが，国際負担を他の分野では，同盟国と分担をすることになったこともPAの特色である．ソ連が頼みとする同盟国を持たず，また，貿易以外の分野での国際協力の力の弱かったこともアメリカの強さとの差であった．

4. 二極から一極への移行——1990年代

1990年代に入り，二極体制の終了とともに国際システム負担指数の状況は変化している．アメリカの世界のGDPでのシェアーへの低下傾向は止まり，むしろ上昇している．旧ソ連のGDPの低下分がアジア，欧州，アメリカに吸収されているが，95年以後の状況は米国の成長率が高く，欧州，日本，東南アジアの比重がむしろ低下している．逆に，中国，インドの比重が高まっている．

軍事費は世界全体で大きく低下している．アメリカの軍事費はGDP比では3％を切っているが，1940年代以来のことである．しかし，欧州や旧東側陣営諸国の軍事費の低下は米国のそれを上回っており，米国の相対的軍事負担はむしろ高まっている．逆に，アジアや日本の軍事費は絶対額でも世界への比率でも上昇している．

アメリカの国際システムでの比重は国際通貨，国際貿易，国際投資などの分野でも増大し，国際システムでの影響力の上昇が認められる．欧州は経済統合

を進めているが，まだ発足したばかりであり，国際システムでの影響の上昇は認められない．日本の GDP の世界への比重は 90 年代以来低下しているが，国際貿易，投資，国際通貨などでも低下している．しかし，日本の指数の上昇は政府低開発国援助で見られる．

Ⅳ　アメリカ経済の再生

1. レーガンの小さな政府と財政再建

1971 年の金ドル本位制の崩壊は PA の基幹システムの激変であり，PA が大きな矛盾を抱えていることを示したが，以来，石油危機，南北対立，80 年代東西対立の再燃の過程で問題はますます深刻化し，特に，国力の基礎となるべき米国の経済力の低下が進行していた．その様な中で歴代政権によるアメリカ経済再生の努力は続けられ，90 年代に入って財政再建，産業・企業の再生，新しい経済などへの発展などが急速に開花した．このような発展の過程は 70 年代の米国経済の危機の中から始まっていたが，特に，レーガン大統領の政策の効果を原因にあげることができよう．この過程に至ったのはアメリカの行政府議会を中心とする自浄努力や冷戦終了の影響が大きいことである．

第一は，財政再建である．レーガン大統領のスローガンは「経済の再生」であるが，その具体的な方策は「小さな政府への志向」であった．ベトナム戦争以来の連邦政府の役割の増大，福祉支出の拡大を中心とする歳出の過大，課税負担の不公正とともに国民生活に深く入り組んだ規制の網が個人の意欲を阻害し，投資と貯蓄の流れを歪め，社会のダイナミズムを損なったとした．このような政策と妥協的金融政策が連続的インフレを産み，アメリカ経済の活力を低下させたというのである．

81 年の経済再生計画は，第一に連邦支出の増加の抑制，第二に減税による労働意欲の増加と投資・雇用の創出，第三に広範にわたる規制の削減，第四にインフレに妥協しない金融政策の採用であった．連邦支出については，従来の歳出の優先順位を変更し，国防支出は強化し，社会保障費は見直し，補助金は

削減し，受益者負担の原則を強め，連邦から州への事務の委譲などが行われた．

「経済再生計画」ではGDP比での1980年時の連邦支出の比率23％を1970年頃の20％に減額し，同時に，80年6％の軍事費を8％に増加させ，その他支出の17％を12％に削減すべきというのであった（再生計画時の数字は表2-

表2-7　アメリカ連邦財源収支　　　　（GDP比：％）

年　度	A 歳　入	B 歳　出	C 軍事費	B－C その他	A－B 収　支
1949	14.5	14.3	4.8	9.5	＋0.2
53	18.7	20.4	14.2	6.2	△1.7
60	17.8	17.7	9.3	8.4	0.1
70	19.0	19.3	8.1	11.2	△0.3
75	17.9	21.3	5.5	15.8	△3.4
79	18.5	20.1	4.6	15.5	△1.6
80	18.9	21.6	4.9	16.7	△2.7
81	19.6	22.2	5.1	17.1	△2.6
82	19.1	23.1	5.7	17.4	△4.0
83	17.4	23.5	6.1	17.4	△6.0
85	17.7	22.9	6.1	16.8	△5.1
86	17.5	22.5	6.2	16.3	△5.0
88	18.1	21.2	5.8	15.4	△3.1
89	18.3	21.2	5.6	15.6	△2.3
90	18.0	21.8	5.2	16.6	△3.9
91	17.8	22.3	4.6	17.7	△4.5
92	17.5	22.2	4.8	17.4	△4.7
93	17.6	21.5	4.4	17.1	△3.9
94	18.1	21.0	4.1	16.9	△2.9
95	18.5	20.7	3.7	17.0	△2.2
96	18.9	20.3	3.5	16.8	△1.4
97	19.3	19.6	3.3	16.3	△0.3
98	19.9	19.1	3.1	16.9	＋0.8
99	20.0	18.7	3.0	15.7	＋1.4
2000	20.4	18.7	3.0	15.7	＋1.7
2001	20.1	18.3	2.9	15.4	＋1.8

（出所）　2000年大統領経済諮問委員会報告．

7とは若干異なる).また,アメリカの税率は最高で所得の70％という高いものであったが,これでは労働意欲がそがれるとして,最高税率を50％にする提案であった.その後,1986年には税率がさらに引き下げられ,15％と28％の2段階となった.その後最高税率は引き上げられ現在は39.6％となり,税率も5段階となっている.連邦財政の赤字は増税で賄わないというのが小さな政府の提案である.規制の緩和は広範にわたったが,特に,アメリカ経済の活性化に影響したものとしては航空,運輸,通信,金融などに関する規制緩和があった.

レーガン政策の結果,歳出は東西対立激化の中,国防支出は勝利する抑止力をめざし,5年間で約1000億ドル増え,他方,減税は約1000億ドルの規模で行われ,財政赤字は1979年の407億ドルから1985年の2217億ドルに拡大し,GDP比では5％を越えて,大きく膨らんだ.アメリカの景気は回復し世界はその恩恵に浴したが,財政赤字の克服は以来,歴代政権の大きな課題となった.

しかしながら,レーガン大統領によって示された原則が長期的には有効に働き,財政再建の端緒を作った.赤字の拡大は第一に,85年のグラムラドマン法や90年の財政均衡法などを作り,財政支出を抑制する契機となった[13].第二にレーガンの財政政策は軍事費の拡充・維持,「その他経費」の抑制・削減,減税の三本柱であるが,軍事費を確保した結果,戦後一貫して増加してきた福祉支出など「その他経費」の支出が80年代を通じて抑制され,大きな転機となった.第三に,財政赤字を増税で賄わなかったことと所得税の過剰な累進性を訂正したことは小さな政府を支持し,経済の活性化を促進したのである.第四に,連邦から地方への権限の委譲が行われる結果となった.

以上の原則の上に,冷戦の終了は軍事費の削減に大きく寄与した.さらに,96年選挙での共和党の勝利は「アメリカの契約」の実施を促進し,財政再建が可能となった.ギングリッチ議長提案の財政均衡を憲法の条項にすることはできなかったが,過剰な福祉・少数者優遇政策の抑制,州への権限委譲などにより財政改革は加速した.経済成長による税収増もあり,財政は98年から黒字となり,その黒字の処分が2000年の大統領選挙の重要な政策論争になったのである.

歳入のGDP比は90年代初めの17.5％から，経済成長の継続から約20％に，達し，レーガン大統領が望ましいと想定したのと同じ水準となった．歳出は83年の24％から漸減し，特に90年代末には19％を割るものとなった．軍事費の削減が大きく，1960年の9％から90年代には4％台に減少し，最近は3％になった．また，60，70年代に急増してきたその他の経費も80年代初めの18％から漸減し，90年代後半には15％台にまで低下した．この結果財政収支は83年以来6％から3-5％の赤字で推移していたが，90年代後半に急速に赤字は縮小し，98年より黒字となった．

2. 産業・企業の活性化

レーガン政策の第二の実績はアメリカ産業構造・企業活動の活性化である．すでに述べたように，今世紀の米国製造業の優位は自動車産業や鉄鋼業のような大量生産，大量消費に適した産業にあった．その特色は石油をはじめとする豊富な資源，不熟練労働を組織化したテーラーシステム，大きな国内市場，これらを組織した旺盛な企業家精神の組み合わせにあった．これらの産業は北東部・5大湖地域を中心に工業地帯を形成し，1920年代，絶頂を極めた．しかし，第二次大戦後これらの条件は急速に変化し，米国産業に不利に展開した（坂本，1990，74-76）．

まず，戦後における中東での石油，豪州での鉄鉱，石炭の開発と大量輸送手段の進歩によって米国の資源優位は急速に縮小し，日本の優位となった．第二に，鉄鋼が典型であるが，アメリカは大型高炉，酸素上吹き転炉，連続鋳造などの新鋭技術の導入を怠った．第三に，米国の経営者は19世紀後半からの100年を越える成功の中で，保守化し，安易になった．このような安易さは自動車や鉄鋼業の安易な価格形成や利益過重視の机上経営に典型的に見られた（Reich, 1983, Chapter 8）[14]．第四に，多くの企業が北東部の工業地帯から，まず南部，西部に進出し，次いでアジアやメキシコなどへ進出し，国内産業の空洞化が起こった．

戦前の米国市場は強い競争力を持った北部資本と関税と両洋の距離によって

守られていた．しかし，国内市場は戦後の貿易自由化と運輸革命によって米国資本の独占するところではなくなった．しかも，生産拠点が北東部に集中したのに対し，戦後の需要が西部や南部で急速に伸びたため，例えば，西部での需給にミスマッチを起こし，相対的に優位にたった日本商品の進出を急速にした（坂本，1990，77）[15]．

　これらの伝統産業は戦後の自由化，日本の切り込みで地盤を崩されていたが，70年代の石油危機，80年代前半のレーガン政策によるドル高はさらなる打撃であった．1920年代の優位に築かれた産業集積は80年代音をたてて崩れ始めた．鉄鋼を始め，多くの機械産業など競争力弱体な部門は撤退を迫られ一部は海外に生産を移した．高炉生産の発祥地のピッツバークでの鉄鋼生産はなく，ほとんどが電気炉生産に転換した．自動車も大幅な合理化に迫られたが，日米の取り決めにより，日本からの輸出台数に制限がもうけられ，貿易摩擦の激化への対策のため自動車や多くの機械生産部門に日本企業の進出があった．日本企業の進出は合弁の形式も多かったが，部品の外注，カンバン方式の在庫管理，ロボット使用などのリーン生産方式，日本型労務管理などアメリカの企業経営に大きな影響を与えた．このプロセスを通じて米国は産業の衰退部門の切り捨てと日本企業による産業活性化をものにしたことになるが，ドル高はその過程を加速した．

　米国の産業構造のサービス化の流れはこのような中で高まった．特に，80年代の規制の緩和による情報革命の進展，金融・資本規制の緩和進展によるグローバリゼーションを背景に，金融，航空，通信，医療などの分野の発展が急であった．金融，通信，航空部門が典型だが，これらの部門は種々の新商品を開発し，アメリカ国内のみでなく国際的にも優位となった．80年代末から，金融部門の不良債権問題，軍需部門の縮小からの産業調整があったが，90年代に入り，企業経営の再編成の終了，情報革命，グローバリゼーションの進行の中で米国産業の優位が顕在化する．

　米国産業の現状は自動車産業の立ち直り，航空機やソフト・ハイテク，金融・保険，航空・運輸，流通，医療などでの優位が注目されるが，その国際的

展開もますます急速である．80年代業績不振に喘いだ主要企業も立ち直り，GE，自動車3社のほか，多くの情報産業・企業が高収益を誇っている．ベンチャービジネスが群生し，めざましい転換である．

　このような産業の発展と平行して労働市場の弾力化がある．レーガン時代の労働政策が労働市場の弾力度を高め，多様な雇用形態を作りだす端緒となった．上記のようなサービス化の進展，情報革命，グローバリゼーション，企業経営の再編成は一方に雇用創造をするが，他方に巨大な雇用破壊を伴う．80年代の失業の上昇は雇用破壊が先行した結果，雇用創造が追いつかなかったためである．しかし，90年代前半でこの関係は逆転し，雇用創造が雇用破壊を大きく上回り，現在年間で2～300万人の新規雇用を造出している．しかし，その背後にはパートタイマーなど多用な職種の増大，雇用職種の転換，産業間・地域間の大規模な就業者移動などの大きな変動に対応することができるアメリカ労働市場の柔軟性がある．

3. アメリカを中核とする世界経済の循環

　第三に70，80年代を経て，世界経済循環の上でも米国経済の中心的地位が高まったことである．戦後の経済を担う日米欧の関係は底辺なき三角形だとはよくいわれたことであるが，それは日欧の関係は米国を介して成立したということである．米国が経済の拡大政策をとれば，それの影響は欧州・中東・アフリカとともに日本・アジアに及び，地球的に伝播するのに対し，欧州の拡大政策はその周辺と米国に及ぶが日本には若干の影響を与えるに留まる．同様に日本の政策の影響も世界に対して限定的であるということである．

　アメリカの国際収支の赤字は世界的にみると世界中央政府の需要創出政策の面がある．アメリカの赤字に対しては，優雅な怠慢であるとの批判はあるが，その便益の大きさは世界の批判を弱めてきた面もあるのである．石油危機後の世界不況からの脱出，80年代の世界経済の回復にはアメリカの主導が必要であった．現在も，アメリカは世界経済・貿易の流れの中核にあり，強い影響力を及ぼしている．

国際通貨体制は 70 年代以来，変動性の時代に入ったが，その過程を経てドルの役割が高まり，アメリカの国際金融上の中心性が強化された．国際金融については欧州の地位が戦後も強く，ロンドンとニューヨークはしばしば競争した．70 年代の石油危機の際の国際金融市場におけるオイルダラーの還流は大事件であったが，結果的にはドルの信任を高めた．巨額な資本移動を支える通貨はドルしかなく，変動制以外の制度ではあの大きな変動を吸収できなかったと思われる．金は退位し，SDR の役割も大きく低下した．

　80 年代には相次ぐ金融自由化もあり，世界における金融・資本市場は膨張した．その中でアメリカの国際収支赤字が供給する流動性はこの膨張を助けた．財政赤字の金融のためのアメリカの公債はきわめて高い世界政府公債の意味を持ち，世界の金融市場の統合が進んだ．現在のアメリカは国際収支の大きな赤字にも関わらず，経常収支の赤字を国際資本からの借り入れで賄い，さらに海外へ資本の輸出をしている．アメリカを中心に世界の金融市場が循環し，流動性を供給しているが，その中核にドルが位置するわけであり，ドル本位の正統性と定着が看取される．

　サミットの定着も 80 年代の推移を通じてのものであり，プラザ合意は米，欧，日の協力を示したが，IMF や WTO での協力もアメリカを中核とする世界経済の循環の上にある．

Ⅶ　冷戦終了と PA Ⅱ

1. アメリカの回復と PA

　90 年代に入り，冷戦が終了し，情報革命，グローバリゼーションの進行が強くなったが，上記に述べた小さな政府による財政再建，アメリカ企業の体質改善，労働市場の柔軟性，アメリカを中心とする世界経済の循環の流れはさらに強くなった．それらは相乗的に作用し，アメリカの経済力を回復したのみでなく，第三次産業革命ともいうべき情報革命を主導する「新しい経済」を形成した．

冷戦の終了はアメリカの軍事への資源配分を緩和し，すでに始まっていた財政節度をさらに高め，財政は先進国では珍しい黒字の状態となった．また，情報革命はその普及度を高め，経済全体の生産性を高める本格的段階に入ったが，軍事技術の民間への開放は一層の経済活性化をもたらしている．雇用面でも，雇用破壊よりも雇用創造の方が上回る過程へ移行したが，これが景気後退なき「新しい経済」[16]の実現に大きく寄与している．

グロバリゼーションは世界の金融と貿易におけるアメリカの役割を高めた．アメリカの物価を抑える一方，アメリカ標準を世界に伝播するとともに，世界の資本，人材をアメリカに集中し，アメリカの世界における中核的地位を高めている．アメリカの国際収支は赤字を拡大しているが，それすらも，アメリカと世界の貿易の交流を拡大し，アメリカを介する資本の動きを高める要素となっている．これらは国際貿易や国際金融におけるアメリカの発言力の源であり，ドルはその機能をますます強めている．

上記に述べたように，アメリカの相対的国力は80年代も依然NO.1であったが，冷戦期の国際システムの負担が経済を痛めていた．冷戦が終了し，安全保障面ではアメリカ一極の世界となった訳であるが，経済力の回復によりその卓越性と安定性を高めている．他方国連も機能を回復し，冷戦後多発した民族紛争，宗教対立も国際的調整により下火になっているが，その背後にはアメリカの力があり，NATO，日米安保の影響は強いものがある．

現状は国力といい，国際システムの定着ぶりといい，戦後を凌ぐ状況であり，PA Ⅱの状況にあるといえるが，その正統性を高めているものとしてPA Ⅰにおけるアメリカの役割の大きさがある．

2. PA Ⅰの成果──民主主義・国際主義の拡大

役割の第一は平和の維持である．米ソ対立を世界戦争なしに終了させたのはもちろんであるが，先進国同士の戦争が50年間なかったことは歴史に珍しい．これらの諸国に摩擦や対立がなかった訳ではないが，対話や調整で物事が解決された．フランスとドイツという対立国が友好関係に入り，欧州はその実績を

踏まえて政治統合にまで踏み出している．日本と韓国の関係も最近は改善の兆しがある．民主主義による平和である．

このような平和の維持と関係するが，第二は民主主義の拡大であり，国際主義の浸透である．まず，フクヤマの計算では戦後，民主化した国は50に及ぶ．日本，ドイツが典型であるが，韓国や台湾も民主国となった．しかも，アメリカの関与のもとである．そして今やかつての社会主義国が次々と民主主義国に変化している．次に，このような民主化と並行して，かつての植民地が次々と独立し，他国に支配されている国はほとんどなくなったことである．すべての国が国づくりに成功している訳ではないが，途上国の独立とその発展は第二次大戦後の世界の大きな特色である．

これに関連し，PAの成果として国際機関の設立がある．国連が典型だが，すべての国の参加があり，大国の横暴も国際機関の出現によって大きく抑制されている．さらに，情報革命の進展は言論の自由，人権の重視を進め，世界世論の形成をすら窺わせる．PAの大きな成果である．

PAの役割の第三は市場経済の浸透であり，相互依存の拡大である．戦後の自由貿易はかつてない速度で貿易を拡大し，また，企業活動を活性化した．当初は先進国同士であったが，今や全世界を巻き込み，また，企業が国を選ぶ時代というほど国際投資を拡大し，世界の高度成長を実現している．地球経済の進展であるが，先進国のみでなく，特に東アジア諸国の活躍がめざましい．

第四に，このような市場経済の浸透とともに豊かな社会の拡大があった．戦後の大量生産，大量消費のアメリカ文明は世界に浸透した．科学技術の進歩は資源制約や社会の因習を変え，多くの国で生活水準の向上，教育の普及，平均寿命の延長があった．このような改善の急激さは歴史上類を見ない世紀だったと思われる．欧州や日本などの先進国のみでなく，特に，東アジア，中南米諸国の発展が著しいが，その波は旧東側の諸国に及んでいる．

3. 成功のコストと世界の管理

PAの成果はめざましいが，それは大きな問題を残していることも明らかで

ある．第一に，成功のコストの典型は環境問題の悪化である．人類の生活水準の向上と大量生産，大量消費型文明の普及は環境に大きな負荷をかけている．環境問題への国際的取り組みにも関わらず，解決の糸口は見つかっていない．第二に，依然残る貧困であり，富と貧しさの格差は国際的にも国内的にも多くの国で拡大しているという．グローバリゼーションへの反発が高まっている．第三は，これらの問題の底には世界の人口の急激な増加がある．今後の人口の増加は途上国で起こる．アフリカや中東の人口増加が急激であるが，第四にさしあたり，人口超大国・中国とインドの世界への登場にどの様に対応するかが問題である．世界は19世紀以来ドイツ，日本，アメリカの登場に大きな波動を受けてきた．しかし，中国の登場，インドの発展は質の異なる大きな衝撃を世界の政治経済へもたらすと予想されるからである．

　PA Ⅱでは今のところアメリカに挑戦する国は当面見あたらない．一極の世界の管理コストは19世紀のPBの経験からみると低かった[17]．しかし，人口の増加のダイナミズム，市場経済の普及などの衝撃からすると，21世紀も大きな波がきそうである．アメリカは欧州，日本を世界管理のパートナーとしてきた．今後も，民主化の波が世界に拡大し，民主主義の平和は一方で期待できそうである．しかし，他方に，人口の動きからすると，ナショナリズムを高め，民族対立を持つ諸国の人口が増えるところから，民主主義の平和は期待できないかも知れない．21世紀世界の重要な問題である．

BOX 3 ── 強い議会と大統領

① アメリカ三権システムの特色

　日本で政府というと内閣総理大臣を長とする行政府のイメージとなるが，米国では，政府とは三権を司る議会，行政府，裁判所である．三権はきわめて相互に独立した組織としてあるが，アメリカ人はその独立性の間に生まれるチェックとバランスがアメリカの国益を追求するには必要だとする．独立性が生む短期的非効率も長期的には国益を間違えないという自負がある．

　アメリカ憲法は第1章に議会の権限を定めているが，法案の提出権，連邦

予算の編成権，通商の規制に独占的，かつ強い権限を持つ点は他の諸国と異なるものである．このほか条約の批准，宣戦布告，公務員の任命の承認などに大きな権限を持っている．

これに対し，憲法第2章は，大統領が国政執行権を持つこと，陸海軍の最高指令官であること，さらに，条約の締結権，公務員の任命権を持つと述べている．大統領は直接選挙なので，その任期中は弾劾裁判で罷免されない限り，辞任することはない安定した地位であるが，日本の総理大臣が法案提出権，予算編成権を持ち，各省大臣や幹部の人事について，独占的任命権を握ることに比べると，その権限は小さく見える．アメリカでは行政の権限の強い国防省と国務省を例外として，多くの省は事務的なものを扱う．法律の提案，修正は議会の権限であるため，陳情，請願は議会に対して行われる（日本では各省が陳情の対象となる）．

議員の数は上院の定員は1つの州から2人で全体で100人で，任期は6年である．議長は副大統領がつとめ，賛否同数のとき裁決に加わる．下院は定員が435人で，任期は2年である．アメリカには政党はあるが，党首はない．党の大まかな政策はあるが，各議員の行動を拘束するような党議はなく，議員自身の行動はまったく自由である．

また，議会には上院に15，下院に19の常任委員会があり，その下にある小委員会を含め，議会の審議は委員会を中心に行われる．委員会は小委員会を含めると300に上るが，その委員長は上院，下院の多数党が握る．各議員はいくつかの委員会に属し，活動を行うが，下院で20人余り，上院では30～50人の秘書を国費で抱えることができる．これらの秘書・スタッフは議員の指示に従って，調査，分析，政策立案，法案作成を補助する．この規模は議員1人が日本でいえば本省の局長が持つ規模のスタッフを持つことになる（私費で雇う秘書を加えるとさらに大きくなる）．さらに，議会図書館の調査スタッフ（約800人），議会予算局，技術顧問，法律顧問など議会専用のサービスを受けることができる．従って，議員は一人ひとりが高度の調査，分析能力を持ち，政策立案，法案作成能力を持つ組織を持った存在というこ

とになる．日本の国会議員の専用秘書が3人に限られ，その調査，政策立案，法案作成機能において官庁に依存せざるをえない状況とは大きく異なる．

　この様なシステムを全体として見るとどうか？　一方に，下院議員は435の小選挙区から選挙されるため，選挙区の影響が大きく，審議の過程には個別企業や地域農業の利害が高邁な論議とともに混在してくる．さらに，米国の政党には党首がなく，党議がなく，その政党からの制約が少ないのも議会の分散傾向を強める．また，行政府は立法過程に巻き込まれていないため，必ずしも立法の意志を十分体得して，法律の不完全さを補うような執行をしない．全体として，コンセンサスを得るには時間がかかるシステムである．時として海外から見るとアメリカは分裂しているように見える．ナチや日本の軍部がその強行姿勢に対しアメリカの国意は割れていると判断したことが第二次大戦の勃発の原因の1つとなったともいえる状況がある．

　他方，米議会での論争が水準が高く，かつ多角的であり，法案作成や予算の編成が議員ベースで行われため，政策の転換は容易な面がある．多くのアメリカ人はこのようなシステムが大統領との間に良好なチエック・アンド・バランスを形成し，国益を保持しているとする．

　②　貿易政策に見る議会と大統領の相克

　通商政策は憲法上，議会が強い権限を持つ．特に関税政策は建国以来，連邦政府の財政収入の大宗として議会の強い関心事項であった．南北戦争後から1930年代に至るまで米国は高関税政策に終始したが，多くの地区から選出される下院議員の利害をまとめ，関税引き下げに向かうことは不可能であったからである．当時の黒字国・アメリカが世界大不況のさなか，1929年から30年にかけて，スムートハレー法を提案，可決し，関税件数にして2万，率にして60％の引き上げを行った（デスラー，1987，15）ことは世界の保護主義を高め，不況を深刻化した．

　この様な事態を反省し，米国は1934年，大統領に3年間（現在は4年間）一時的に関税引き下げを外国と交渉する権限を委譲する内容の互恵通商法を

設定した．この法律により，米国大統領は他国との関税引き下げの交渉権を握り，以来半世紀に及ぶ世界の貿易自由化の主導権を取ることができた（デスラー，1987, 16）．

米国は62年にはもっとも自由主義的といわれる「拡大通商法」を成立させたが，議会は特別通商代表を設置し，大統領を牽制した．「1974年通商法」では通商代表部が設置され，「不公正貿易慣行に対する報復措置」である相互主義条項の301条が導入された．1988年には「包括通商・競争力法」が成立し，大統領の裁量権を縮小したスーパー301条が設けられ，日本などに適用された．大統領はこれに対し，日本との協議は包括貿易法によらない構造協議（SII, Structural Impediments Initiatives）により交渉を行った．

貿易の基礎となる産業界と政府の関係は長いこと敵対的といってよい状況であった．クリントン大統領は，就任以来，国際貿易を米国の安全保障と定義し，官民協調を提案し，競争力評議会の設置，さらに国家経済戦略会議などを設けて競争力の強化と対外政策を推進した．最近は，大統領，議会と業界の意志疎通が強く，貿易交渉にも個別企業の利益がですぎるとの批判があるくらいになっている．

③ 予算発議権を持つ議会

アメリカでは議会が予算発議権を持ち，年初の大統領教書の性格は議会の予算審議の参考資料である．上，下院の予算委員会が春に予算決議を行い，これにより大枠を決め，13の歳出委員会で裁量支出を審議する．GRH法以来各項目に最高限度の枠を決める取り決めがある．法律による義務的支出は多くが社会保障や医療に関連し，これを変更するには法律の改正が必要になる．最近ではいずれかの義務支出を増加するときはその他の減額を必要とするビルト＆スクラップの方式が採用されている．下院が予算案を編成し，可決，発議し，上院の審議があるが，意見の異なるときは両院協議会を経て，修正案を作成し，大統領に送付する．予算の成立には大統領の署名が必要だが，大統領が拒否権を行使したときは3分の2の以上の多数で下院，上院が

可決し，拒否権を乗り越える必要がある．

以上のように，予算発議権は議会にあるが，465の小選挙区から選出される下院議員が13の歳出委員会に分かれて審議するため，時としては選挙区の利害が強くでるなど，予算全体の統合を考える機能が弱い面は否定できない．1985年のグラム・ラドマン法，1990年の包括財政調整法など幾度かの努力にも関わらず，赤字は縮小しなかった．しかし，1994年の選挙で多数党となった共和党の「アメリカとの契約」は大きな役割を果たした．特に注目されるのは大統領への項目別予算拒否権の付与であり，中産階級への支援，個人の責任重視であり，弱者，少数者保護の見直しである．

1) 当時の発展条件は人口，地味，官僚組織，科学技術水準など中国や中東イスラムの方が西欧より勝っていた（ケネディ，1988，1-3）．しかし，「西欧の奇跡」は政治的多様性，経済の自由など「武力による帝国の統一」がなかったためとする（ケネディ，1988，44-63）．
2) ウエーバーは，カルビン派の職業倫理は神により救われるものとそうでないものとに決められているが，救われるものとしての自覚に燃えて日々を禁欲的に，職業倫理を追求する所から資本主義精神が生まれるとする（ウエーバー，1975）．
3) アメリカ人の94％は神を信じている．英国は70％，ドイツは67％（柳沢賢一郎編著，1999，247-248）．
4) 国民国家は絶対王政の過程を経てフランス革命後，欧州に確立した．ギルピンは国民国家を帝国の規模と都市国家の忠誠心の長所を合成した欧州の政治発明とした（Gilpin, 1981, 116-17）．国民の政治への参加により，その忠誠心を引き出すと同時に国の規模を拡大し，国防の要請に対応した．また，身分制度を廃止し，資本主義のもたらす社会変動を調整する上でも優れた組織であった．近代の成功した国はすべて優れた国民国家であった（Modelski, 1980, 4）．
5) 欧州の世界雄飛のプロトタイプはヴェニスの体制であった（Modelski, 1980, 5）．ヴェニスは欧州と中東，アジアを繋ぐ東方貿易を独占し，大きな富を得た．特にアジアから輸入する香料は貴重であり，その代償として銀，銅，毛織物が重要な輸出品であった．欧州はヴェニスを媒介として東洋・中東と結ばれた（大塚，1951，6-13）．
6) 5つの錠前とは英仏海峡，ジブラルタル，喜望峰，アレキサンドリア，シンガポールである．当時の欧州との主要航路である新世界，アジアの航路を完全に管理した．

7) イギリスの戦略は米国を綿花などの原料供給国の状態に置いておくのが,「自然法の理」に適うとのものであり,ナポレオン戦争中に発展したアメリカ北部の工業は消滅すべしということであった (毛利, 1978, 125-126). イギリスの植民政策は航海条例による貿易の独占, 特恵関税による貿易の促進, 特にアメリカ植民地工業への禁圧政策による工業品輸出市場の確保, 植民地防衛のための財政支出の4つの柱より成り立った (吉岡, 1981, 82-83).
8) 米国の取った開発戦略は広大な国内市場を舞台とする輸入代替戦略であった. 以来今世紀にも多くの後発国がこの戦略を採用したが, 中南米諸国を見ても成功例の少ない (輸出主導戦略の成功はドイツ, 日本, アジアNIESなど例が多い). 理由は, 市場での十分な競争が確保されないことであるが, 米国では上記のような資源, 技術, 市場の好条件があり, これを旺盛な企業意識を持った企業家が激烈な競争を行いながら生産を拡大したことが成功に繋がったといえる.
9) スムート・ハーレー法は1929年提案, 30年6月成立したが, 関税引上げ件数は2万件に達した.
10) 大西洋憲章は1941年8月, 大西洋上で米国大統領ルーズベルトと英国首相チャーチルが会談し, 両国の戦後構想を8項目について公表した. その大要は領土不拡大, 民族自決, 主権尊重, 貿易自由化, 経済福祉, 平和の確立, 公海の自由, 国連の設立であるが, 第4項の貿易自由化は資源, 市場への接近の自由を説き, 日本など未参戦国への警鐘であるとともに, 英連邦特恵地域の自由化をめぐる米英の利害が対立したことで知られる (ガードナー, 1973, 157-161).
11) 国際通貨の負担分担とは各国は切り下げは大幅にするが, 切り上げはマルクなど少数の通貨以外ほとんどなく, かつ切り上げ幅も少ないため, ドルが切り上がり, このためアメリカ商品の競争力が失われ, 投資が海外に出たとする. 国際収支の強い国の通貨は切り上げられるべきだというのである.
12) 公共財のコストは例えば橋の建設には一定額が必要となり, 従業員1人あたり負担は小企業の方が大企業の方より高いのに, 1人あたり便益は同じだから, 大企業の負担が高くても仕方がないとする (Olson他, 1966).
13) 1990年の包括財政調整法は, 支出のうち, 裁量的支出についてはこれを国防, 国際関係, 国内関係費に分け, その各々に支出の上限を設けた. 義務的支出についてはスクラップ・アンド・ビルドの原則により, 新設による支出増加は従来からの支出の削減で相殺するという方式をとった.
14) ライシュは自動車の価格形成がGM主導のフォード, クライスラーの三社で行われたが, それは国際競争を意識せず, 賃上げを安易に上乗せしたため日本車に敗退したとし, また, 現在の米国経営者は帳簿しか知らず, 机上経営 (PAPER MANAGEMENT) をしているとする (Reich 1983, Chapter 8).
15) 第二次大戦後の2つの戦争は太平洋で行われ, 西部地方に大きな需要が発生した.

また，宇宙開発は南部などに政府支出を増大した．さらに，戦後の人口は寒いところを嫌い，暖かい南西部のサンベルト地帯に移るなど，米国の発展は北東部を離れた（日本貿易会貿易研究所，1988，70-73）．

16) 2001年大統領経済諮問委員会年次報告は，ニューエコノミーを「生産性の急速な上昇，所得の増加，低い失業率，穏やかなインフレなどにみられる経済パフォーマンスの著しい進展であり，技術，ビジネス慣行，経済政策が相互に補強しあって進展したことによって生じたもの」として定義した上で，米国経済には，ニューエコノミーの特徴がみられているとしている．

　ニューエコノミーと呼ぶことのできる根拠として米国経済の特徴を，1）生産性の高い上昇率，2）低インフレ，低失業率，3）連邦財政赤字がなくなったこと，4）先進国のなかでのきわだった高パフォーマンスをあげるとともに，背景にある要素としては，1）技術革新，2）ビジネスの組織的な変化，3）政策（財政規律，人と技術への投資，市場開放）をあげ，この相互作用が好循環を作ったとしている．

17) 18世紀は戦乱の続く，コストの高い時期であった（英国の国防費はGNPの1割となった（Sakamoto, 1989, 36）．

第 3 章

パックス・アメリカーナの安全保障システム
——核の登場と二極体制

I　パックス・アメリカーナの国際安全保障

1. 軍事力と国益

　安全保障政策とは何から，何を，どうやって守るかというのが基本的な枠組みである．他国からの侵略による人民や領土などへの脅威に対し，このための軍事力や外交力の行使により，国益を守るのが国家の安全保障政策の基本的枠組みである．脅威への対応がその国，単独で及ばないときは同盟などによって安全の補強をはかってきた．最近では脅威の内容が石油危機など経済安全保障に関するものやイデオロギーなどの政治的文化的脅威への対応など安全保障の内容も変化しているが，依然として軍事的脅威への対応は安全保障政策の中核である．

　軍事力はしかしながら，単に国家の防御のための手段として重要なだけではない．近代国家にとって，軍事力の充実は国家の勢威と領土や富の獲得の手段としてきわめて重要であり，富の獲得はさらなる軍事力の増強を可能にした．軍事力の行使としての戦争は外交とともに，国益追求の手段であり，戦争は外交の延長ということになる．近代国家の軍事力の充実には自国の安全や権力外

交の推進のためという考えはあったが，国際的な安全保障の維持，世界平和の重要性といった観点は薄かった．

パックス・ブリタニカの世界も基本的には自国の国益をいかに拡大するかであった[1]．英国は自国の利益を求めて，欧州での勢力均衡をはかると同時に，海軍力を大きく強化して，海上航路と海外植民地を管理し，貿易と投資を増大させて，国益を追求した．他の欧米諸国も自国の国益を追求した．ただし，英国を中核とする国際貿易，投資の発展は，英国も他の諸国も世界の平和を必要とする面があり，その限りで国際的に大きな戦争や争乱を抑制し，結果的には世界の安全保障をめざした面もあった．しかし，世界平和への希求が強くなかったことは，19世紀末，欧州列強が富と植民地を求める帝国主義を強め，軍事力を強化し，第一次大戦の惨禍に至ったことによって示される．

2. 国連の国際安全保障

国際安全保障への思想，道筋が生まれたのは，第一次大戦の惨事を契機とした．ウイルソン大統領は14項目の平和の提案をし，民族自決，主権平等，公開外交などを唱えた[2]．国際連盟の設立は国際安全保障機構の提案であったが，国際平和への要望の強さは1920年代の相次ぐ軍縮会議に示される．戦争による国際紛争の解決への疑問，軍事力縮小への提案，民族自決の原則など安全保障問題を各国の国益ではなく，国際平和という視点から問題にする流れが強くなった．国際連盟は大国の横暴を排除し，独立を保障する公正な平和，諸国の国際政治への参加を促進するなど，その後の国際安全保障の流れに大きな影響を与えた．

しかし，当時の世界には帝国主義の流れも強かった．戦間期は持てる国の英仏米に対して持たざる国であるドイツや日本の権力主義，軍国主義が対抗し，第二次大戦が勃発した．第二次大戦の大きな被害は改めて国際紛争の解決に当たっての武力行使，戦争の役割についての疑問を深めるとともに，国際安全保障の視点の重要性を裏書きするに至った．

戦後の国際安全保障の構想は米国国務省が中心になって作成した大西洋憲章

に示された．同憲章は平和の維持，自由通商体制とともに第8項で国連設置の必要性を提案しているが，国連は1945年2月のヤルタ会談でその大枠が決定された．国連憲章はその目的として国際の平和と安全を維持すること，諸国間の友好関係の発展，基本的人権の尊重を挙げる．また，目的の実現に当たっては主権平等，加盟国の参加，紛争の平和的解決を尊重するとし，国際関係における武力の行使には大きな制約を課している．

国連憲章では国際安全保障の要件として，諸国の同権，民族自決とともに人権の重視が謳われたのは注目すべきであるが，1946年には世界人権宣言が採択された．また，紛争への対応には平和的解決が優先するが，平和への脅威，破壊，侵略には国際連合軍を組織して国際安全保障を維持するというものである．国連憲章は加盟国に個別，集団的自衛権を認めているが，武力による対応は武力攻撃が発生した後，安全保障理事会が必要な措置をとるまでとし，武力行使に制限を設けている．

以上のように国際安全保障の内容は単なる国際平和の維持でなく，各国が同等な公正な平和を享受し，さらに，諸国の参加する平和を実現することが重要だとなっている．それはまた，世界における人権尊重，民主主義の推進，反植民地主義などに支えられていたが，これはアメリカの価値に強く影響されてきた．また，安全保障実現の手段として当然とされてきた各国の軍事力，武力行使にも制約が高まるなど2つの大戦を経て安全保障をめぐる国際環境の大きな変化が反映されていた．

3. 安全保障理事会への期待

国際連合は国際連盟が全会一致の原則から意志決定にもっていた欠陥を補強すべく，諸国国民の参加する総会と5大国中心の安全保障理事会の二重の構造にして機能を強化した．「国際連合の迅速かつ有効な行動を確保するために，国連加盟国は，国際の平和及び安全の維持に関する主要な責任を安全保障理事会に負わせる」とし，紛争の平和的解決と平和に対する脅威および侵略行為への対応については安全保障理事会の決定が総会に優先するとした．安全保障理

事会は現在も拒否権を有する5常任理事国と各地域を代表する10の非常任理事国で構成されている．

　このような二重の構造は，特にルーズベルト大統領がソ連の国連への参加が戦後の国際社会の平和に必須のものと考えていたことが大きな原因となっている[3]．米，英，仏，ソ，中の5大国の世界における地位は1950年で見ると人口で4割，国民総生産で6割，軍事費で8割と大きなものであった．ルーズベルトはソ連や中国についても国際通貨基金や国際貿易協定に参加するよう勧めていたが，これらの諸国が世界の諸問題で協力すれば大きな可能性を持っていたと思われる．

　しかしながら，5大国の協力は発展しなかった．西側でも英国やフランスの戦後の困難が大きかったが，中国では内戦が深刻化した．ソ連はルーズベルトの自由通商体制への参加を断り，自国中心の社会主義圏を形成し，対外的には国際共産主義の浸透を進め，強い権力主義の外交を展開した．

4. 東西対立と国連

　アメリカの推進した国連中心主義は戦後の東西対立の中で急速にしぼんで行った．米ソの対立はドイツの敗退と日本の降伏後急速に強くなり，1945年10月，トルーマン大統領は平和には力がいると演説した．ケナンの対ソ封じ込め戦略が力をえ，47年にはトルーマン・ドクトリンが公表され，マーシャル援助が発足した．48年のベルリン封鎖を経て，東西対立は一層激化し，西側は49年NATOを形成し，54年西ドイツのNATO加入があったが，東側も49年にはCOMECONをつくって対抗し，54年にはワルシャワ条約機構をつくった．アジアでは中国共産党が国民党を破って，49年中華人民共和国の成立を宣言し，50年には朝鮮動乱が起こり，朝鮮半島は東西対立の焦点となった．

　国連の中核である安全保障理事会では大国の拒否権が次々と発動され，その機能はきわめて限定的であった．国連軍が派遣されたのは朝鮮半島での動乱などに限られていた．この間，国連の平和維持の役割を担ったのは国連憲章作成時には予想されなかった平和維持活動であり，中東やアフリカなどへの平和維

持部隊の派遣,停戦監視,選挙管理などで限定的役割を果たした.平和維持活動は作成時には米ソの関係が改善する1980年代後半以来急速に展開した.

国連は,しかし,開発途上国の国際政治への参加には大きな役割を果たした.戦後次々と独立する途上国は1960年には「アフリカの年」といわれるぐらい,多くの途上国の国連参加があったが,その後も急速に数を増やした.途上国の参加の拡大は国際社会における南北問題の重要度を高めた.国連は途上国の不満のはけ口だとの批判もあったが,途上国援助,途上国への特恵関税の実施,アンクタッドの設立などへの国連の役割は大きいものがあった.

II 核の登場と二極体制

1. 核の登場と米ソ

第二次大戦直後の状況でいえば,ソ連の工業生産は世界の2割を占める状況で侮りがたかったが,民需品や先端技術では遅れていた.軍事的には戦車をはじめとする陸軍は強力であったが,海軍は弱体であり,空軍もアメリカに劣っていた.これに対し,アメリカの国力の卓越性は圧倒的であった.経済力ではいうまでもないが,世界の生産の半分を占め,国際貿易,国際金融を支配した.軍事力についても核を独占し,海軍,空軍は圧倒的であり,陸軍も強大であり,通常の状況であれば,国力の勝るアメリカがソ連を圧倒する状況であった.

しかし,アメリカはソ連を圧倒できなかったばかりでなく,戦後の国際体系は二極体制といわれるほどソ連の存在感があった.その理由は共産主義という体制の強さもあったが,何よりも絶対兵器といわれる核戦力において時にはアメリカを凌ぐばかりの勢いを示したからである.戦後の体制の特色は総合力では大きく劣るソ連が核の開発に集中した力を注ぎ,核の面での米ソの均衡が実現したことにあった.

(核兵器の性格)

核兵器の出現はその特殊な性格から従来の軍事戦略を大きく変更した面がある.第一にその大量殺りく,損傷の甚大なこと,防御のむずかしさから,絶対

兵器といわれるが、この様な核の登場は、相互に「抑止」の戦略を生んだ。すなわち、相手側の第一撃の攻撃に対し、核の報復力を残存させ、相手に大きな打撃を与える体制を作ることによって、相手の先制攻撃を抑止する戦略が考案されたことである。結果として核は使用できない兵器となったため、通常兵力の必要性も高く、「抑止」のための膨大な資源の展開を恒常的に必要とし、戦後の対立を恒常的準戦時体制といわれるものとした (Melmann 1984).

　第二に、核兵器は所有国の大きな威信となったが、核保有国と非保有国の間に階層化をもたらした。主要な核所有国は安全保障理事会の5常任理事国であるが、政治的に大きな威信を持った。現在でも地域大国を目指す諸国の核所有が後をたたない。特に、米ソ両国は地勢的にも核に対する脆弱性が少なく、核超大国となり、時として米ソによる核管理は世界の共同支配の面すら示したが、米国と西欧の地勢的差異は時として核管理をめぐる戦略の違いを露呈し、摩擦を高めた。

　第三に、核の到達時間が戦略核でも30分となっていることは、戦争への即応体制をきわめて厳しいものにした。すなわち、大陸間弾道ミサイル（ICBM）は米ソ間を30分、中距離弾道ミサイル（INF）は西欧―モスクワ間を10分で到達するため、緊急事態への即応性は大きく高められた。対立の正面となった欧州では戦争の開始と同時にソ連軍の西欧への雪崩込みが予想されたところから、NATO諸国の軍事動員必要期間は48時間の短期に設定された[4]。通常兵力の即応性を高めるため、欧州、アジアなどに大規模な兵力の前方展開が行われた。欧州、アジアでの2つの大規模戦争とその他地域での小規模戦争に同時に対応できる軍事体制を整える2 1/2戦略が採用された[5]。

　第四に、地球のどこにでも届く戦略核ミサイルの開発により、米ソの核への対応を地球・宇宙的なものにした。核兵器の運搬には核ミサイル、航空機、潜水艦があるが、長距離の射程を持った戦略ミサイルは地球の何処からでも相手方に到達するため、これに対応するシステムは海上、海中、地上、大気圏、宇宙に及ぶ必要があった。敵方の兵器を探知し、これを監視し、攻撃するためのシステムが地球・宇宙規模で配置される必要があった。東西対立は地域的には

欧州やアジアが強かったが，ソ連が世界に軍事力を投射，展開する能力を強めた後は，世界のどの地点の紛争も米ソの全面戦争に発展する可能性を持った．近代科学の進歩は二極対立を地上，海，大気での地球的，かつ宇宙的なものにした．

(前方展開と世界を覆う安全保障網)

以上のような核兵器の出現を背景にし，東西対立はユーラシア大陸の中央に強大な陸軍を持ち，その周辺に衛星同盟国を擁するソ連に対し，大陸の周辺に軍を展開し，欧州や日本と同盟関係を結んだ米国中心の西側との対立となったが（ギルピン，1977, 75），米国は2つの主戦場である欧州とアジアでの大規模戦争とその他の地域での小規模な戦争が同時に発生しても，これに耐えられるように21/2戦略を採用した．強力な軍事力を欧州，アジアに「前方展開」するとともに，核による「相互確証破壊」により，ソ連の「封じ込め」の戦略を展開した．東側もソ連の核兵力を頂点に膨大な兵力を欧州，アジアに展開した．

米国の21/2体制は海外に大規模な軍事力を展開したため，駐留兵力や兵坦の支持は厖大なものになり，しかも長期にわたった（1980年代，米国総兵力200万人の内，海外駐兵は50万人を数えた）．このような展開を支えるため米国は欧州諸国とのNATOによる集団安保体制をくんだが，アジアでは日本，韓国，台湾，フィリピンと安全保障条約を結び，アメリカが扇の要にいるような体制となった．ラテン・アメリカは西半球の要であるが，中東をはじめ，その他の地域とも安全保障体制を形成した．これらを支えるため強大な海軍，空軍力を展開し，シーレーンを維持し，世界的な安全保障システムを形成した[6]．

2. 米ソ軍事戦略の推移——二極体制下のマッド戦略

東西対立は以上のように核を持ったアメリカの21/2体制を形成したが，その軍事戦略は米ソ両国の軍事力の推移，特に核戦略を中心に大きな変化があった．

第一は，米国が1945年から1950年代半ばまでに核兵器の独占，あるいは絶

対優位の時代のものである．米国の核優位の前提の上に，西側はNATOを形成し，欧州の中央で東の軍隊と対峙した．戦争が始まれば，ソ連の戦略は陸軍力を頼りに，西欧へ進出しようとする考えであったが[7]，この場合，アメリカの持つ核兵器が東の軍隊のみならず，ソ連の都市への「大量報復」に使用されるので，ソ連が西へ侵攻するという冒険をしないだろうというものであった．ソ連の侵攻を阻止するためNATOを形成し，米軍の前方展開により，即応性を高めた．

ソ連の原子爆弾の核開発が予想以上に早期に行われたことにより，米国の核独占は1949年早くも崩れ，水素爆弾についても1952年にソ連は米国に追い付いた．しかし，原子爆弾の運搬手段が航空機が主体だった間は，ソ連の周辺に配置された基地からの核攻撃が行われる一方，米本土の安全は保たれ，米国の優位は維持されていた．

しかし，第二の時期として，1957年のソ連の人工衛星打ち上げはこうした米国の優位を根底から揺るがすものであった．ソ連は今や米国本土を攻撃する能力を持ったことを示し，核兵力のバランスは米国優位を示すものではなかった．米国の航空機がモスクワを攻撃できることが，ソ連の大陸間弾道ミサイル開発への対抗力であったが，この時点でのソ連の技術上の優位は明らかであった．

フルシチョフは今後の戦争は核が中心になる．ソ連はアメリカより優秀な核ミサイルを保有しており，核戦争にも生存可能である．しかし，戦争は不可避ではないとした．ソ連軍の核戦略は西側がソ連本土への先制攻撃をした場合，戦争は核戦争になるが，その対応策は，1．米本土への先制攻撃（ただし，軍事拠点中心），2．欧州におけるNATOの核能力の破壊，3．ソ連本土の防衛強化であった（長谷川，1989，75-78）．

米国の戦略はこれに対し，ソ連の先制攻撃に対しても生き残り，第二撃能力によりソ連の領土，人民に多大の被害を与えることによって，相手の核攻撃を抑止するものであった．相互に，確実に，甚大な損害を受ける相互確証破壊戦略はマッド（MAD）と名付けられた戦略だったが[8]，米国は大陸間弾道ミサ

イルの開発や原子力潜水艦の開発によって，核均衡の回復に奔走した．ケネディ大統領は特にミサイルの増強に努め，月の征服をはじめとする宇宙戦略を進めた．1962年10月のキューバ危機は米国のソ連への自信を示すものとなったが，ソ連は屈辱を感じ，一層の軍事力の急速な充実に向かう結果となった．

ソ連の核兵力の充実は西側の通常兵力の充実，即応力の強化を一層重要なものにした．すなわち，米ソの核兵力均衡の状況ではソ連の通常兵力による侵攻の危険が増大するが，ソ連への核兵力の使用が抑制されている状況では，西側の通常兵力の増強により，相手を抑止する必要があるからである．

米国は60年代，マクナマラは「柔軟反応戦略」を公表した．相手の攻撃のレベルに応じて，こちらも反撃のレベルを上げる段階的拡大方式をとることにより，相手の攻撃の段階の上昇を押さえ，全面核戦争を防ぐというものである．当初の米国の核優位の時代からすれば大きな後退であるが，核が均衡した時点においては，地上軍に勝るソ連軍を抑制し，核の全面戦争を回避する方策として効果を持たせようとしたものである．ソ連の方も欧州での戦争がソ連本土への核攻撃を含む全面戦争になる前に限定通常戦争の可能性があるとし，通常兵力の増強と欧州地域核の増強がはかられた．

3. 欧州の反応

ソ連側の攻撃段階の上昇に応じて西側も反撃の程度を上げるという「柔軟反応戦略」は欧州側に複雑な反応を引き起こした．アメリカが核戦力で優位な間はその優位がソ連への抑止として働くという安心感が欧州側にあり，米国の戦域核，戦術核の配備もその安心感を高めるものであった．しかし，ソ連の核が米国本土に届き，両者の核戦力が均等になった時，欧州側には2つの疑惑が生じる．1つはいざというとき，米国は自国民への核攻撃の危険を犯してまでも欧州を防御しないという「見捨てられ」の疑惑である．他方，西欧は米国がソ連に先制攻撃，あるいは核戦争に至る可能性の高い行動をとることによって，西欧が米ソの核戦争に「巻き込まれる」のではないかとの疑惑である．このような疑惑は米欧間の地政学的位置の懸隔を反映しているが (梅本, 1996, 第4章)，

NATOの指令官はアメリカ人であり，核のボタンは米大統領が握っている状況は西欧のこのような相反する疑惑を深めることになる．

このような疑惑は西側の最前線である西独に特に強く，西側防衛に関するアメリカの約束を確かなものにするため，米軍の大量の西独駐留が必要であった．米国の国防政策の目標には必ず，同盟国の防御が入っているが，1961年ケネディ大統領はベルリンの安全は米国の安全保障だとの演説をした．在欧米軍の意義は第一は対ソ防衛，第二はドイツの抑制，第三は大量の人員は人質の意義もあるとされる．戦後の長期を通じて西独には約30万人の米軍が駐留した．

「柔軟反応戦略」は西欧側に，上記のように「見すてられ」「巻き込まれ」の2つの疑惑を生じさせた．米国はNATOに西欧諸国と共同で核の運営を計画

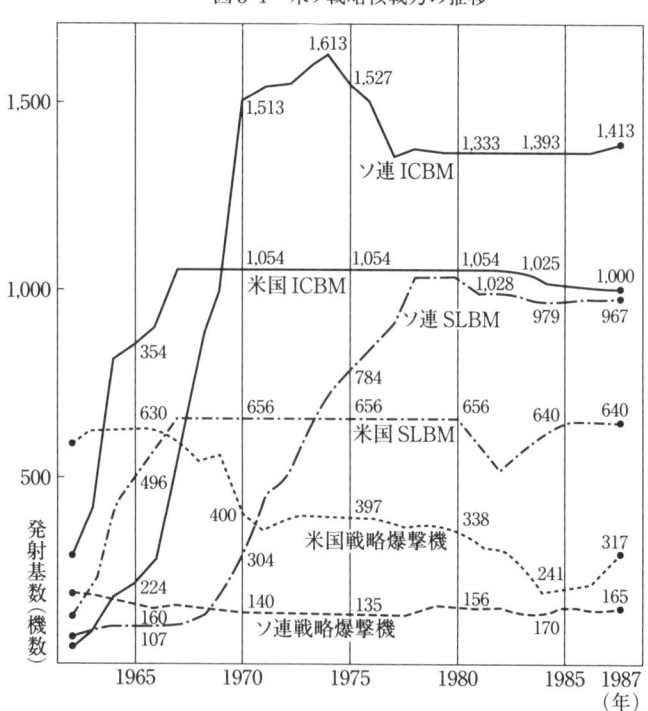

図3-1 米ソ戦略核戦力の推移

年	ソ連ICBM	米国ICBM	ソ連SLBM	米国SLBM	米国戦略爆撃機	ソ連戦略爆撃機
1965	354		107	630	496	224
1970	1,513	1,054	304	656	400	140
1975	1,613	1,054	784	656	397	135
1980	1,527	1,054	1,028	656	338	156
1985	1,333	1,025	979	640	241	170
1987	1,413 / 1,393	1,000	967	640	317	165

（出所） 防衛庁『日本の防衛』昭和63年, p. 13.

する「核計画部会」を1966年もうけたが，米国が初期の段階ではソ連以外の東を攻撃して，ソ連への刺激を薄める提案をしたのに対し，西独などは当初からソ連を攻撃する強い態度を示すことに核戦争への誘発を防止する方式を主張した（梅本，1996, 145）．また，ドゴール大統領は柔軟戦略は欧州を戦場にする案だと米国を非難し，1964年独自の核開発を行い，1966年NATOの軍事機構から脱退し，独自の戦略を追求するに至った．

4. 米ソ核管理

東西対立は熱戦の状態だった戦後50年代をすぎて，1960年代には，均衡の状態となった米ソの核戦力を背景に，核共同管理への流れを見せ，新しい展開となる．キューバ危機の収束の翌年，63年には核実験を地下核実験に限定する部分的核実験禁止条約が米ソの主導で実現したが，核の水平的拡散に制約を加える作用があった．1968年の核拡散防止条約はそれまでに核を保有していた米，ソ，英，仏，中以外の国への核拡散を防止するものであるが，米ソの優位を保障するものとして，米ソによる世界の核の共同管理の面があった．

60年代末，米国がベトナム戦争に没入している間に米ソの核・軍事バランスはより均等に変化していた．ニクソン大統領は「1970年代の不可避的現実は，ソ連が米国の戦略兵力に勝り，一部の分野では米国を上回る戦力を有する」（ニクソン，1970, 104）とした．米国ではベトナムの戦渦から議会の干渉が強まり，軍事費はGDP比で見ると70年代を通じて低下を続けた．米国は米中和解を遂げ，アジアへの介入を低め，その国防戦略は21/2から11/2（欧州での主要戦闘とその他）に変わったといわれた[9]．他方，ソ連はキューバ事件後軍事力を急速に拡大し，70年代には明らかに米国と均衡（Parity）状態を実現していた．

ニクソン大統領は69年からソ連と戦略核兵器制限交渉（SALT）に入り，72年にSALT IとABM条約を，79年SALT IIを調印した．米ソ間にデタントという言葉が誕生した．しかし，1970年代を見るとソ連の核をはじめとする軍事力の増強は続いた．戦略核について見るとICBM, SLBMの基数で米国を上

回り，しかも，これらの多弾頭化が進んだ．特に ICBM の投射重量が大きく，その多弾頭化はソ連が核戦争を勝利可能とみなしているのではないかとの疑念を生んだ[10]．さらにソ連が SS 20 を欧州戦域に配備したことは欧州での通常兵力，戦域核の電撃的使用によって，欧州の制圧を狙っているのではないかとの疑念を強めた（梅本，1996，110-111．長谷川，1989，79）．

このような動きに西欧諸国は敏感に反応した．1978 年，NATO 諸国はいわゆるデタントの追求と防衛力強化という矛盾した二重決定を行った．加盟諸国の軍事費の実質 3％増を義務づけるとともに，1979 年，アメリカでも ICBM，SLBM の強化，B1 航空機の開発の開始とともに，欧州への長距離戦域核・INF の配備が決定され，空中発射巡航ミサイルなどの開発が決定された．ただし，INF の配備には西欧には「巻き込まれ」への反発が強かった．

5. 東西冷戦の復活と米ソ和解

ソ連のアフガニスタン侵攻は西側の防衛戦略の見直しを決定的にした．レーガン大統領は改めて「ソ連に勝利する均衡」の追求を宣言した．大陸間弾道弾，トライデントなど戦略核の能力向上，パーシングⅡ，INF の西欧配備，B1 爆撃機の開発再開，中東防衛の強化を進め，空母 15 隻，艦船 600 隻体制を整備の目標とした．また，戦略防衛構想（SDI）を公表したが，米国および同盟国の国土，国民の防御を達成する能力を獲得するというものであった．核防御体系の導入は核軍拡に至る虞れからこれに大きな制約を化した 72 年の ABM 条約に反するものであったが，「勝利する核抑止」の典型として進められることになった．しかし，レーガン政権はこのような強硬な態度をとるとともに，戦略核削減，INF の軍備交渉をソ連と開始している．

また，このような核における戦略の転換と呼応して，欧州，アジア，中東での安全保障体制の強化が行われた．NATO，日米安保体制の強化はその典型であるが，アジアでは米中和解はソ連に対するカードとして働き，インド洋，中東の米国の拠点は強化された．米国の体制は $1\frac{1}{2}$ から $2\frac{1}{2}$ とも 3 ともいえる体制に戻ったといわれたが，特に欧州での INF やパーシングの導入はアメリ

カの立場を強化したといえよう.

　すなわち,ソ連の SS 20 の導入は欧州の危機意識を高め,ソ連への恐怖は欧州の巻き込まれ意識をこえて,INF の導入に至ったが,INF がモスクワへ到達するのに対し,SS 20 はアメリカに届かず,この取引はソ連にとってマイナスであった.この後,米ソ両国の INF 全廃条約は米ソの核戦略の変化の一因となった.

　1980 年代後半,米ソの関係は大きな変化をする.米国の強い姿勢に対し,ゴルバチョフの新思考外交は米ソ関係を大きく変化させた.1985 年共産党書記長に就任したゴルバチョフは国内でのペレストロイカとグラチスノスに対応して,外交面では新思考外交を展開した.相互依存の高まった世界では相互安全保障が重要であり,核兵器が人類の生存を脅かす時代では,ソ連という超大国も安全保障を一方的に確保できず,単独の核戦略では生存できないとする.このようなゴルバチョフの主張の背後には,アメリカの軍事的挑戦,チェルノブイリでの核破綻,国内経済,社会改革の軍事への優先とともに,ソ連の安全保障政策に対する反省があった.

　すなわち,従来のソ連の安全保障政策が,帝国主義は社会主義と相容れないので,帝国主義は社会主義を抹殺しようとしており,ソ連の軍事力のみがこの危険を防止できるとしたが,これは正しくない.核戦力を高めて均衡を実現すれば平和の保障であるというが,相互の核兵器の水準の高度化は核戦争の危険を高めることである.理性的充足性とはこのような悪循環を断ち切ることである.核戦争の危険は資本主義,社会主義をともに滅ぼしてしまう.軍事的手段のみでなく自己の安全保障を相手の理解と意図に託すのは必然であるというものである(長谷川, 1989, 83-84).

　86 年のレイキャビックでの米ソ首脳会談では相互の理解が十分でなかったが,核に関しても米ソの歩み寄りが急速に進み,1987 年には INF 全廃条約が調印された.その後 90 年には欧州での通常兵力の削減交渉が妥結し,戦略核制限交渉も 91 年に第一次が,93 年に第二次が相次いで締結されたが,それは冷戦が終結し,91 年にはソ連が解体する過程と平行したものであった.

以来，米国の核に関する関心はソ連解体後の核兵器の第三国への移転や核拡散の防止であり，国際的には核拡散防止条約の無期限延長の提案や核実験禁止の問題となる．

以上のように米ソの軍事力の推移は中核になる核についていえば70年代半ば以降，ソ連は均等を実現し，海軍力の増強など世界への投射能力の拡大は著しかった．アメリカはしかも80年代には経済的困難を高め，軍事力の拡大との矛盾を深め，西側の安全保障も不安を抱えていた．しかし，80年代半ば以降の情勢はゴルバチョフの登場以来，ソ連は新思考外交の流れを強め，東西対立が大きく緩和する中で，ソ連・東欧の社会の急激な変化が進行し，東西対立は西側の勝利として終わった．いったいどの様な原因がこの様な事態を招いたか．

Ⅲ　なぜ，ソ連は冷戦に敗北したか

1. 戦後のソ連の脅威と魅力

戦後のソ連は一方に共産主義独裁への恐れ，第二次大戦で大きく領土を増やした唯一の国であったこと，一国社会主義により東欧で共産主義衛星国を強引につくったこと，多くの捕虜の強制労働など脅威を募らせる存在であったが，他方に大きな魅力があった．第二次大戦に勝ったソ連，資本主義国が不況で悩む中で，30年代以来の景気後退を知らない高度成長，血生臭い革命はあるが，独裁を我慢すれば近代化への近道，欧米帝国主義への反感であり，現実に中国を初めとする共産国の輩出があった．

戦後の世界はアメリカが世界の工業生産の過半を占める状況であったが，ソ連も世界の2割を占める第二の大国であった．しかも，40年代，50年代のソ連は農業，工業とも生産拡大が順調で，工業生産の拡大は年平均13％台を示した．50年代末の状況はアメリカの経済成長は停滞し，ドル不安がある中で，ソ連経済は成長を続け，宇宙競争ではスプートニクが飛び，米国に核で勝る勢いであった．

フルシチョフは1961年の党大会で第三次綱領を発表し，ソ連は1970年までに米国に追いつき，80年代には各人が好きなだけ消費できる共産主義の物質的，技術的基礎を確立するとした．確かに50年代の高度成長が続けばフルシチョフの夢は実現の可能性があった．キューバ危機ではソ連がアメリカに譲歩したが，核の整備は進み，文字どおり二極体制の実現となった．

2. 黄金の70年代と低迷の80年代

しかし，ソ連の成長率が60年代次第に低下し，70年代後半には5％を割る状態となった．戦後のソ連の成長は捕虜を含む労働力と投資を大量に投下する粗放的拡大であったが，綿密な中央の計画による分業の徹底により，生産性をあげた．しかし，70年代には労働力の増加は低下し，投資も西側からの技術導入が十分でなく生産の伸びは低下した．それでも成長率は先進資本主義国よりましであったし，何よりも石油・金をはじめとする資源価格の高騰は，西側経済を低迷させたが，資源国・ソ連に大きな国際余剰をもたらした．

ソ連は海外に巨大な援助をし（年間約200億ドルといわれる），アフリカ，中東，アジア，中南米と第三世界へ進出した．折から60年代のキューバ危機以降の核兵力の充実の努力が実り，米国との均衡が実現したが，ソ連の核の増強は続き，遠洋海軍の整備も進んだ．軍備増強の結果は1つはSS 20の配備であり，今1つは79年末のソ連軍のアフガニスタンへの侵攻に示された．70年代末には，NATOはすでに見たようにソ連への和解と対抗の二重決定をして，ソ連の軍備増強に備えたが，アフガニスタン侵攻は西側の態度に決定的影響を与えた．

80年代のソ連の成長率は2％程度に減速した．労働力の増加も限られ，一層生産性は低迷した．さらに，石油をはじめとする資源価格の低迷はソ連の国際余剰を圧迫した．70年代の海外進出維持の支出は急に削減できないし，アフガニスタン情勢はソ連軍にとって泥沼であり，膨大な軍事費は経済成長の大幅低下の状況ではきわめて重い負担だった．しかも，アメリカはレーガン新政権のもと大幅な軍拡を打ち出し，戦略核防衛構想まで打ちあげ，ソ連への圧力

を高めていた.

　経済規模が米国に対しはるかに劣っていた情況で（1950年でGNPは米国の2割，70年で3割），ソ連が米国と同等の軍事力を実現するにはきわめて重い負担が必要なことを意味する．軍事負担はソ連の場合，正確に計測できないが，戦後を通じてGNPの10-20％の推移をしたと考えられる．経済成長への大きな制約であり，生活水準の抑制のみでなく，投資への制約となった．しかも，80年代は成長の低下と資源価格のバブルの崩壊という困難が加わった．

3. ゴルバチョフの登場とペレストロイカ，新思考外交

　ゴルバチョフの登場とペレストロイカ政策は以上の背景の中で行われた．1986年の第27回党大会の第12次5カ年計画は労働力，投資資源の状況から，従来の物量投入型の粗放的成長はできなくなったことを述べ，生産性の上昇を生産管理，経営体制の効率向上に求め，成長をはからざるをえないことを示している．中央指令塔型の経済運営を転換し，企業の自主管理，独立採算性など

表3-1　ソ連の各5カ年計画における工業生産伸び率の推移
(単位：％)

計画	伸び率
第 1 次（1928-32年）	19.3
第 2 次（1933-37年）	17.1
第 3 次（1938-42年）	13.4
第 4 次（1946-50年）	13.5
第 5 次（1951-55年）	13.1
第 6 次（1956-60年）	10.4
第 7 次（1959-65年，7カ年）	9.1
第 8 次（1966-70年）	8.6
第 9 次（1971-75年）	7.4
第10次（1976-80年）	4.5
第11次（1981-85年）	3.7
第12次（1985-90年）	2.5

(出所)　『世界年鑑1985』，共同通信社，657ページ，«Правда»，26яиваря 1985г.，26яиваря 1986г.
(再引)　木村明生「ソ連共産党網領『新稿』の諸問題」『国際問題』1986年5月号：日本国際問題研究所．

の導入により，経営刷新，技術革新の導入などを狙ったが，実態は中央指令塔型体制の動揺を生んだだけで，新しいシステムは生まれなかった．

この間，政治の自由化，情報の開示のグラスチノスは進展し，民主主義の進展は進んだ．共産党の独裁性を否定し，大統領制の導入，政治局の廃止などが行われたが，これは従来の共産党中心の体制からすれば，驚くべき変化であった．しかし，政治の民主化は必ずしも政治の改革につながらず，また，ソ連の経済成長は 80 年代後半も低迷を続け，90 年代に入ってマイナス成長に転じる．

第 27 回党大会はまた新思考外交を示したが，核の脅威，核抑止戦略は人類の破滅の可能性を増し，社会主義以上に重要な問題となっているとした．新思考外交の背景としては，アメリカの挑戦の高まり，チェルノブイリ事件の発生が絡んでいるが，以上のようなソ連経済の状況は米国に対抗する軍事拡大が困難になっているという現実の反映でもあろう．アメリカとの違いは困難に遭遇したときの同盟国の状況であるが，同盟国の貢献は経済停滞から望み薄であった．また，ソ連は大きな債務を抱え，決済に困難を持ったが，アメリカはドルの増発により，赤字を賄うことができたことも異なる点であった．

ゴルバチョフ書記長は 86 年のレイキャビックでの米ソ首脳会談を持ったが，同会談を契機に米ソの和解が進み，87 年の INF 全廃条約，中欧での兵力削減，戦略兵器の削減交渉の成立など東西関係は大きな変化を見た．軍事負担の軽減によるソ連経済の活性化をはかったものだが，ペレストロイカは成功せず，90 年代に入ってソ連はマイナス成長に転じる．1989 年の東欧革命，ベルリンの壁崩壊，1990 年の東西ドイツの合併を経て，1991 年ソ連邦はロシアをはじめとする 15 の共和国に分解し，社会主義帝国は崩壊し，二極体制は終わった．

4. アメリカの総合力

なぜ，アメリカはソ連に勝ったかであるが，結論的にいうとアメリカの総合力，国際システムの活用，同盟国の協力に対し，ソ連の過剰伸張，衛星国の背反などを挙げることができよう．

第一に，アメリカの軍事費の負担は長期にわたり GDP の 1 割に近く，大きかったが，軍事資源の経済，社会への圧力はソ連ほどでなかった．しかも，軍需技術の蓄積は情報革命を支援した．経済の活性を高めるシステムがあった．

第二に，この様な過程で見逃せないのが，国際的影響力の維持であり，国際システムの活用である．世界に展開する米軍の展開が西側での主導性を強め，密度の濃い同盟国と協力体制の基礎となった．米国は東西対立の 80 年代，国際収支の赤字にも関わらず，経済を引き締めることなく，軍拡を行った．大幅なドルのタレ流しと批判されたが，レーガンは財政の赤字にも関わらず，SDI 構想の推進を公表し，ソ連に圧力をかけた．

第三に，70 年代の資源価格の高騰がソ連の過剰伸張を助長し，70 年代末の SS 20 の配置はソ連の優位を誇示したが，逆に西側を結束させ，米国の中距離ミサイルの欧州展開の口実を与え，レーガンの強硬姿勢を誘った．80 年代の東西対立は経済的余裕を失わせ，ペレストロイカも事態を悪化させたにすぎなかったということになる．

Ⅳ 冷戦と同盟

1. 大西洋同盟とアジアの安全保障システム

東西対立の中核ともいうべき米ソの軍事戦略の推移は以上のようであるが，主戦場であった欧州とアジアの同盟国の状況はどうだったか？ 戦後を決めたヤルタ体制にフランスの批判はきびしい．欧大陸に関心を持たない米国，ソ連，英国が決めた体制はドイツ分割が典型だが，矛盾だらけだというのである（Laloy, 1988, 4-17）．チャーチルは 1946 年鉄のカーテンの存在を指摘したが，東欧諸国の共産化が相次ぐ中で，西欧諸国の疲弊の著しさが目だった．欧大陸の中核のドイツもフランスも経済社会の混乱が続き共産主義が蔓延する中で，1947 年にはマーシャル・プランが開始され，アメリカは欧州復興に膨大な資金をつぎ込んだ．

ソ連は 1947 年 6 月ベルリンを封鎖したが，1948 年 3 月，英，仏，和，白，

ルクセンブルクが西欧連合を設立した．その目的は欧州防衛とともに，ドイツの復活へ備えるものであったが，アメリカの参加が必要であった．北大西洋条約機構（以下NATO）は1949年，北米2カ国と欧州10カ国で発足したが，54年に西独を加盟国に加えた（52年ギリシャとトルコ加入）．これに反発して，同年ワルシャワ条約機構（WTO）が東側の軍事同盟として発足し，以来，NATOとWTOは，欧州の冷戦構造の中核として機能した．

NATOは集団同盟機構であり，加盟国が武力攻撃を受けたとき，集団的自衛権を行使してこれに当たると規定している．その主目的がソ連の軍事的脅威に対抗することは当然として，第二に，アメリカが欧州の安全保障・防衛に関与することでもあり，第三に，さらに，ドイツの脅威をNATOの中に封じ込めることであった．この3つの目的はその後も比重を変えながら今日も続いている．

また，アメリカは欧州の回復，自立を援助した．通貨面での欧州支払同盟の結成や欧州共同市場の形成はIMF体制，GATT体制から見れば矛盾している面もあったが，欧州の自立的発展を促進する見地から，むしろ支援した．欧州との経済協力はOEEC，後には日本を加えてOECDを通じて密接に行われた．NATOは軍事機構のほかに政治，経済協力を謳ったものであるが，OECDとともに大西洋同盟の中核としての役割は果たすことになる．大西洋同盟は，核の使用をはじめとする軍事的実権は米国が専権的に握ったのに対し，経済の分野では欧州，日本と多くの協議を持ったところから，軍事の専制と経済の国際協調の混合体制ともいえる．

欧州は米国にとって先祖の国であり，文化の優越性を持ち，世界管理の先輩であり，正統性の浸透は容易でない．欧州の同盟国の経済回復は米国にとっ国際負担の減少を可能にするが，同時に同盟国の自立性を高めることになる．しかし，安全保障に関してはアメリカが主導権を握っているため，すでに見たように東西対立の激化は米国がソ連と交渉し，欧州が「見捨てられる」のではないかとの疑惑を持つ反面，米国が一方的に行動して欧州が「巻き込まれる」のではないかとの懸念を持つことになる．このような懸念は対立最前線のドイツ

に強いが，フランスの主張にも欧州の懸念を代表する面が強い．以下では特にフランスとドイツの立場を述べる．また，アジアは日米安保を中心に述べる．

2. フランス——ドイツ利用の安全保障戦略

フランスは統一国家としての長い歴史を持ち，17, 8 世紀にはイギリスと覇を競った欧州の大国という栄光を持つ．しかし，19 世紀のドイツの台頭以来，普仏戦争の敗戦，第一次大戦，第二次大戦という三度にわたる戦争を行い，ドイツの脅威への対応が安全保障上の大きな課題となってきた．第二次大戦では逸早くナチス・ドイツに降伏し，ヴィシー政権は枢軸側に属し，戦後は敗戦国の立場であった．そのフランスを連合国側の一員として勝利者に押上げ，しかも 5 大国の一国としたのは自由フランスを組織したドゴールの役割が大きい．ノルマンディ作戦では連合軍の尖兵を努め，フランスを解放した．

ドゴールは 44 年 9 月臨時政府首班に選ばれるが，国内では左翼勢力とぶつかり，対外的にはフランスを米，英，ソ 3 国と対等の立場に置こうとする姿勢はこれら諸国の受け入れるところとならず，46 年 1 月辞任した．フランスは以後，小党が乱立し，政局は不安定で，経済は停滞した．また，ベトナムやアルジェリアなど海外植民地の独立紛争が相次ぎ困難を抱え，56 年にはイギリスとともにスエズに出兵したが，敗北した（第 2 次中東戦争）．

フランスのドイツに対する疑惑は戦後も強く，当初はドイツを目標とする西欧五国同盟を発足させたが[11]，東西対立の中で上記のように 54 年西独を NATO に加入させ，ドイツの NATO 化をはかった．経済面でも米ソの谷間にある戦後の欧州については，シューマンやモネによる独仏中心の協力構想が具体化し，欧州石炭鉄鋼共同体が 1951 年に成立し，1958 年には欧州経済共同体（EEC）へと発展した．ドゴールの再登場（1958 年 10 月）と軌を一にしたが[12]，EEC の結成の狙いは第一に，経済統合を契機に長年の独仏の対立を協力に置き換えようとの意図があった．第二に，しかし，それはフランスの国力が欧州を主導できる力がない現実において，ドイツの工業力を欧州化し，西欧を活性化し，第三に，その欧州をフランスの主導のもとで発展させ，フランスの国威

を追求する戦略であった[13]．1963年の独仏協力条約はこのようなドゴール大統領の戦略と西欧での孤立を避け，西欧との協力のもとで発展しようとのアデナウアー西独首相の意図が合致した結果である[14]．

安全保障政策に関してはフランスは1960年核保有国となり，現在，本格的航空母艦を保有している数少ない国であるが，上記のように米国の柔軟反応戦術に反対し，1965年にはNATOの軍事機構から脱退し，アメリカに対し，60年代，金戦争を展開した．また，1964年逸早く中国を承認し，2回に渡り英国のEC加盟を阻止し，ソ連とは独自の外交を行った．フランスの政策は一見，外交，安全保障政策での独自性の政策の追求したようだが，フランス一流の計算が働いていた．

フランスの戦後の安全保障政策は第一に，東に対する前線である西ドイツには米国やNATO軍が展開していたため，フランスは熱戦になっても第一次の被害者にはならない．NATO軍からは脱退したが，NATOと密接な関係を保って安全を追求する．しかも，第二に，東西の核戦争の時は核を保有している独自の立場から中立を保ちうる姿勢でもあった．東西の熱戦の場合でもフランスが核を保有していることによって東側の核の攻撃を避けられる．しかも，フランスは核の保有という大国クラブの一員の立場にたち，米国，ソ連それぞれに自己の主張を展開できる．さらにいえば，コストと便益では核は通常兵力に勝るのである．

第三に，第二次大戦の敗者ドイツの地位とその分裂を前提に，ECの中におけるフランスの政治的優位を追求することである．上記のように西独経済の充実は，ECが発展し，米ソと対等の立場に立つには必要であり，フランスは仏独協調を推進するが，それはフランスのリーダーシップのもとでなければならない．

第四に，第三世界へのフランスの独自の政策を進めその栄光を示す．70年代におけるOPEC政策，国際経済調整会議（CIEC）の開催，旧フランス領土などへの積極的支援などがそれを示した．

重要なことは，第五にこのような政策はフランスの自己利益の主張が多く含

まれているが，ソ連を恐れ，ドイツに注意し，アメリカに反発する点は，欧州の独自性を主張したい欧州の多くの国の意見を代弁している面があったことである．この様なフランスの外交,安全保障の基本はドゴール時代に立てられ，70,80年代を通じて大きな成果を収めてきた．米仏関係は時として摩擦を生んだが，フランスの意見が欧州を代弁している面など，米国はフランスに一目を置き，ソ連との関係のみならず第三世界との政策についても意見を求めた．また，フランスはアメリカのリーダーシップを前提に行動している面があった[15]．

フランス主導の独仏連合による欧州統合は成果を納め，70年代には仏独提案のサミット設立の提案に至った．その後，欧州経済の不振がつづき，80年代には東西対立は再燃したが，フランスのドイツの欧州化路線は1985年の欧州統合議定書に結実する．問題は，1989年の東欧革命，91年のドイツ統一を経て戦後のフランスの外交，安全保障政策の前提条件が大きく変化したことである．ミッテラン大統領がドイツの統一に対し，ゴルバチョフにこれを時期尚早としたのは有名な話であるが，ドイツ統一はドイツの欧州化による欧州統合政策へのフランス外交の混迷を伝える．

その後のフランスの政策は欧州統合を推進するスタンスを強めているが，巨大化したドイツの欧州化を進める方が，放置して欧州がドイツ化されるより望ましいとの判断であろう．通貨統合や共同防衛に独仏協調を進めているが，ユーロ導入後のフランス経済の好調に一息ついている状況である．また，フランスは，1995年，NATOへ復帰したが，NATOへの影響力の強化と米国との協調強化が欧州での主導性強化と結びついているとも見られる．核装備の充実は欧州での主導性の維持から当然である．

3. ドイツのジレンマ

ドイツは長い小邦分裂の歴史を持っているが，プロシアが1871年のドイツ統一を成就してから，中欧の大国として，西はフランスと対峙し，東へは[16]東欧，ロシアへ影響力を及ぼした．しかし，戦後，ドイツは東西に二分され，西は工業，東は農業という歴史的有機性を喪失したのみでなく，西ドイツの東

欧諸国との関係も失われた．東西ドイツの統合は遠い未来のことと思われ，しかも，ドイツは東西対立の第一線にあった．そのような現実において西ドイツは，防衛においてNATOとの結び付きを強め，他の西欧諸国との新たな関係の中に生きようと決心した．

　国防の面においては米軍の駐留が鍵であった．それは東西の軍事バランスにおいて，強大なソ連軍の侵攻を抑止できるのは米国のみであり，米国の西ドイツ防衛の断固たる意志表示が必要であった．西ドイツの最大の恐れは米国がいざという時に，西ドイツを「見捨てる」のではないかということであった．問題は，戦後のソ連の軍事力の増強は急速であり，特に，ソ連の大陸間弾道弾が米本土を直撃する状態になった状況では，米国が西ドイツ防衛を見捨てるのではないかとの恐れは強まった．他方，東西紛争への対応策としてのアメリカの柔軟反応戦略が西ドイツを舞台に展開される「巻き込まれ」の危険への懸念もあった．

　このような状況での米国への要請はいざという時でも米国が手を引けない規模の地上軍が「人質」として西ドイツに居ることであった．米国の約束を得るため，西ドイツはNATOで最も強力な地上軍を持ち，米軍の駐留費の大きな負担を担い，さらに国際経済で米国の立場を強化する協力をした．典型的なのは60年代西独は多額のドルを持ったが，それの金への交換は差し控えたことであり，フランスが金交換政策によりドル体制を揺さぶったのとは大違いであった．戦後の米軍の海外駐留は全体で50万人に及んだが，その過半の30万人が冷戦時を通して西ドイツに駐留した．

　国家を二分されたドイツには他の西欧諸国と協力して生存をはかる以外方策がなかったが，それは敗戦国とナチの負の遺産を背負ってのものであった．フランスとの関係の歴史的転換をはかり，ECを形成したが，農業政策をはじめEECの予算配分などで多くの譲歩を示し，政治的には低姿勢を示し続けてきた．ユダヤ人問題では特に学校教育などでも贖罪の姿勢を明らかにし，多額の賠償・補償に応じてきた．対米協調と並んで他の欧州諸国との協調が西ドイツの安全保障として必須であった．また，ドイツにとって東との関係の改善もき

わめて長期的には重要な外交目標であった．東ドイツとの交易は通貨についても1対1で，実質的には援助に近い為替レートで処理した．また，70年代の東西のデタントに際し，ブラント首相は東方外交を進め，東との関係の修復をはかった．

西ドイツの政治的低姿勢に関わらず，西独経済は欧州共同市場をバックに成長した．他の諸国も西独経済の発展に助けられたが，工業力に勝るドイツは欧州経済をドイツ化し，より大きな成果をあげたといって良い．端的な指標は相次ぐドイツマルクの大幅な切り上げであり，西ドイツの交易条件を大きく改善した．89年の東欧革命に続くドイツの統一はドイツを人口8千万人の大国にした．しかも，東欧諸国，ロシアの市場経済化はドイツ経済の可能性を高めた．現在もなお東ドイツの合併の高いコストに悩んでいるが，将来の潜在力が注目される．

また，冷戦終了はドイツを両陣営対立の第一線の負担から解放した．兵員と軍事費の縮小は急速であるが，依然，ドイツはフランスと並んで西欧同盟の中核である．最近のドイツの安全保障政策での注目は憲法の改正によるNATO軍の域外出動への参加であり，コソボ紛争への出動である．ドイツ軍の復活への警戒はあるが，NATOの中核として欧州の安全保障に大きな役割を果たし始めている．

4. アジアの要・日米安保条約

米国は第二次大戦後，中国を安全保障理事会の常任理事国とし，米中関係を重視した．1945年8月のポツダム宣言時では，敵国日本の軍事力は潜在力を含め徹底的に破壊し，日本を四島に押し込んで，細々と生存させる方針であった．しかし，東西対立の激化と中国共産党の大陸支配は米国の中国政策を変えた．特に，朝鮮動乱への中国の介入は米中対立を決定的にし，米国は日本をアジアの中心的安定勢力として選び，日米安保条約を結んだ．米国はソ連，中国，ベトナムなどの共産主義勢力へ対抗するため，そのほか韓国，台湾をはじめ，ANZUS諸国やフィリピン，タイとも安全保障条約を結び，アジアの防衛体制

を強化した．それは米国を扇の要とする各国とのハブ・アンド・スポークスの形であり，NATO の集団安全保障とは異なる体系となった．

　日米安全保障条約はその要であるが，同5条での日米による日本の防衛とともに，同条約6条によるアメリカ軍の日本の施設，区域の利用はアメリカのアジアにおける即応性を大きく高めることとなった．日本にとっては米軍の存在はソ連の脅威に対する最大の安全保障であり，自衛隊の戦力は限定的かつ小規模な侵略に対する自衛上最小限のものされてきた．他方，日本はアメリカの極東戦略上，浮沈空母であり，世界有数の工業能力を持った兵站基地であった．米国は戦後アジアにおいて朝鮮動乱とベトナム戦争という2つの大きな戦争を戦ったが，日本という兵站なしには有効に対応できなかったと思われる．横須賀は米軍がその空母の母港を本国以外におく，世界で唯一の港であるが，第7艦隊が日本の基地利用によって対応できる地域は極東のみでなく広く，インド洋，中東をカバーしている[17]．

　アメリカのアジアでの安全保障政策は70年代の米中和解から大きく変化する．中国はアメリカにとってアジアでの不安定の中心であった．朝鮮戦争，台湾海峡での緊張はいうまでもないが，60年代のインドネシアなどアジア諸国への革命輸出，ベトナム援助などアメリカとの関係は敵対的であった．しかし，アメリカにとって，ベトナム戦争は50万人の兵力をつぎ込んだにも拘らず，勝利できなかった戦争であった．

　米中和解はアメリカに一石三鳥の利益をもたらしたといわれたが，第一に中国との和解により，米国の軍事配備は 21/2 から 11/2 に変化したといわれた．アジアでの大規模戦争に備える必要がなくなったということである．第二に，中国のベトナムへの影響力により，ベトナムとの名誉ある講和を期待した．第三に，中国とソ連の対立激化から，ソ連の米国への軍事的追い込みを緩和できるというものである．事実，ソ連と中国は70年代，両国の広範な国境線に兵力を増強し，ソ連はそのための資源を割かざるをえなかった．

　アメリカは75年ベトナムから撤退せざるをえなかったが，米中和解の結果，アジアの緊張は大きく緩和した．米中関係は72年の上海コミュニケ，79年の

平和条約締結によってさらに進展するが，日本もこれと平行して78年平和条約を結んだ．82年の台湾に関する米国の武器供与を中国が認めたことから台湾問題も一段落した．中国は70年代末から改革・開放の政策に転換し，この面でも緊張の緩和があった．

しかし，70年代からのソ連の軍事力の拡大，遠洋海軍の増強，途上国援助の増大はアジアでも，アフガニスタンへの侵攻，カムラ湾の母港化，ソ連空母の極東配置，原子力潜水艦の就航などのほか，SS 20の極東配備など東西間の緊張を高めた．米軍はこれらへの警備体制を強めたが，日本にもＰ３Ｃの配置や防衛力の強化を求めた．しかし，ゴルバチョフの登場以降，米ソ関係は再び緩和した．ソ連は中国とも和解し，ソ連軍のアフガニスタン，カムラ湾からの撤退が行われた．

冷戦終了後もアジアでは冷戦体制が残っている．1991年のソ連邦解体の後は極東でのロシアの経済困難が目立っている．中国は改革・開放政策の中，善隣友好政策をとっているが，経済発展とともに地域大国の姿勢を強め，アジア諸国への影響力を高め，アメリカには反覇権を主張する．しかし，台湾の発展，総統選挙に見る民主化の進展は両岸関係に新たな緊張を生んでいる．中国は一国二制度の受け入れを主張し，台湾の独立には武力を使うとするが，台湾は対等で特別な国の関係との主張をしている．両者の対立は妥協点が少なく今後も東アジアでのもっとも緊張する地域となろう．

他方，これまでもっとも緊張の高かった朝鮮半島では新しい展開がある．冷戦後の韓国のいち早い中国，ロシアとの国交回復は北朝鮮を外交的に孤立させた．北朝鮮は核開発を切り札とする戦略によって米国と直接交渉する道を作り，経済困難にも米，韓，日，中から援助を引き出してきたが，南北対立の激しさは朝鮮半島の不安定を目だたせた．しかし，金大統領の太陽政策は就任以来一貫して続けられた．2000年6月の南北首脳会談の後，大きな緊張の緩和があり，南北の交流に期待が高まった．

しかし，その後の状況は不透明である．お互いの交流の強化が期待されるが進展は遅々としている．基本的には南も北も早期の統一は望んでいない．しか

し，21世紀に入り，例えば，北の政権が不安定になり，統一が混乱した形で行われないとは限らない．そのような統一はまた，東アジア情勢に大きな変動をもたらすであろう．このような変動は日本やロシアに大きな影響を持つものであり，日本は朝鮮半島問題に関し6者協議の提案をしている．

冷戦後の日米関係は湾岸戦争時には矛盾を示したが，アジアでの冷戦状態の継続もあり，両国の新しい関係の模索が行われてきた．1996年の橋本・クリントン会談は大きな転機であり，その際出された日米安全保障共同宣言は周辺事態における新しい日米ガイドラインの作成をもたらした．その後周辺事態法が作成され，自衛隊法の改正があり，さらに有事立法が検討されているが，上記の台湾問題や朝鮮半島の事態は日本の防衛政策にきびしい問題を投げかけている．

V 冷戦終了後の世界の安全保障

1. 米軍事力の卓越性——核の傘に情報の傘

ソ連帝国の崩壊は世界の安全保障体制に衝撃を与えたが，その後，10年近くの時間を経て，米軍事力の卓越性が高まり，また，地域的にも冷戦時の21/2体制に類似のものがユーラシア大陸に出現してきているのは興味深い．

まず，超大国米国に対抗できる力を持ったソ連が消滅し，軍事的には米国はかつてない卓越性を持っている．核についてみると，第一に，ロシアの軍事「能力」は核については，未だに，米国に次ぐ強さであるが，その「意図」は力を失い，経済困難は「能力」をも急速に低下させている．Riceはロシアの弱体ぶりをむしろ優慮する (Rice, 2000)．また，米ソの戦略核制限交渉は第一次，第二次を通じてみる両者の核保有を現状の1万を越えるものから3000程度に縮小するが，ロシアの得意とする重い大陸間弾道弾ミサイルの削減が多いのに対し，米国の得意とする潜水艦発射ミサイルはが削減が少なく，明らかに米国に有利となっている．第二に，核実験全面禁止条約は臨界前核実験などの抜け穴があるが，フランス，中国の実験に大きな制約になっており，核大国間

の核秩序を固定する作用を持つ．アメリカ上院は批准を否決したが，アメリカに有利である．第三に核拡散防止条約の無制限延長は新たな核保有国の増加を防ぐ作用がある．インドやパキスタンの核保有国参入にも拘らず，依然核拡散の抑止には効果がある．以上の三点を勘案すると米国の核における優位が示される．

このような優位はあるが，無頼国家の核の攻撃や地域大国での核の発展に備えてブッシュ新政権は NMD（国家ミサイル防衛構想）を進めようとしている．かつてのレーガン大統領の提唱した SDI 構想の復活である．中国，ロシアがこれに反対している上，欧州にも消極的意見があるが，アメリカは国家防衛のため不可欠として推進する構えである．

表 3-2　第 2 次戦略兵器削減条約（START II）の概要

経　緯		① 1992 年 6 月 17 日，米露首脳会談において，多弾頭大陸間弾道ミサイル（ICBM）の全廃を含め，戦略核兵器の大幅削減に合意 ② 1993 年 1 月 3 日，START II 署名 ③ 1997 年 9 月，第二段階の履行期限を 2000 年末まで 5 年間延長の共同議定書
概要	第 1 段階	○ START I 発行後 7 年間 ・総弾頭数：3,800 〜 4,250 発の間か，それ以下で各国が自主的に決める数 ・多弾頭 ICBM（MIRV）：1,200 発 　　重 ICBM（SS-18）：650 発 ・SLBM：2,160 発
	第 2 段階	○ 2003 年 1 月 1 日まで．条約発行後 1 年以内に両国が援助プログラムについて合意すれば，2000 年末に完了可能 ・総弾頭数：3,000 〜 3,500 発の間か，それ以下で各国が自主的に決める数 ・多弾頭 ICBM（MIRV）：全廃 　　重 ICBM（SS-18）：全廃 ・SLBM：1,700 〜 1,750 発の間か，それ以下で各国が自主的に決める数
備　考		○検証手続きとしては，原則として START I で合意された手続きを適用

(出所)　防衛庁編（2000）『平成 12 年版防衛白書』，p. 25.

次に，通常兵力についても，海・空軍力の機動性は圧倒的卓越性を示しているが，その卓越性はさらに情報の傘によって増強されている．電子技術を駆使した近代的軍事力の優越性は湾岸戦争，さらにコソボ介入に示されたが，米国の情報技術の優越性は高まり，米国は核の傘に加えて，情報の傘を持ったとする．すなわち，米国はセンサーなど，情報の収拾，情報の処理，加工，さらに情報の政策への応用において独占的優越性持つが，その優越性は今後も高まり，世界の米国への安全保障情報の依存は増大するとする (Nye and Owens, 1996)．

2. 新しい2方面体制

冷戦後の安全保障体制の第二の特色は米国の主導性の復活であり，欧州とアジアにおける同盟体制による安全保障体制の整備である．すなわち，冷戦の終了は西側内部の求心力を低下させた．世界戦争の可能性の消滅は米軍の前方展開による即応性の必要性は低下し，前方展開の重要性にも疑義が持たれた．特に，欧州ではCSCEやWEUの活性化があり，NATOの地位や米軍駐留への疑義があった．アジアでも日米安保はソ連カードを失ったとされた．米国自体も，財政赤字もあり，国防政策の根本的な再検討を余儀なくされた．米国は92年兵員，軍事費を25％縮減する計画を示したが，海外駐留も50万人から20万人に縮小した．

しかし，欧州ではロシアの長期的動向は軍事的には強国として残ることが予想されてきたが，ロシアを抑え得る米国の参加が欧州の平和に必須であることが認識された．米国参加のNATOは第一に今後もロシアなどからの潜在的脅威への備えである．第二に，域外へ，特に中東などの西欧の死活的地域に対する備えでもあることは湾岸戦争時に示された．第三に，ボスニア問題やコソボ問題にはまず，セルビアを抑え得るロシアを抑える必要があるが，核大国ロシアを抑えることは米国以外の国，欧州諸国には不可能であった．これはNATO拡大問題でも同じである．第四には，欧州諸国にはドイツがリーダーシップを発揮することを好まない面がある，などからその必要性が確認された．NATOの有効性は1998年のハンガリー，ポーランド，チェコのNATO加盟に

示されるが，加盟の流れは他の東欧諸国，バルト三国にも及んでいる．ロシアはこれに強い不快感を示し，これを緩和するためにロシアとNATOの年次協議が決定された．

アジアの安全保障体制は米国を扇の要に米日，米韓，米フィリピン，米オセアニアなどの双務的なネットワークとして発達してきた．二極体制の崩壊，米国財政赤字の継続はアジア諸国に米国撤退の恐れすら抱かせたが，米国はフィリピンの要請もあり，同国の基地を閉鎖した．確かにロシアの衰退はアジアにおける安全保障問題を変化させた感がある．しかし，南沙諸島や台湾をめぐる問題は中国をめぐる安全保障の問題を提起したが，中国の大国化，その外交姿勢がこの懸念を高めている．また，朝鮮半島問題も改めて極東では冷戦は未だ終了していないことを思い起こさせた．

このような動きの中で，日米安保条約もその役割が再評価された．日米安保条約の主目的は冷戦時にはソ連への対応であった．しかし，ソ連崩壊後のアジアでの安全保障問題は朝鮮半島や上記のように中国をめぐる問題にシフトしている．日本にとってはアジアの安全保障は死活の問題であるが，米国にとっても，日本駐留はアジア・太平洋の安全保障の要だということは，1995年のナイ報告がすでに強調していた．96年4月に公表された日米首脳の安全保障共同宣言は日米両国の東アジア，太平洋への強い関心と，安全保障上の協力の強化の必要性を述べている．アジアにおける米軍の前方展開による即応性の必要性は依然として大きいことは，アセアン諸国の態度からも理解される．

アセアンはベトナムなど共産主義への恐怖を一因として1967年形成されたが，1978年以来，拡大外相会議を設置し，アセアン諸国に米，日，加，豪，NZ，韓国，EUが加わったアジア太平洋の地域的安全保障の情報交換，討論の場になった．さらに，1993年には，ロシア，中国を加え，一層，機能を充実し，アセアン地域フォーラム（ARF）を形成している．APECも経済問題が主体であるが，アジア太平洋の首脳が会議を持つところから，アジア太平洋地域の政治的話し合いの場の意味を持っている．

3. 軍事関与の政策

 以上のような軍事力の卓越性と新しい2地域体制の整備と平行して，米国は関与と拡大の政策を進めている．関与政策の目標として，安全保障上の重要問題を無頼国家の封じ込め，移行途上の紛争・失敗国家の地域紛争への関与，核拡散の防止，中国，ロシアなどの地域大国への関与と責任ある大国としての国際システムへの参加などをあげる．上記のように最近では中国，ロシアなど地域大国への関与政策の重要性を強調している．

 冷戦終了後の特色は地域的紛争の頻発である[18]．地域紛争にはいくつかの型があるが，第一はいわゆる無頼国家である．湾岸戦争が典型だが，東西対立のもとで，核武装を含め武力を高め，周囲に脅威を与える国々である．第二は，民族，宗教戦争の激化だが，ボスニアやコソボなどソ連や旧社会主義国の崩壊に伴う紛争の激化とともに起こっている．第三の型はソマリアやアフリカなどでの部族の争いである．これらの紛争は中東など世界に影響するものもあるが，概していえば，地域的な，低密度紛争である．

 以上のうち，無頼国家の封じ込めについては，最近の北朝鮮の状況，イランでの開放政策などは関与政策の有効性を示すと自信を持っている．しかし，地域紛争への介入については一方で人権問題の重要性が強調され，コソボでの介入の有効性は指摘される．しかし，他方ではソマリアのようにアメリカの犠牲を払ってまで介入の必要はないとの意見も強くなっている．

4. 国際連合の復活と限界

 地域紛争と密接に関連するが，冷戦終了の中で注目されるのは国連の復活である．冷戦時の国連は平和維持の中核であるべき安全保障理事会の活動は低迷し，国連憲章が当初予想した国連軍の創設はもちろん，その他の活動についても久しく半身不随の状態であった．このような国連が復活したのは，米ソの和解が基礎であるが，安全保障理事会の活動が高まったからである．安全保障理事会の機能の高まりは湾岸戦争への対応や相次ぐ平和維持活動の創設に示され

る．平和維持活動は1948年のイスラエル問題での創設以来，1999年まで約50件であるが，そのほとんどは1988年以来行われている．また，90，91年にかけての湾岸戦争の勃発は国連主導の多国籍軍が編成され，国連の権威を高めた．しかし，コソボの紛争問題では国連でなくNATOが介入した．

　国連の活動の活性化はあるが，構造的欠陥があるのも確かである．国連は総会が典型であるが，いまや200に近い加盟国を抱える国連は国際的認知を得るには適しているが，具体的な問題解決には必ずしも効率的でない．安全保障理事会はその機能を持つが，ロシアの困難は大きく，中国の役割も限られており，イギリスには力がない．中核となるべき米国はソマリアの平和維持活動の失敗以来，国連への期待は減退し，その分担金も長期にわたり滞納し，分担率の引き下げが実現した．ブッシュ新政権も国際機関の利益より，米国の国益を重視せよと主張している．経済力のある日本やドイツも未だ連合軍敵対国の制約が大きく，常任理事国入りは実現していない．拒否権を持った国の動向が左右する安全保障理事会はさほど機能的な機構ではない．しかも，その財政は一方に，加盟国数が増大し，平和維持活動の急激な増加があるが，その費用の捻出に苦慮する情況である．安全保障理事会はその機能，構成問題，効率性，代表性などに大きな課題を抱えている．

5. 国際的核管理の動向

　核拡散防止条約はこのような5大国体制と深く関わっている．同条約は1968年に締結され，核保有国以外への拡散を防ぐというものであるが，それは一方に，核拡散を防ぎ（IAEAの査察を受ける），核戦争を防止するという使命を持っているが[19]，他方に，現保有国の地位を保障することは，主権国家体制においてきわめて不平等なものということになる．米国は冷戦後の地域紛争の激化の中で，特に，ロシア以外の旧ソ連のウクライナ，カザフスタン，ベラルーシからの北朝鮮やイラン，イラクなどへの拡散防止に強い関心を持った．1995年，核拡散防止条約は無期限に延長されたが，インドとパキスタンは1998年核実験を行い核保有国の宣言をし，この体制を揺さぶっている．

非核保有国が同条約で核保有国の権利を無期限に認めるに当たっては，5大国の核実験禁止条約への加入，軍縮を義務づけた．核実験禁止条約の加入の前段として行われたフランス，中国の核実験への強い抗議があったが，その後，米国などが臨界前核実験を行った．さらに99年には米上院が核実験禁止条約の批准を否決した．国際的世論の高まりは核拡散の抑止と実験禁止への圧力として作用しているが，核管理は以上のような困難を抱えている．

6. 中長期の問題——アジアの台頭と変動

以上のように，当面の世界の安全保障体制は米国を要に，新しい2方面体制ともいうべき体制が，米国の軍事力を中核に体制を整えてきている．米国の軍事力は「情報の傘」(Nye and Owens, 1993) によって，さらに増強されて行くとすれば，この体制は当分継続しそうである．この体制は同時に，地域的安全保障体制に補強されてゆこう．石油や資源問題の先鋭化の可能性はむしろ米国の影響力を高めよう．

最近のアメリカでは新しい大統領の誕生に際して，21世紀へのアメリカの安全保障のあり方が大きな論議を呼んでいる．欧州の安全保障問題は重要だが一段落したとの見方がある中で，アジアが構造変革の中核だとの論議が強くなっている．台湾海峡，朝鮮半島問題は当然であるが，中長期には中国の大国化がアメリカの国益への大きな挑戦となるとの認識である[20]．また，インドの登場がアジアの政治地図を大きく変えるとの予測が強まっている．そのような変化は，アジアを不安定にし，長期的にはその中での米国の安全保障体制も大きな変化を迫られるのではないかとの認識である[21]．

1) 19世紀初頭の四国同盟は現状維持の国際平和を意図し，大国の国益の維持を主としたものである．
2) ウィルソンは秘密外交が第一次大戦の大きな原因になったと考え，公開外交を主張し，大国の横暴を抑えるべく，諸国家の参加する国際連盟を提案した．
3) ルーズベルトはヤルタ会談で国連創設を最大の目標とし，スターリンに欧州での譲歩を重ねた．ヤルタ会談は米，ソ，英という真の欧州国の参加なく，欧州の運命

を決めたとの批判がある (Laloy, 1988).
4) warning time は第一次世界大戦時には月単位のものであった.
5) 2 1/2 システムとは欧州とアジアでの大規模戦争とその他地域での小規模戦争を同時に行える米国の軍事力の展開をいう.
6) 先述のように,かつてイギリスは海軍力の卓越性保持のため,第二位と第三位の国の海軍が合体しても負けないという二国標準をとったが,米国の海軍力は空母の数で見ればイギリスの卓越性をはるかに越えるものであった.
7) スターリンの対応は 1. 核開発の促進, 2. 欧州への進行, 3. 防空体制の充実などであった(長谷川, 1989, 72-73)
8) マッドは英語では狂気であるが, MAD (MUTUAL ASSURED DESTRUCTION) はその雰囲気を伝える.
9) 米中和解は米国にとってベトナム和平を生み,アジアでの緊張緩和となり,平和の実現に大きく寄与したのみでなく,折から悪化しはじめたソ連,中国の関係を踏まえた一石三鳥の戦略であった.事実ソ連と中国は対立を強め, 1970 年代には中ソ国境に両者とも広範な防衛体制を強化するに至る.
10) ブレジネフはソ連が米国と核戦力上対等になった現実を踏まえてソ連の先制攻撃の否定,核戦争における勝利の可能性を否定したが,実際の軍事増強政策は西側には第一撃能力の増強をめざしているととられた(長谷川, 1989, 80-82).ソ連は 70 年代,石油,金など資源価格の高騰により,巨額の収入を獲得し,中東,アフリカ,アジア,中南米など広範に援助を振りまく一方,核兵力についても,中距離核ミサイル・SS 20 の設置,核弾頭の多弾頭化などに努めた.
11) 当初は西欧五国同盟として 48 年発足したが, 54 年ドイツも加盟させ,西欧同盟として改組され,最近は独仏の主導で NATO に代替の構想がある.
12) その後,アルジェリアなど海外領土問題の整理と国内政局の安定が進展した.
13) ドゴールはフランスの独立が制約される欧州連邦を嫌い,欧州国家連合を進めた. EC においてはフランスはドイツを引き立てたことはあったが,同時に EC 共通農業政策や予算配分において大きな利益を収めた.
14) 独仏条約は mariage de raison, 理性の結婚と評された(愛情はないが).
15) 戦後の多くの国際会議では米国が提案し,フランスが反対し,イギリスなどが調停し,物事がまとまる状況が多くあった.
16) 各国は関心地域がある.米国は西へ,西へと向かった.ドイツは東へ (Nach Osten),常に東欧,ロシア,バルカンへ向かうのが歴史的癖であった.
17) 安保条約の適用地域は極東の平和と安全に資するものであるが,石油に関連し,中東までをカバーし,第 7 艦隊の活動を補強している.
18) ハンチントンは「文明の衝突」を指摘し,今後の紛争は文化的,民族的な性格になると述べた (Huntigton, 1993). 冷戦終了後の現在,西側文明の優位,伝播に対

して，これに適合できない諸地域での「文明の衝突」が多い．しかし，安全保障問題は歴史的に見れば本来，地域的である．二極体制時の紛争が米ソの代理戦争的色彩があり，紛争が長期化していたのとは大きな差がある．
19) それは保有国が増えれば核戦争の脅威が増えるという論理だけである．
20) 現在のNMD計画もこのよう状勢に対応し，アメリカの核への防衛力を高める意図である．
21) 最近のアメリカの安全保障問題の展望はアジアが今後の問題の中心だということであり，短中期的には台湾や朝鮮半島であり，その背後には中国の問題が重要とする．しかし，中長期には東南アジア，南アジアの問題が重要となるが，特に人口大国・インドの登場が焦点だとする．

第 4 章

国 際 通 貨 体 制

I 国際通貨の機能と覇権

1. 覇権国と基軸通貨

　貨幣は人間が作ったもののうちでもっとも創造的なものの1つである．簡単に持ち運べる，貯金ができ，投資ができる．何とでも交換でき，いろいろなものをまとめて計算できる．海外とも瞬時にして巨額な取引ができる．しかし，そのような貨幣が通用するには，その価値が保障され，誰もが受け取りを拒まず，流通していなければならない．通貨を発行する政府に信用があり，貨幣市場が十分に発達し，かつ流通量が適切に管理され，貨幣の価値が保たれる必要がある．

　国際通貨の条件は世界政府の存在しないことから一層複雑である．当初，それ自体が価値を保障する金や銀が国際通貨の役割を果たしたのは当然であった．しかし，為替手形の登場，銀行活動の活発化，さらに政府紙幣の出現などの状況は貴金属を核としながら，覇権国を中心とする国際通貨体制が発展した．オランダは17世紀，アムステルダム銀行よりグルデンなる統一単位を創出し，与信と為替の振替を行った．19世紀に至り英国はポンドを基軸通貨とする金本位制を採用したが，第二次大戦後はドルを基軸通貨とする金ドル本位制が出

表4-1　公的外貨準備のシェアー

	1975	1980	1985	1990	1995	1997	1998	1999
米ドル	79.4	62.4	55.3	50.1	56.6	62.7	65.7	66.2
EU11カ国通貨合計	8.1	25.9	27.2	30.7	23.1			12.5
独マルク	6.3	10.4	13.9	17.3	13.7	12.6	12.1	
仏フラン	1.2	0.9	0.8	2.3	2.0	1.3	1.3	
蘭ギルダー	0.6	0.7	0.9	1.0	0.4	0.4	0.3	
ＥＣＵ	−	13.9	11.6	10.1	7.0			
英ポンド	3.9	1.7	2.7	3.1	3.2	3.8	3.8	4.0
日本円	0.5	2.6	7.3	8.1	6.5	5.3	5.3	5.1
その他	8.1	7.4	7.5	8.0	10.6	9.0	9.9	11.6
合　計	100.0	100.0	100.0	100.0	100.0	100.0	100.0	100.0

(注)　ユーロ誕生時のシェアーは，富士総合研究所による試算.
　　　(97年の数字から，通貨統合参加国が保有している通貨統合参加国を推計し，計算したもの.)
(資料)　IMF, "Annual Report", 各号

表4-2　世界貿易の表示通貨別内訳　　（単位：％）

	1992年	1995年	世界貿易のシェアー(92年)
米ドル	48	52	15.9
主要EMU通貨	27	25	17.5
ドイツ・マルク	15	13	
フレンチ・フラン	6	6	
イタリア・リラ	3	3	
オランダ・ギルダー	3	3	
日本円	5	5	8.4

(出所)　R. N. McCauley, "The euro and the dollar", BIS Peter Bekx "The implications of the introduction of the Euro for non-EU Countries", European Commission

現した．

　国際通貨とは国際的に通用する通貨，国際市場で自由に取り引きされ，受取を拒まれない通貨であり，各国の外貨準備に取り入れられる．欧米諸国の通貨が多く，アジアでは円のみが国際通貨とされている．基軸通貨とはこのような国際通貨の中核となる通貨である．国際通貨システムは従って基軸通貨国を頂点とする主要国の参加による階層性の高いシステムということができる．

2. 基軸通貨の機能

基軸通貨の機能としては決済通貨，準備通貨，計算尺度の機能があげられる．この様な機能の一部は主要国の国際通貨も果たすが，これまでは覇権国の通貨が基軸通貨として圧倒的な役割を果たしてきた．準備通貨として保有されるためにはその通貨の価値が強く，安定していることが条件であるが，さらにこれを運用できる整備された資本市場が必要になる．種々の投資物件，特に信用の高い，換金性の強い短中期の政府証券や銀行引受手形などが流通する，自由でよく発達した金融資本市場の存在が必須条件である．為替管理の虞れのないことも重要である．

決済通貨の機能も通貨価値の安定が前提だが，貿易量の大きな国，商品相場などを持っている国の通貨が使われる．覇権国の通貨による取引が当然のことながら大きい．計算尺度の機能は「通貨」の「通貨」としての機能であるが，これはまさに国際通貨制度の「星座」の中心としての基軸通貨が担う機能である．

ドル，マルク，円についてこれらの機能を見ると，準備通貨については，ドルは表4-1の各国通貨当局の保有する世界全体の外貨準備の過半を占めてきた．その比率は70年代から90年代まで低下したが最近上昇し，現在は約7割の高い水準である．ついで欧州通貨が2割弱，日本円が5％程度となっている．ドルは有事に強いドルというように政治的衝撃にも価値保全が強く（円は有事に弱い），有利さを持っている．EUROは発足したばかりで，その将来は不明だが，欧州通貨の比重は90年代には低下し，円も比重を低めている．

ドルは決裁通貨として各種商品相場の表示を占めており，第三国間取引でも圧倒的に使われている．世界貿易のドル建て契約は現在52％に達するが，アメリカの貿易の世界貿易への比重の15％程度を上回り，アメリカとの決裁に関係のない第三国の取引に多く使われている点にその信頼性・利便性が推し量られる．円は日本の貿易決済においてもドルに及ばない．欧州通貨は自国との取引ではその比重が高いが，第三国での決裁には使われることは少ない．

計算単位としての機能は依然ドルが独占に近い状態である．すなわち，円とマルクの関係は円とドル，ドルとマルクの関係から間接的に決められてきた．最近では，中南米の国にはドルを自国通貨にする動きすらある．EURO は欧州通貨の計算単位であるが，未だ，世界の計算単位ではない．

3. 国際通貨体制の稼動

以上の様な機能を果たしつつ，国際通貨体制が良好に稼働するためには，まず，基軸通貨価値の安定，国際流動性の確保，国際収支の円滑な調整過程の3つの条件が必要である．まず，基軸通貨の価値の安定は制度の基本である．決裁通貨，準備通貨のいずれの機能にも必須な条件である．次に，世界経済の成長に対し，基軸通貨の適切な供給，国際流動性の確保が必要である．国際流動性の創出が通貨価値を損なわないように配慮する一方，特定国の黒字や赤字の巨大化による流動性の偏在を回避することが必要である．さらに，このような国際収支の不均衡が生じた場合，その調整過程を急速に円滑化することは通貨体制の機能を保つ上できわめて重要である．円滑な調整過程は貿易取引制限などの直接的措置によらない，資本移動，マクロ政策などによる調整であるが，為替レートの調整もその一つの手段となる．

4. 国際通貨システムの総体性，階層性，利便性

以上の様に国際通貨システムは基軸通貨を頂点とし，主要国通貨をめぐるものであるが，システムの成立・維持には大きな国力を必要とする．F. バーグステンは基軸通貨国の要件として強い安全保障力，健全な経済基盤，大規模な国民経済，外的ショックに強いこと，大きな貯蓄，整備された資本市場などを挙げているが (Bergsten, 1975, 4-6)，これは覇権国の要件でもある．すなわち，通貨価値の安定には国内経済が健全であるほか，世界で軍事紛争や石油危機などの外的ショックにも，強く影響されない様な軍事上の安全保障力，経済的生存力が要求される．世界の流動性の供給・管理には大規模な経済，大きな貯蓄のほか，よく発達した金融・資本市場が必要であるが，過去においてこのよう

な条件は圧倒的な軍事・経済力を背景に世界を支配した英国や米国のような覇権国において実現した.

(通貨は覇権の遅行指標)

問題は覇権国の軍事,経済上にわたる圧倒的な力は永遠ではなく,その基軸通貨も不安定になることがある.過去の歴史を見ると,基軸通貨の確立には大きな国力と,長期の経過が必要であるが,いったん成立した基軸通貨は覇権国の地位が低下しても簡単には退位しない.世界経済は基軸通貨なくしては維持しえない.他国も現存する基軸通貨を利用し,むしろその制度を維持しようとするからである.国際通貨システムの利便性の高さを示すが,基軸通貨体制は覇権の衰えた後も保たれるという意味では覇権の推移に対して遅行指標ということができよう.基軸通貨の交替は国際社会体制の変化,大不況や戦争などを伴ったが,それは既存の体制ではどうにもならなくなったとき交替が生じるためと考えられる.

国際通貨システムは上記に述べたように国際システムとして階層性を持つが,高い利便性を持ち,覇権国の盛衰と強い関係を持つという意味では国際システムの総体性を強く持つ.国際システムの中核ということができる.

Ⅱ パックス・ブリタニカの金本位制

1. 金本位制のメカニズム

近代の国際通貨体制の典型としてはパックス・ブリタニカの金本位制を挙げることができる.イギリスは18世紀より事実上の金本位制を採用してきたが,1816年の貨幣法によって明示的に金本位に移行し,以来,ポンドの平価は第一次大戦まで変わっていない.しかし,当時の欧米では銀本位が多かった.金本位が国際的に本格化するのは1870年代以降である.ドイツ,米国,日本などが金本位,あるいは金為替本位を採用し,金本位制は急速に普及した.イギリスは19世紀を通じて世界貿易の大きな部分を占め,国際投資については圧倒的であった.海運,保険,貿易,金融などを含め,ロンドン宛ポンド手形は

イギリスのみでなく世界の取引に圧倒的地位を占めていた（尾上，1993，264）．

金本位制とは通貨の価値が金との平価によって定められ，金貨が流通していることである．第一の特色は自国通貨と他国通貨の関係が金を媒介として固定されることである．金との平価が金現送点分の上下の幅の相場の中に固定されることによって，通貨体制全体が安定されるのである．第二に国際収支の調整過程については貨幣数量説による自動調節作用があるとされた（Kenwood, 1983, 126）．すなわち，国際収支の赤字国では金が流出し，その分貨幣の流通量が減少し，国内物価が下がる．そのため，輸出が拡大し，輸入は減少し，国際収支は改善し，金が再び流入する．国際収支の黒字国ではその逆が起こり，自動調節が行われるというのである．自動調整機能がどの位働いていたかに対し，この時期，物価や生産は多くの国で同じ方向に動いていたと指摘し，疑義を呈する見解もある（Kenwood, 1983, 127-128）．

2. 金本位制の成功

しかし，現実の金本位制は大きな成功を収めた．第一にポンドをはじめとして各国の平価は19世紀を通じて保持され，国際的通貨価値も安定していた．第二に，国際流動性の確保については，イギリスの国際収支が資金を偏在させない構造であり，マーチャントバンクによる資金の還流やイングランド銀行が細心の政策運営を行ったことによったが（西村，1980，45），米国，南アなどでの金の発見が国際流動性を増大させた．第三にしかし，金本位制では各国通貨は金にリンクされ，国際的安定は維持されたが，激しい恐慌が19世紀を通じて，10年毎に起こり，倒産と失業と物価の変動があった[1]．

流動性の還流はイギリスの多角的決裁システムが促進した．英国の国際収支は貿易収支は赤字であったが，運輸，保険などのサービス収支，さらに膨大な対外投資収益によって黒字であった．しかし，経常収支の黒字は長期資本輸出によって還流されていた．これらを総合した資金循環はまず，資金がイギリスから北米と欧州に流れるが，次いで資金はこれらの地域が赤字であるインドや豪州，トルコ，日本に流れ，再びイギリスに帰る形だった．特にインドは大き

な黒字を出し[2]，その稼いだ資金をイギリスに還流させ，パックス・ブリタニカ金融システムでもその要であった（ソール，1980, 81）.

この様な資金循環のためイギリスから出されたマーチャントバンクのポンド為替手形は裏書により，世界を回り，イギリスに帰ってきた．また，イングランド銀行はきめ細かい公定歩合政策により，短資の流通を通じてポンド相場を守った．このような資金の流通に裏打ちされ，イギリスの金保有の増加は19世紀を通じてきわめて少額であった（西村，1980, 45）[3].

キンドルバーガーは金本位制の維持の理由としてイギリスが不況の時には外国からの輸入を増大した，資本の輸出を積極的にした，恐慌に当たっては金融の最後の責任者として資金の供給をしたことを挙げた（キンドルバーガー，1982, 264）.

3. 基軸通貨のコスト

しかし，基軸通貨の維持はイギリスの国際競争力を弱めた面もあった．イングランド銀行が金本位を維持し，シティの利益を重視した金融政策を行った結果，投資資金が海外へ流れ，国内産業の空洞化を招いたという意見である（Lewis, 1970, 115-117）. 19世紀末には実に30年にも及ぶ大不況があったが，この不況を通じてイギリスの産業は米国とドイツの産業に急速に追い越された（Lewis, 1970, 129）. イギリスの巨額な海外投資が一因である．

4. 戦間期におけるドルとポンドの相克

第一次大戦後の国際通貨体制は不安定であったが，基本的には米国がイギリスから覇権を継承する過程の変動だった．第一次大戦後，米国は工業生産では世界の半分を占め，イギリスの7％を大きく引き離し，輸出でもイギリスを上回っていた．特にドイツの賠償をめぐり，国際金融循環が混迷した1920年代には米国からの資本輸出がドイツの賠償の支払を可能にし，フランスやイギリスに資金が流れ，世界の金融を循環させた（キンドルバーガー，1982, 13-28）. 第一次大戦後の「相対的安定期」の世界経済は米国の金融力に大きく依存して

いたのである．

　軍事力でも主力艦の数においては米国はイギリスと同じであった．しかし，イギリスは植民地を合わせ，世界の領土と人口の四分の一を支配し，世界の主要な航路を支配するなど総合的な安全保障力において，米国に対し一日の長があった．国際通貨体制においても，米金融当局が政府短期証券や銀行引受手形を導入するなどの努力にかかわらず，ポンドはドルに勝っていた．ロンドン・シティの国際金融機能はニューヨークを凌ぎ，商品相場はなおポンドで評価されていた．過去100年のポンド支配の遺産は大きかった．

　ドルがポンドを越えるのは1930年代の大不況，英国の金為替本位制の停止，米英の為替切り下げ競争を経た変動の後である．1936年の米・英・仏3国の通貨協定はドルの優位を確立したとされるが，米ドルが基軸通貨としての地位を最終的に確立したのは第二次大戦後米国が覇権を確立した時であった．米国が19世紀末，産業力において世界の頂点にたってから，半世紀を経過した後であるが，通貨は覇権の波から見ると遅行指標なのである．

III　ブレトンウッズ体制の成立と推移

1.　ケインズ案対ホワイト案

(金ドル本位制対バンコール)

　第二次大戦後の国際体制について米国は驚くべき早期から検討していた．第一次大戦後の米国の主導性の欠如が大不況や第二次大戦の原因との反省があった（ガードナー，1973上，105-6）．国務省は国連や自由貿易体制について検討していたが，国際通貨体制については財務省でホワイトが担当していた．イギリスでもケインズが通貨体制について案を作成していたが，1930年代の分裂した通貨体制の苦い経験から戦後における普遍的体制の必要性については英国も共通の認識を持っていた．両国共同の通貨体制の検討作業は1943年に始まり，45年ブレトンウッズ体制を産み出した．

　国際通貨体制の必要な要件は上記に述べたように安定した基軸通貨の決定，

表4-3 国際通貨体制への英・米案

	ケインズ案	ホワイト案	IMF協定
本位通貨 (価値尺度)	バンコールと金を標準とする国際銀行通貨	ユニタス（金・ドルにリンク）本位	金・ドル本位
信用供与 (流動性供与)	加盟各国は国際清算同盟と貸越し，借越しの清算勘定を持ち，割り当てられたバンコールによって清算（割当総額230億ドル）	各国の出資額の範囲（総額50億ドル程度）	各国の出資（金25％，自国通貨75％）の2倍が限度（ただし，1年間の増加は25％以内）
為替レートの調整	常時大幅借越国は平価の切下げを，常時大幅貸越国は平価の切上げを行う	構造的不均衡時には平価の変更	構造的不均衡時には平価の変更

(出所) 坂本正弘（1993）『国際政治経済論』世界思想社，p.137.

国際流動性の確保，国際収支の円滑な調整過程の確保にあるが，それをいかなる形で実現するかは，米英両国の国益をいかに調整するかに関わっていた．ホワイトとケインズはまず基軸通貨を何にするかでぶつかった．米国は金とドルを基軸通貨とするが，英国案はバンコールと称する国際通貨を基礎とした．ケインズはポンドを本位通貨とできない現実における次善の策として，ドルではない国際通貨を提案したのである．しかし，米国はドルが本位通貨であることが条件であった．通貨は国の勲章であり，本位通貨は貿易決済の面でも，多国籍企業活動の上でも便利であった．さらに，英国は米国からの金融上の援助を必要としていた[4]．IMF体制は米国案を基礎とし，金ドル本位制が誕生した．

(国際流動性の確保)

国際流動性の確保も重要な問題であった．世界の金の産出が十分でなく，かつ米国に金が集中しやすい国際決済の構造において，すでに20年代から管理通貨，金為替本位制が多くの国で取り入れられていた．30年代の大不況を経て，経済成長と雇用の確保が経済政策の重要な課題となり，金本位制の時のように，国際均衡を国内に皺寄せすることで達成することはできなかった．ここ

でもケインズ案とホワイト案は異なった．

　ケインズ案では各国は世界の中央銀行である国際清算同盟との間に清算勘定を設け，赤字国は貿易額などに応じて割り当てられるバンコールで決済し，黒字国には清算同盟を通じて貸越するシステムであった．バンコールの発行予定総額の230億ドルはかなり信用拡張的であった（1948年の世界の総輸出入は約1200億ドルであった）．さらに，当時の国際収支構造を考えると最終的には米国に貸越が集中することが予想されたため，米国を世界の乳牛にして，金融を引き出す構想との批判が出た（大野，1972, 29）．

　これに対し，ホワイト案は拠出主義をとった．すなわち各国は金と自国通貨を拠出するが，その借り出しは最高拠出額の倍額に相当するものであった．自国通貨が交換性を持った国際通貨でない国には金の拠出分を除く175％が純信用供与となり，流動性の増大となる．しかし，その供与も自動的ではなく，ケインズ案に対しはるかに限定的であった（全体として50億ドル程度）．ブレトンウッズ体制はIMFとともに戦後経済の再建のために世界銀行を設立し，構造金融の道をも開いていた．しかし，IMF体制は戦後の厖大な資金需要を賄い切れず，マーシャル・プランなどを通じて，米国が直接に国際流動性を供給することになった．

（黒字国対赤字国の責任）

　国際通貨体制にとって第三に重要なのは円滑な調整過程の確保であった．国際収支が不均衡になったときの対応策の手段と優先順位である．第一は国際収支が赤字の場合，手持ちの外貨の取り崩しやIMFをはじめとする国外からの短期金融である．第二は財政金融政策など国内の需要管理によって不均衡を修正することである．赤字国の引き締め政策，黒字国の拡大政策がそれである．第三の手段は貿易政策によって輸入割当をしたり，関税を引き上げて輸出入に影響するやり方である．第三の手段はしかし30年代の苦い経験から，戦後においては，自由貿易に反するものとして，最少限にすべしとの国際通念があった．第四は通貨調整によるものである．通貨調整についてもかつての競争的切下げという苦い経験があり，戦後の通貨体制は金・ドルにリンクした「平価」

によって各国通貨を結び付けていた．IMF協定は「調整可能な」平価のシステムとして，構造的不均衡があれば，平価の調整を可能とした．

　国際収支の調整の対策としては上記のうち，短期の金融と需要管理を重視することが合意された．この場合，ケインズ案においては黒字国，赤字国両者に責任があるように，国内の需要管理をし，さらに通貨調整の規定が設けられていた．しかし，IMF協定はむしろ赤字国の責任がより問われるシステムであり，当時の黒字国・米国の主張を反映していたといえる．

2. 金ドル本位制の矛盾

(ドル不足への対応)

　金ドル本位制を迎えた戦後の世界経済の矛盾は当初の予想よりはるかに大きかった．米国経済は流動性の偏在が起こりやすい体質であったが，戦後の状況は競争相手である欧州の打撃が大きく，米国の輸出超過を拡大し，ドル不足を強める状況にあった．特に戦後のイギリスは米国とともに国際通貨体制を支えていくべき協力者であったが，国際競争力が大きく低下し，海外植民地などへの軍事支出の負担が過大で，戦争中以来のポンド債務残高が大きかった．米英金融協定による米国およびカナダからの50億ドルの援助資金も及ばず，イギリスは1947年ポンドを大幅に切り下げざるをえなかった。米国は47年トルーマンドクトリンにより共産主義の危険に対し，ギリシャやトルコへの援助に踏み切ったが，これはイギリスの負担の肩代わりでもあった．ポンドはその後も国際通貨不安の一因となったが，欧大陸諸国の経済疲弊も大きく，東西対立の中でのドル不足は緊急の重要事であった．

　米国は47年にはマーシャルプランを含む大規模な援助に乗り出したが，それは欧州のみでなく，アジアなどの地域にも行われた．1950年の朝鮮動乱とその後の東西対立は米ソ間の緊張を高めたが，結果的には軍事資金の散布を世界的に行った結果となり，世界の流動性を高め，資金循環を促進した．米国の公的資金の散布は1940年代後半，50年代前半を通じて，年平均50億ドルに上ったが，これは1948年の世界の輸出入が合計で1200億ドル程度であったこ

とを勘案すると膨大なものであった．

　ドル不足の中での国際収支の調整は各国の経済政策の目標の中できわめて重要なものとなった．保護主義は排除され，為替レートを平価の1％の水準に抑えることが国際的義務とされ，国際金融での調達は限られ，資本取引が規制されていた情況では，国際収支の赤字国は財政金融政策を引き締めることで対応することが多かった．国際収支の弱い国は成長を犠牲にゴーとストップを繰り返した．

（トリファンのジレンマ）

　ドル不足期はしかし50年代末からドル不安期に変わる．その第一の原因は大きな米国の国際負担と国際収支の赤字である．朝鮮動乱を機に米国の軍事負担は急激に増大し，経常収支の黒字は激減し，米国の基礎収支は常に赤字を示すに至った．援助の増大や民間長期資本の海外流出のためもあるが，基本的には経常収支の黒字が縮小したことによる．20世紀初頭の英国の海外債権残高は最盛期にはGNPの2倍に達したが，米国の資産残高の最高はGNPの3割にすぎなかった．米国は重い国際負担のため資産形成の好機を失ったといえよう．

　第二の理由として，金ドル本位制にはトリファンの指摘する流動性ジレンマがあった．すなわち，世界貿易・投資の拡大は世界の国際流動性の拡大を要求するが，金の増産による国際流動性への充当は限られるので，流動性の増大はドルの供給に依存することになる．しかし，ドルの供給は米国の国際収支の赤字によるため，赤字の継続はドルの信認を損なうことになる．逆に米国の国際収支が黒字になれば戦争直後のようにドルの信認は強くなるが，ドル不足を生むという矛盾である．

　米国の経常収支は60年代も黒字であったが，その額は政府援助や民間資本の海外進出を賄うほど大きくなかった．基礎収支は赤字であり，長期貸し，短期借りの状態が続き，短期のドル債務が増えた．米国の戦後の金準備は厖大であり，50年代には米国の短期ドル債務の水準を越えていた．しかし，50年代末には金準備が減少し，短期債務の額を下回った．金準備の減少は欧州諸国の

IMFへの金払込みのための金兌換が一因であるが，基本的には基礎収支赤字のため，欧州に資金が滞留し，金選好の強い欧州諸国がドルを金に換えたためである．50年代末には米国の金準備の減少が大きく，ロンドン自由市場の金相場は大きく上昇した．

(ドル防衛とその効果)

かかる状況に対し，米国は国際収支の改善策を進めるとともに，西側先進国の協力を求めた．ケネディ大統領はドル防衛のため，輸出の増強，バイアメリカンの強化，海外軍事支出の節約，民間長期資本流出の規制などを行うとともに，欧日に対し，援助など国際負担の分担増大を求めた．またドル防衛の金融協力を進めたが，金プール協定（1961），ローザボンド（1962），スワップ取り決め（1962），IMFの一般借り入れ取り決め（GAB, 1963）などがその主なものであった．金交換については基本的には政府・中央銀行などの公的機関以外には応じないが，ロンドン自由金市場は維持し，ドルへの投機については主要通貨の持ち合いによる介入などを通じて対応するというものであった．1960年代前半はケネディ大統領の積極政策による成長政策と経常収支黒字の回復もあり，ドル不安は小康状態となった．しかし，ドルの短期債務は増大し，金準備は減少を続けた．公的機関のみに金交換には応じる対応は有効だったが，米国の金準備は60年代もフランスなど欧州諸国の金引き出しが大きく，1965年以降の減少は急速だった．

ドル防衛に関してはドイツと日本の協力が注目された．ドイツにとって東西対立の中での米軍の駐留は不可欠であり，多くのドル残高を持ちながら，これを金に換えることは控えた．日本は60年代後半からドルを急速に累積したが，これを金に換えることはしなかった．しかし，フランスは金選好が強く，60年代初期に採用された米国の核の柔軟反応戦術は欧州を戦場にすると反対し，ドゴールは核を開発し，NATOを脱退して，米国に対し「金戦争」を挑んだのである．

3. 金ドル本位制の崩壊

ドル不安はベトナム戦争の拡大とともに60年代後半急激に強くなった. 68年には公的機関へのドル債務は米国の金準備を上回り, ロンドン市場での金放出は停止され, 事実上の金ドル本位制の停止に至った. しかし71年8月, 投機が急激に強まり, ニクソン大統領はドルの金兌換を停止し, ブレトンウッズ体制は発足後, 約四半世紀にして崩壊した.

かかる事態の原因として第一は米国の軍事負担はベトナム戦争で再び増加し, 1970年にはGNPの8%に達したが, 1950年からほぼ, 20年間GNPの1割に及ぶ負担となった. しかも, 折から進められた「偉大な社会計画」を同時に追行することにより, 1968年には経常収支の黒字が消滅する状況になり, ドル不安の大きな原因になった. 国際負担の重さに加えて, 政策運営のまずさが国際収支を悪化させた.

第二の原因としては米国と欧日の相対的競争力が変化したことが挙げられる. 朝鮮動乱時は米国の競争力が圧倒的に強かった. ベトナム戦争時の欧州や日本は戦後の新鋭技術を導入して, 産業の競争力を著しく強めていた. 日米の貿易収支はベトナム戦争の本格化した1965年以来黒字に転じた. 戦争の進行は日本や欧州からの製品輸入を増大し, 米国の国際収支を大きく悪化させた.

これに関連し, 第三に競争力への通貨面の影響としてドルの受動性がある. ドルは基軸通貨であり, ドルの価値の変化は他の通貨の切り上げ, 切り下げによって間接的に変化した. IMF体制では通貨の切り上げには各国に強い抵抗があり, 切り上げ国はドイツなど数カ国で, 切り上げ幅は小さかった. 他方, 切り下げ国は多く, その切り下げ幅も大きかったため, 結果としてドルは1970年頃までに平均5%切り上がっていた (ピーターソン, 1972, 140). 米国商品の国際競争力が削減され, 米国企業の海外進出が高まり, 海外に技術移転をし, 米国の国際収支を悪化させたというのである (ウイリアムズ報告, 1972, 11).

第四に, ドルが強い投機にあった理由として, 国際資本市場の膨張がある. 戦後の経済成長, 貿易の拡大, 多国籍企業の発達は国際的資金の動きを大きく

拡大した．ユーロダラー市場の拡大がその典型であるが，どこの政府の管理にも属しない国際資本市場が登場し，さらに投機が強くなれば，貿易面でのリーズ・アンド・ラグズが横行し，金融当局も防ぐ術がなくなったのである．60年代末期のポンド危機，フラン危機，マルクへの投機，円への投機，そして相次ぐドルへの攻撃にはいずれも国際資本の激しい投機的移動があり，71年8月，金ドル本位制は停止された．

　第五に，このような状況の背後には欧州諸国の金への執着があるが，それはドルの正統性への疑問でもある．ドゴールが金戦争を起こしたことは触れたが，フランスは米国が基軸通貨発行権を悪用してドル紙幣を印刷して，フランスの企業を買収していると非難し，また，米国はいくら赤字を出しても苦痛なき調整ですむなどその特権を非難した (Rueff, 1964, 117)．世界支配の先輩国である欧州のドル支配の正統性への批判がこれらの主張の底に見られるといえよう．ただし，ドゴールの金戦争は68年5月の五月革命後にフランスが大量の金を失い，ドルへの依存を高めたことによってその根拠を著しく弱めた．

(変動制への移行)

　1971年8月以降世界は変動制の時代に入った．為替レートについては，固定制と金融政策の自主性，国際資本移動の自由の三者の関係について同時成立が困難とされる．ブレトンウッズ体制では金融政策の自主性と固定為替レートを選択し，国際資本の移動を最小限にする方式をとった．しかし，上記のように国際資本の移動が大きくなり，固定制の維持が困難になり，為替レートを自由にして，資本移動の自由と金融政策の自主性を維持する変動性へ移行した（このほか，途上国でのカーレンシーボード制が典型だが，金融政策の自主性を放棄して，特定の通貨との固定レートと資本移動の自由を選択する方式もある）．

　固定制復帰のため，1971年12月に新平価についての合意がスミソニアン協定に盛られたが，72年には欧州をはじめ多くの通貨が再びフロートし，同協定は短命に終わった．その後，通貨制度をめぐる米欧の国際的主導権の折衝は続けられたが，1976年のキングストンにおけるIMF協定の改訂によって一段落した．成果の第一は変動制の容認であり，世界の諸国はその為替レート制度

を自由に選択できることになった．固定制でも，ドルにペッグしても，フロートあるいは共同フロートのいずれでもよいことになった．主要国は市場に任せる変動制を採用したが，多くの途上国は未だにドルになおペッグしている[5]．協定改訂の結論の第二は金の退位である．金ドル本位制崩壊後，金本位制復帰への主張があったが，金戦争の失敗もあり，金本位への復帰は否認された．第三に，代わってSDRの地位が改めて認められたが，ケインズのバンコール構想は20年の歳月を経て市民権を得たことになるが，ここにもドルの正統性に対する欧州の主張が見られるといえる．

以上のようにPAの基幹システムである金ドル本位制は崩壊した．しかし，別の見方をすればこの間金の退位が行われ，また，1950年の時点では世界の外貨準備の中でドルを上回る比率を持っていたポンドや独自の通貨圏を築いているフランの凋落が，この間決定的になったことは金をはなれたドル本位への一里塚と見ることもできよう．

IV 変動制——ドル本位への道

1. 石油危機とドル本位・変動制

変動制後の重要な進展は石油危機であるが，結果的には変動制とドル本位の正統性を認める重要な過程となった．石油危機自体は1971年以後のドル価値の低下を懸念する産油国の値上げ交渉が一因であるが，第四次中東戦争を契機に石油価格が大幅に値上がりし，世界の産油国に大量の石油収入が舞い込む反面，欧州，日本をはじめ多くの石油消費国は国際収支の赤字に悩んだ．産油国は独自の国際通貨，金融市場を持たない中で，国際通貨体制としては，大きな国際収支不均衡に対応し，産油国への流動性の大きな遍在をどの様に資金不足国に還流するかが問題となった．

まず，第一に上記キングストン協定の認めるように，各国の国際収支の大きな格差を前提にした調整には，固定制では投機が強すぎて巨大資本移動の中で対応できず，変動制が不十分だが，対応できたことである．第二に，この変動

を乗り切る通貨はドルだったということである．石油収入がドル建てだったということはあったが，代る通貨はなかった．金はフランスの金戦争の惨めな結果，国際通貨から退位した．SDR には取引市場がなかった．他の欧州，日本の通貨は有事の円が典型だが，きわめて弱かった．大きな金融危機を乗り切ったのは信認に若干問題はあるが，ドルであった．その通貨としての地位の高まりは石油危機後のドル価値の上昇が物語る．

　第三に，石油危機は世界不況をもたらしたが，その不況を脱出できたのは米国の拡大政策が世界に大きな需要をもたらしたからである．アメリカの国際収支は赤字になったが，世界経済の機関車・アメリカの存在を改めて欧州諸国にも印象づけた．欧州は経済サミットの提案で世界経済運営上大きな得点をしたが，石油危機後の経済低迷はドルの正統性に対する批判を和らげた．

　第四に，70年代末からの第二次石油危機，世界不況からの脱出，東西対立の激化は再びドルの地位を高めた．以来，金の退位は確認され，SDR は IMF での取引と IMF 統計資料での計算上の役割を果たすのみである．

2. 大幅な通貨変動とドルの低下

　変動制移行後の国際通貨体制の特色は第一に，ドルが大きな変動を伴いながら，円やマルクに対し，90年代に至るまで傾向的に低下したことである[6]．

　為替レートは経済成長，物価，経常収支などに示される基礎条件，金利格差などに影響される資本の動向，政治情勢や原油価格などに影響される[7]．70年代から80年代にかけては石油危機が大きな影響を与えたが，アメリカ経済の基礎条件の悪化がこのような傾向的なドルのレートの低下の原因だったと考える．70年代は原油価格の高騰は石油多消費のアメリカ経済に打撃であり，80年代には伝統的なアメリカ産業の国際競争力の弱体化が顕在化し，多くの伝統的有力企業の業績が悪化した．東西対立の激化に対応するための軍事費の増大と財政赤字の拡大もあり，さらに家計貯蓄の低迷もあり，国際収支が大きく悪化した．ドル安は米国経済の世界での比重を低めた．

　第二に，変動制と平行して，国際金融市場の急速な拡大があり，資本の動き

表 4-4　国際準備（1952-1999 年）

(単位：10 億 SDRs，各期末)

地域・国	1952	1962	1972	1982	1988	1989	1990	1995	1999
全世界	49.3	62.8	146.6	361.2	624.1	670.7	704.9	980.0	1,399.1
工業国	39.2	53.5	113.3	214.0	410.1	441.9	428.4	514.1	614.6
アメリカ	24.7	17.2	12.1	29.9	57.5	59.9	55.7	59.5	53.2
日本	1.1	2.0	16.9	22.0	64.7	56.0	51.2	124.1	201.4
フランス	.6	4.0	9.2	17.8	21.5	28.7	24.7	20.9	32.3
ドイツ	.9	6.9	21.9	43.9	49.5	51.0	47.3	40.6	48.3
イギリス	1.9	3.3	5.2	11.9	27.1	25.8	29.9	28.9	19.0
発展途上国：計	9.6	9.3	33.2	147.2	214.0	228.8	276.5	465.9	784.5
アフリカ	1.7	2.1	3.9	7.7	9.4	12.0	14.5	17.5	32.2
アジア	3.7	2.7	8.1	44.4	121.6	128.8	157.5	253.4	481.2
ヨーロッパ	.2	.3	2.6	5.3	14.9	15.5	15.6	56.6	78.9
中東	1.1	1.8	9.4	64.0	42.2	38.0	41.8	50.7	79.0
西半球	2.6	2.2	9.0	25.5	25.6	34.3	46.9	87.6	112.5

(出所)　IMF, Internationl Financial Statistics（国際金融統計）．

が大幅になり，為替レートの動向を時として基礎的条件から離反させ，変動を大きくする作用があった．まず，変動制では為替市場に金融資産の全体を登場させ，資本取引を拡大する作用があり，その分だけ影響は大幅になる．次に，70 年代のオイルダラーの還流が金融市場の拡大をもたらしたが，80 年代の米国の国際収支の赤字も過剰といわれるぐらいの国際流動性の増加を結果し，国際金融市場を拡大した．さらに，80 年代には各国の資本取引の自由化が大きく進展したが，規制緩和は種々の金融商品を出現させ，資本移動を活性化した．

80 年代前半には米国の経常赤字が大幅に拡大したにも関わらず，アメリカに資本が流入し，ドル高を継続させたが，プラザ合意以降はダムの決壊のようにドル安が進行した．その後も資本取引は膨張し，経常収支の影響は弱まっている．1995 年の世界貿易が約 11 兆ドルに対し，外国為替取引は 300 兆ドルを越える．

第三に，80 年代の国際通貨体制は日本の金融大国ぶりによって大幅な変動を受けた．当時の日本の銀行は世界の 10 大銀行の過半を占め，国際貸付では

アメリカを抜いていた（円高は日本銀行資産を急拡大した）．1987年のニューヨーク市場での株の暴落と金融不安は，日本とドイツからの資金によって支えられた．1920年代には基軸通貨はポンドであったが，国際金融ではアメリカへの依存が大きいという通貨と金融力の離反があった．30年代に米国資本が欧州から引き上げたとき大恐慌が起こったことから，1980年代の日米の国際金融力と基軸通貨の分離は危険な信号と見られた．

もちろん，1920年代の英米と80年代の日米関係は異なるが，東西対立激化の中，相互依存の強い「ニチベイケイザイ」の協力に支えられながらも，米国の大きな赤字は不安定な国際金融体制を結果した（Gilpin, 1987, 336-339）[8]．1995年春のドルの減価は基軸通貨の地位をさらに揺るがした．準備通貨としてのドルのシェアーがマルクや円にさらに食われたが，アジア諸国のドルの吐き出しが大きかった．マルク建て，円建て決済が増え，円とマルクの直接取引も少しあるようになってきたなどである．

第四に，その後の推移は，しかし，再び，ドルの優位を示している．米ドルは準備通貨としても，決裁通貨としても，90年代半ばから機能を高めている．金ドル本位制の崩壊がドルと金との交換の停止にあったことからすれば，基軸通貨国が世界最大の債務国になりながら，ドルがますます使われている状況は理解しがたい面があるが，一時あったSDRを本位通貨とする構想は消滅している．

3. 通貨システム利用の復権

以上の状況をどう解釈するか？　変動制移行以来，ドルが大きく低下し，金融と通貨の分離という1930年代のような危険な状況を経たが，そのプロセスはまたドル復権のプロセスでもあったといえる．

すなわち，第一に，通貨調整は不均整であったといえよう．円やマルクはドルに対し，大幅な値上がりしたため，大きな調整を必要とした．すなわち，円は1971年の360円から95年には80円を割ったが，この急激な円高は日本を世界一の高コスト経済にした．農業や流通，政府関与料金などの高コストがそ

れであるが，また日本型企業集団の解体を結果し，巨額の海外投資を引き出した．日米構造協議による調整も日本企業の対米投資を引きだした．マルク高はドイツにも大きな影響を与え，両国は構造調整を含め，国際競争力を弱めることとなった．

第二に，他方，アメリカの調整は「優雅な無視」であり，国際均衡を意図したマクロ政策による調整はなく，円高・ドル安が最終的な調整となった．ドル安は輸出の拡大を可能にし，80年代末からアメリカの輸出は回復している．また，この間，ドルを発行することにより，国際収支赤字からくる調整を行うことなく，海外から資本を輸入し，自国の貯蓄不足を補い，国内での経済成長を継続し，経済体質の改善を行った．

第三に，輸出の増大，成長の維持による輸入の拡大とともに，アメリカへの巨額の資本の流入はその再輸出とともにアメリカを中心とする財と資本のネットワークを改めて強化し，ドル体制を補強した．グローバリゼーション主導体制への移行である．

第四に，この間，米国は企業体質を改善し，規制を緩和し，情報革命を推進する体制をつくった．

4. 通貨システムの総体性，階層性，利便性

以上のようにドルの低下と円やマルクの変動を通じて，ドル本位を確立したが，それは基軸通貨としての地位を活用したことにより可能であった．国際通貨システムの持つ階層性，利便性，総体性が大きな役割を果たした．

第一に，国際システムの持つ総体性である．国際通貨は他の国際システム，特に，安全保障や石油などと結びついている．変動制以来の変化を見ると，円は石油や有事に弱いが，有事に強いドルが示すように安全保障と基軸通貨のリンクが常に強かったように思われる．石油危機や東西対立は米国とドルの存在感を強めた．

総体性はまた，国際協調を支える．西側の政策の協調は特に，60年代から強化されたが，1976年，仏独のイニシアティブで始まった経済サミットは機

関車構想や護送船団方式などのマクロ政策の協調により世界不況を克服した．世界の国際金融，通貨問題の対応にはG5，G7を通じる協調が有効だったが[9]，東西対立激化の中で，協調は安全保障，国際通貨を含め総体的に行われた．

第二に，基軸通貨の持つ利便性である．覇権国がその通貨を基軸通貨として維持したいのと同時に，基軸通貨の体制の利便性に慣れた他の国が混乱を恐れて基軸通貨の退位を簡単に認めないためである．基軸通貨なくしては世界経済は一日も維持できない．また，石油をはじめ多くの産品はドルで表示されており，ドルに代替する通貨が円にしろ，マルクにしろその条件を欠いている状況では，ドル本位を維持する国際協調が強くなるのである．

第三に，国際通貨システムは国際システムとしての階層制が高く，アメリカの国際金融や国際貿易での地位の低下をむしろカバーする力があることである．すなわち，上記のように基軸通貨国は国際貿易の不均衡を自国が調整することなく，ドルの低下などを通じて，日本やドイツの国際貿易，産業の競争力を弱め，調整を進行させる力があることである．また，ドルの増発は国際金融市場を拡大し，日本の金融機関もドル市場に依存せざるをえなかったのである．

第四に，国際通貨システムの根底には，米国の総合的な力があった．米国の経済力は軍事力をはじめ，資源支配などと結びつき，総合的に卓越した存在となっている．国際収支が赤字であっても，通貨の基礎である物価や生産性などの経済の基本がしっかりしていると，基軸通貨は崩れにくい．しかも，冷戦の米国は総合力で卓越性を強めていた．

V ドルの復権

1. 強化されたドル本位・分水嶺の95年

ドルの価値は1995年を底に回復し，総合的にみると1973年のスミソニアン協定時と大差ない水準となっている．円はかなり高い水準であるが，最近の注目はユーローの減価であり，中南米，多くのアジア通貨も通貨危機から減価す

るなど，ドルは強い水準に留まっている．これと平行して，ドルの準備通貨，決裁通貨としての役割も90年代の後半には再び強化されている．いくつかの要因がある．

第一は，アメリカ経済の基礎条件のめざましい改善であり，「新しい経済」の出現である．「新しい経済」の実態は2000年の大統領経済報告に詳しいが，93年以降連続，10年近い景気後退なき平均4％近い経済拡大を実現し，年間2～3百万人に及ぶ雇用増，失業の低下，物価の安定を伴い，かつて巨大な赤字だった財政収支の大幅な黒字化を達成した．2000年の大統領選挙の論点が減税か，社会保障の充実かという羨ましい状況である．その背景には情報革命とグローバリゼーションを主導する社会，企業の実態があり，株価は1万ドルを越えるという実績がある．アメリカの世界のGDPへの比率は日本やドイツの停滞もあり，確実に上昇している．

「新しい経済」の特色は情報投資の累積により，情報化の果実が経済全体に影響し，生産性を95年以降急激に上昇させるようになったからだとする．このためこれまでの景気循環では，景気上昇の3年目から息切れした経済成長がむしろ高まり，今回は10年近く続いている成長を支えているというのである．情報革命が本格化する局面に入ったアメリカ経済の状況がうかがえるが，経済

表4-5 アメリカの国際収支（季節調整値）（単位：100万ドル）

	経常収支	対外資産の変化			対外債務の変化		
			公的部門	民間部門		公的部門	民間部門
1991	4,283	− 64,733	8,686	− 73,421	111,334	17,388	93,945
1992	− 50,633	− 74,877	2,233	− 77,110	171,813	40,476	131,337
1993	− 85,289	− 201,014	− 1,730	− 199,285	283,231	71,753	211,478
1994	− 121,678	− 176,588	4,956	− 181,544	307,306	39,583	267,723
1995	− 113,571	− 330,673	− 10,726	− 319,947	467,552	109,880	357,672
1996	− 129,301	− 380,759	5,679	− 386,438	574,846	127,390	447,456
1997	− 143,462	− 465,296	− 942	− 464,354	751,662	18,119	733,543
1998	− 220,563	− 292,820	− 7,213	− 285,607	502,635	− 21,684	524,319
1999	− 338,923	− 372,543	8,384	− 380,947	750,768	44,570	706,198

（出所）2000年アメリカ大統領経済報告より作成．

の基礎条件は飛躍的に改善されていることになる．

　雇用面でも情報革命は雇用破壊と雇用創出の面を持つが，情報化が本格化した90年代半ば以降，雇用創出の効果が大きく，年々2～3百万人の雇用増を実現するというダイナミズムを見せている．財政も長期にわたり問題とされた赤字が98年から黒字に転化し，黒字が累積し，減税か社会保障の充実かの選択が2001年度の財政政策の争点になっている．

　第二に，このような経済のダイナミズムを背景にアメリカを中心とする国際取引は膨張している．対外貿易が急激に伸びているのみでなく，世界の資金の流れはアメリカを中心に急速に拡大している．好調なアメリカの経済をめがけて世界の人と金が集まり，その資金が世界に拡散して行くのである．アメリカの株式，公社債は最良の投資物件であり，経常収支の赤字すらもこのような資金の流れを拡大し，アメリカの貯蓄不足を補っている．準備通貨，決裁通貨としてのドルの比重の上昇が90年代見られるが，アメリカの資本市場の好調がこのような機能を補強している．

　第三に，IMFやWTOの活動強化は途上国では必ずしも人気があるわけではないが（特にアジア危機などへのIMF処方箋には大きな批判もある），アメリカの進める市場経済，グローバル資本主義を擁護していることは明らかである．欧州ではユーロが発足したが，ユーロは減価し，アジアでもアジア通貨基金の構想も出ているが，アジア経済の混迷，日本経済の停滞は円の国際化を抑制し，国際通貨としての機能はむしろ低下している．

　最近の国際通貨情勢の特色はドル化の進展である．中南米のアルゼンチン，エクアドルなどでのドルを自国通貨として採用する動き，さらに，多くの国の採用するカレンシーボードは事実上のドル本位制である．

2. アメリカの赤字とドル体制

　ドル好調の中で疑問になることは引き続く大幅な国際収支赤字，世界最大の債務国アメリカとドルとの関係である．1999年の経常収支赤字は3389億ドルの大きなものであり（98年2200億ドル），GDPの3.6％に当たる．この赤字

と海外への資本投資3725億ドル（98年2976億ドル）を賄うために，7507億ドル（98年5020億ドル）の巨額の資本を海外から調達しているというのが現状である．

　経常収支赤字の増加は輸入が大きく増えていることが大きな原因であるが，それは国内での需要の増加が大きく，投資が貯蓄を上回っているためである．財政は黒字となったが，企業の投資が旺盛で，家計の消費が株価の好調もあって強く，家計貯蓄を少なくしている．大統領経済報告はアメリカへの資金の流入はアメリカへの信頼だとし，アメリカの貯蓄不足は海外の余剰の貯蓄を輸入し，これを有効に活用して投資することによって賄われているので問題ないとする．確かに，米国の99年のGDPは消費と投資の増大により，98年より5000億ドル増えて，9兆2千億ドルとなっている．海外からの借金も成長の中で支払できるので問題ないとする．

　しかし，それにしても海外からの巨額の借金で大きな経常収支赤字と海外投資を賄っているということになり，伝統的観念からすればきわめて脆弱な面があるということになる．例えばニューヨークの株式の下落など何らかの理由で海外からの資金の流入がとまると大きな混乱を生じるのではないかである．しかも，米国の経常収支赤字の累積は1兆5千億ドルを越えており，海外への利子，配当は投資収益勘定の受取を越えており，これもドル価値に影響するはずである．

　しかし，この様な経常収支の赤字を海外からの多額の資金流入で賄い，しかも，米国市場を介して，さらに，海外へ投資するというのは80年代から続いている．表4-5に見るように90年代をとってみると海外からの資本流入は累計4兆ドルに及び3兆ドル近い資金が海外へ投資されている．重要なことはこの様な流れが世界の資本の流れの大きな部分を占め，かなり長期にわたって国際金融市場に定着し，その不可欠の部分になりつつあるということである．第一次大戦前のロンドン金融市場は英国政府，企業の投融資のみでなく世界の政府，企業の資金を調達し，戦費の調達も行い，世界の金融を支配したことが想起される．

海外への債務の内容は，アメリカの企業が海外から資本を調達し，海外での投融資活動を強めているというのが，その大きな部分を占める流れであるが（90年代の前半は財政赤字の金融がかなりの部分であったが，今や財政は黒字であり，その必要はない），この債務はアメリカの資金不足を賄うとともに（あるいは世界の投資家に有効な投資先を提供し），かつ，その資金の残り部分を世界各地に流し，投資や買収により，アメリカ企業のダイナミズムを伝播したり，他国の企業を支えたりしていることである．その額は上記のように3兆ドルに近いが，膨大なものであり，米国企業の世界支配の原資となっている．

3. 90年代のドル体制と途上国

　このような，特に巨額な資本の流出入は大きな攪乱をもたらすことがある．するかということである．90年代の金融危機は米国にとって油断できない状況があった．1つは94, 5年のメキシコの金融危機であり，金融危機がメキシコを破産させ，アメリカの金融機関や金融資本市場へ打撃を与えるのではないかとの思惑から，ドルは大幅に値を下げた．アメリカ政府やIMFによる金融支援とIMFによる構造対策で事態は乗り切ったが，資本移動が大きく，大きな教訓を残した．

　今1つは97年から始まったアジア通貨・金融危機である．当初は対岸の火事視していたアメリカも危機が98年，ロシアに飛び火し，有力ヒッジファンドが破綻し，中南米に影響するに至って，アメリカ当局もグローバルな国際金融秩序を脅かす流れとの認識になった．この危機はヘッジファンドや新興市場国の短資対策やIMFの強化などの国際金融制度の強化についての国際的合意を生み出した．

　西村は変動制以降は多くの国はドルとペッグする為替政策を採用した．しかし，90年代になると多くの途上国が採用したドルペッグが行き詰まった．変動制へ移行する国が多く出てきたが，逆にドルとの一体化をめざす国も多くなった（マレーシア．パナマ，アルゼンチン，エクアドル）と指摘する（西村, 2000, 4-6）．しかし，通貨危機が過ぎ去ると多くの途上国で再びドルペッグが

強くなっている.

VI 欧州共通通貨の出現

1. 欧州共通通貨の追求

ECは70年代,経済通貨同盟を発足させ,相互の通貨の変動を縮小させるような試みをしてきた.共通農業政策,共通通商政策には各国通貨の関係の安定が必須の条件であり,通貨不安への自衛であった.79年以来各国間通貨の一層の統合をはかるため,EMS(欧州通貨制度)を設立し,ERMを通じる共同のフロートを強化した.通貨統合の理論的枠組みとして最適通貨圏の理論があるが,欧州は通貨統合により効率を高めるのに適した通貨圏だということである(ただし,各国の資本や労働の資源が十分移動しないと効率的ではなくなるとされる).85年には欧州統合の議定書が作成され,92年をめざして欧州の統合の障害となっているさまざまな規制を撤廃することが決定された.

89年にはドロール委員会から経済・通貨統合に関する報告書が出されたが,フランスの主張が強く出ている.欧州統合はフランスから見れば,欧州の地位を高めるとともに,フランスの主導によるドイツの欧州化の計画である.通貨・金融面では欧州共通通貨としてECUを持ち,欧州中央銀行を実現し,欧州各国の中央銀行を統合することがその狙いであるが,それはフランスの主導で行われるべきだということである.統一ドイツの出現はフランスのこのような思惑を越えていたが,放置すればドイツがますます強国としての存在感を強め,欧州のドイツ化の危険もないとしない.従って,フランスの選択は当初の方針を貫き,統合を進めるということになった.

ドイツも通貨統合によって自国経済の強い競争力が生かせれば好都合と判断したが,マルクがドイツ経済の安定と発展を実現したところから,マルクに変わる欧州通貨にはマルク同様,強い通貨を期待した.共通欧州通貨に加わるための基準として,物価上昇,財政赤字,政府債務,長期金利,などの為替レートの平準化のための基礎条件にはきびしいものを主張した.98年設立の欧州

中央銀行が金融政策における制度上の高い独立性を与えられ，金融政策の最重要目標にも「物価の安定の維持」が特記されたのも，ドイツ連銀がモデルにされたことが影響している．

2. 共通通貨への道

93年のマーストリヒト条約はこれまでの市場統合に加えて，経済・通貨統合と政治統合を90年代の目標とすると表明した．通貨面では，まず，94年には欧州中央銀行の過渡期の制度として欧州通貨機構を設け，経済統合の前提となる物価，財政赤字，政府債務などについて各国経済の平準化を実現し，98年には欧州中央銀行と欧州各国の中央銀行からなる欧州中央銀行制度を設立し，1999年1月には欧州共通通貨としてユーローを導入し，各国通貨と平行して流通させた．今後の日程として2002年にはユーローの新通貨のみを流通させ，7月には通貨統合を完了することになる．

3. 共通通貨の出現と欧州経済

共通通貨に参加しているのはEU 15カ国のうち，英，デンマーク，ギリシャ，スウェーデンをのぞく11カ国であった．財政赤字がGDPの3％以下という条件はきびしく，イタリアなどの参加が危ぶまれたが，予想を越える多数の参加となった．各国が参加に向けて大きな努力をしたこともあり，発足後の欧州経済は財政節度の重視を反映して金利の低下があり，投資が増大し，成長が高まった．経済成長は特にポルトガル，スペイン，アイルランドなど周辺国で著しかったが，これら諸国の良質，低賃金の労働力を求めて，高賃金国ドイツなどから資本が流入したことによる．イタリアやフランスも好調であり，むしろ，ドイツは東西統合の後遺症から成長は低い状況である．

欧州地域はアメリカと比較すると人口，GDPともほぼ匹敵するが，貿易額ではアメリカを上回る状況である．依然，アメリカへの軍事依存はあるが，ソ連崩壊は欧州を冷戦の重圧から解放した．西欧同盟を強化する案があり，ドルと並ぶ通貨圏を形成する可能性は十分あると考えられる．世界は2つの強大な

通貨圏を持つことになるが，これは巨大な債務を抱えたドルへの脅威とも考えられた．

欧州共通通貨の導入は域内貿易は EURO で決裁するため，ドルの需要が減少し，欧州各国が対外準備として持っていたドルの一部が不要になることを意味する．アジア諸国などでの対外資産のドルから EURO への切り替えもドルに不利となることすら予想された．従って，欧州通貨の出現は国際通貨体制全体にとっての重大なものであり，慎重な国際調整を伴った計画が必須のものとされた[10]．Bergsten は欧州通貨の出現がドル価値への下方圧力になるとして，欧州とアメリカの密度の濃い国際協力が必要とした（Bergsten, 1999）．

（弱いユーロ）

ただし，EURO は発足当初のドルへの値（1999年1月，1 EURO = 1.16＄）からみると現状はかなり値下がりしている（2001年1月，0.93＄）．ユーローの値下がりの原因については十分究明されていない．1つの理由は，米国経済が情報革命を主導するなど好調だということである．すなわち，ユーロー導入後の欧州の輸出は増大しており，経済成長も高まってはいる．しかし，欧州とアメリカでは経済のダイナミズムに差があり，多くの資本が米国経済の好調に引かれて，米国に投資し，資金はニューヨークに流れている．

他の意見は EURO の発行主体は欧州中央銀行制度であるが，寄り会いであり，その価格に責任を持つ主体が見あたらない．主権国家の貨幣にはこれを守ろうという意志が感じられるが，そのような力が見られないというのである．欧州中銀が発足してからの時間は，政策を適切に行い，市場の信任を得る機構となるにはまだ時日が足りないといえよう．欧州中銀はしかし，2000年11月さらに進むユーロー安を阻止するため，米，日と共同介入した（2000年10月，1 EURO = 0.85＄）．

西村は EMS 時代の欧州為替市場では欧州各国通貨当局の関心は対マルクレートであり，対ドルレートは二次的であった．しかし，ユーロ成立で域内の為替変動が消滅し，市場はむしろドルとの関係に関心を集中するようになった．かつての EMS の成功はマルクを支えるドイツ経済とブンデスバンクへの信頼

に支えられたが，ユーロを支える柱が喪失し，これがユーロの低迷の原因とする（西村，2000, 4-9）．

　欧州の金融市場の不整備もその原因である．現在株式市場にしろ，債券発行市場にしろ通貨統合の後，整備の最中であり，統合の深化は緒についたばかりであり，単一で効率的なアメリカ市場に及ばない面があるとする．田中は統合の拡大が続くときはEUの内政問題が押し寄せ（田中，2000），対外政策は防御的にならざるをえないとする．そうだとすればユーローの価格は今後も当初の期待を下る状態でいるのではないだろうか．

VII　21世紀の国際通貨体制

1.　ドルの将来

　ドルの今後にはいくつかのシナリオがあろう．第一は，経常収支の赤字がかなりの規模で続くことであるが，ドルが信認を失うことではない．世界の安全保障では米国一極の体制であり，経済規模も世界最大で，生産性の向上が続き，物価が安定している状況はドルの流通を円滑にする．米国の債券はきわめて流通性がよく，利率もよく，ドルは他国にとって優良な投資債券でもある．

　ただし米国の財政収支はすでに黒字となり，今後黒字が増大する見通しである．民主党政権は過去の国債の償還を優先する計画であり，共和党は減税を予定しているのであるが，いずれの場合も新規の公債発行が先細りで，公債償還が行われるとすれば，アメリカの国際収支の赤字は海外からの企業の株式，債券への投資で賄うことになる．この場合でも世界の各国にとって信用のある投資となろうが，政府公債ほどではなかろう[11]．

　今1つのシナリオは財政黒字が続くと減税が行われ，家計や企業に資金が回り，家計の貯蓄が増え，企業の赤字も国内の貯蓄で賄いうることもある．この場合，国際収支は均衡することになるが，この場合もアメリカを中心とする資本の流出入は続こう．

　上記，いずれの場合も，すでに見たように，世界の金融市場にはアメリカを

中核とする巨額な資本の流出入がその重要な構造としてビルトインされつつある．アメリカ経済の基礎条件が保たれれば，アメリカを中心とする国際貿易，資本の流出入が続き，アメリカの世界経済での中核的地位は続く．アメリカの安全保障の卓越性にささえられ，基軸通貨ドルの機能が依然高いことになる．ドル化現象は中南米でさらに進む可能性があり，多くの途上国のドルへのペッグも継続する．

2. 複数通貨制か，補完関係か

将来ドルに対抗する可能性が強いのは依然欧州共通通貨である．欧州諸国の市場統合が一層深化し，金融市場の統合が進み，資本市場が発展し，欧州共同体，欧州中央銀行制度，欧州中央銀行の制度・政策が定着し，巧妙さを増せばユーローの地位は向上し，ドルとの関係は対等になる可能性はある．世界は改めて複数通貨制度の運用をいかに円滑に行うかの問題に直面することになろう．ドルとユーロの間に固定相場的関係の設定もあり得よう．

現状は欧州の金融機関の合併や短期資本市場の一体化は進んでいるが，金融資本市場については各国市場に分断された状況で，株式・債券市場も相対的に規模が小さい．何よりも各国の取引で旧通貨からユーローへの転換も遅れており，現在は市場統合の深化の進行の過程である．しかも，EUのメンバーで共通通貨に未参加の英国などの問題がある．さらに，今後，東欧諸国の加盟をどう処理するかなど，深化もさることながら，拡大の過程が続く可能性が高い．

田中は欧州共同体は当分の間内政問題の圧力が強いとするが(田中, 2000)，その場合はユーロはなお欧州の通貨として留まることになる．さらにいえば，通貨の基礎としての欧州の安全保障はロシアの将来との関係で不安が残ろうし，また，情報革命や遺伝子工学などの先端技術の部分でも米国のレベルに達するには時間を要するとすれば，ドルが世界の通貨・金融でなお支配的役割を果たし，欧州共通通貨はドルを補強する地位に留まる期間はかなり長いといえよう．

なお，欧州共通通貨発足後の欧州諸国のドルの吐き出しは進んでいないようである．また，ユーロ発足に伴い，欧州諸国の他の欧州諸国通貨は外貨でなく

なるため，欧州諸国の外貨保有，欧州諸国通貨の世界の通貨当局における準備通貨の比重は低下する．決裁通貨についても同じ現象が起こることになる．

3. 円の未来とアジア通貨基金

　80年代後半，日本は金融大国として大きな地位を占め，日本の国際金融力は米国を凌いだ．80年代後半の円高は日本の金融機関の存在を急激に高め，世界の国際貸付ではアメリカの銀行を凌いでいた．87年のニューヨーク市場の金融危機にあたっては，日本の協力が体制を支えた．円は準備通貨，決裁通貨として地位を高め，日本政府も短期国債や銀行引受手形など短期市場の整備に力を注ぎ，円の国際化の促進をはかった．

　しかし，バブルがハジケた後の日本の金融機関は不良債権の処理を誤り，金融力を大きく低めた．日本の貯蓄率は依然高いが，日本経済の低迷は国内に十分な投資先を見つけられず，日本は結果として巨大な資本供給国となっている．しかし，日本の金融機関の経営改善は遅々たるものであり，円の準備通貨，決裁通貨としての地位もむしろ低下している．円の国際化は低迷している．

　80年代以来世界の注目は「東アジア諸国の奇跡」の経済発展であり，国際貿易と金融の地位も飛躍的に向上した．国際貿易の面では東アジアはすでに，北米を凌ぎ，中進国，アセアン，中国が急速にそのシェアーを高めている．外貨準備も80年代以来急増したが，金融も急激に発展した．

　しかし，「東アジアの奇跡」は97年から始まった金融危機によって大きく揺さぶられた．危機はタイ，インドネシア，韓国に拡大し，その他の国にも大きく影響した．経常収支などの基礎条件がさほど悪化していない状況での危機は急激に流入した短期資本の急激な流出によるところから新しい型の経済危機といわれたが，国際通貨金融体制にいくつかの問題を提示している．

　第一に，アジア諸国に過度のドルペッグへの依存への反省があることであり，それは円などの他の通貨との関係を深めようという動きになっている．すなわち，今回の東アジア諸国の危機がドルペッグを大きな原因として起こったためである．まず，70年代以来，ドルは90年代前半まで下がったが，ペッグして

いる国の通貨は円に対し，切り下がり，韓国が典型だが，その競争力を高めたのである．しかし，90年代後半，ドルはむしろ切り上がり，円に対し競争力を弱めた．中国元の切り下げも打撃であり，ドルリンクは東アジア諸国の経常収支の悪化をもたらした．

　また，各国がドルにペッグしていることで，90年代大量の短資が各国に流入し，不動産や株などへの投資を高め，バブルを起こした．ここでもドルへの過度な依存が傷を深くしたという反省がある．

　第二に，金融危機にはIMFが中心になって対策を講じたが，対策の戦略もきわめて不十分だったという反省である．

　IMFの処方箋は通常の経済不均衡対策型で財政や金融を引き締めるばかりで．このため，短資の動きを大きくし，各国為替レートの暴落，不動産，金融資産の暴落，金融機関・企業の倒産，失業の増大などの大きな被害を出した．むしろ，マレーシアなどの政策が成功している例からすれば，アジア型危機への対応として地域の知恵を出し合おうという姿勢である．

　また，IMFの資金量はきわめて不十分であり，このような中で日本の提供した宮沢構想による援助が効果をあげた．IMFなどグローバルな対応もいいが，アジア諸国の連携による対応体制を作ろうという流れである．相互の経済情勢の情報交換，緊急時の融資のための基金の創設などの主張となり，アジア通貨基金（AMF）の構想が強く上がってきた．

　日本のアジア通貨基金提案であるマニラフレームワークの骨子はアジア諸国の経済政策の相互検討，金融部門強化のための技術協力，金融危機へのIMFの対応能力の強化，アジア通貨安定のための協調支援であった．AMFの提案はアメリカ，中国の反対により結実しなかったが，現アセアン＋3の蔵相会議が典型だが現在もその波紋は続いている．

　勿論，アジアの情勢は欧州や北米と比べると大きく異なっている．東アジアの域内貿易の比重は高まっているが，米国や欧州との貿易はきわめて重要である．日本の比重は高いが，アメリカに劣り，中国，中進国の比重が高まっている．円は今後も日本企業の展開とともに使用が増大しようが，政治的影響力の

限界もあり，単独でアジアの基軸通貨にはならない．欧州のように共通通貨を設立するには政治的，経済的に相手が必要だが，中国の元が国際通貨になることは，物価や社会の安定がない限りむずかしい．

　通貨体制はすでに述べたように国際システムとして階層性の高いものである．当面，ドル体制への過度の依存は是正したいが，ドルを抜いてはアジアの通貨体制は語れない．ドルとの補完関係にある円の国際化，アジア共通通貨構想の推進などが現実的である．しかし，アジア諸国は急速な発展により国際金融での影響も高めており（表4-4参照），通貨問題にもアジアの発言が一層高まることになる．

1)　現実にはイギリスの場合も19世紀の前半は金本位は恐慌によって停止された．しかし，その復帰は常に以前の平価にであった．
2)　インドからの搾取であるイギリスへの資金の流入は今世紀初め，イギリスのGNPの3％に及んだ（牧野，1980，248）．
3)　マーチャントバンクは貿易金融のみでなく，海外投資，外国政府の公債発行，貸付などを独占的に扱っていた．
4)　米英金融協定の米国の融資は37.5億ドル，金利2％，償還期限50年の内容であったが，交渉団の団長ケインズは不満であった．他にカナダが12.5億ドルを出し，協定はイギリスに約50億ドルの援助を供与した．
5)　現在，フロートしている主要通貨は，EURO，スイス・フラン，円，豪州ドル，カナダドルなどである．途上国は主要国通貨の比重をもとに通貨価値を決定していることが多いが，ドルの比重を高くしている場合が多い．
6)　ドルは実効レートでは1995年には，70年を100とすると68.1だが，71年末のスミソニアンレートを100とすると80に近い．米ドルが大きく下落した通貨は円，マルク，スイス・フラン，ギルダーなどだが，ポンド，カナダドル，イタリア・リラなどの通貨はドルに対し，下落している．また，途上国の通貨は依然ドルにリンクしているものが多いが，ドルに対し切り下げをした通貨が多く，ドルの実行レートの下げ幅を少なくしている．
7)　為替レートの変動要因として，現在では次のものが挙げられる．長期的には各国の物価を基礎とする購買力平価や累積経常収支などが影響するとの意見が強い．短中期的には経済のファンダメンタルズ（経済成長，貯蓄投資バランス—経常収支など）や実質利子率の格差などが重要とされる．短期には政治的要因，市場の期待・思惑が大きな要因となる有事に強いドルがいわれる理由であるが，実務家の間では

罫線による予測が強く働く．実際の為替レートにはこれらの要因が混じって決定されるが，各要因の影響力は時によって大きく異なり，為替レートの予測を難しくしている．
8) ギルピンは［nichibeikeizai］の表現を使うが（Gilpin, 1987, 366-9），彼にとっては安全保障の負担に大きな差のある国・日本が国際金融面で米国と強い補完関係にある事態は評価しがたい問題であった．近著では日本社会経済の困難を強く指摘する（Gilpin, 2000, 277-282）．
9) OECD の WP 3 や EPC における調整は経済政策における西側の高度なレベルの調整を意味した．変動制後もサミットが典型であるが，経済政策の国際協力が行われた．ただし，政策調整の目標は雇用や物価が国際収支と並んで重要な目標になった．財政金融政策の需要管理には戦後，IS, LM 線による分析による発展があった．固定制では財政政策の有効性が強調されたが，変動制では金融政策の有効性が述べられる．
10) 欧州共通通貨の発足が準備通貨，決裁手段，計算単位の諸機能においてドルに圧力をかける．欧州がその通貨を欧州外の国際通貨としての機能を大きくしないように努めれば，ドルへの圧力は減少するがその場合でも国際的な経済政策の密接な調整が不可欠である（Alogoskoufis, George and Portes, Richard, 1992）．
11) 資本市場の発達は英国についてはナポレオン戦争などの費用を調達する戦時公債がきっかけであり，米国も南北戦争時の公債である．日本でも 1970 年代末からの財政赤字が巨額な赤字公債を必要とし，これが資本市場の発達を促進した．政府公債は最良の投資物件であり，超大国米国の債務証券は世界各国にとって世界中央政府の債務・公債に準ずるものであり，アメリカの赤字は歓迎すべきものであるともいえる．

第 5 章

国際貿易，投資のシステム

I 貿易と国際システム

1. 西欧の登場と世界貿易

　貿易は，古来より文化や技術の伝播の道であったが，同時に，それは富と権力の獲得の方法として為政者の強い関心を引いた．シルクロードは東西交流の道であったが，大きな影響を持った．しかし，当時の交易は非恒常的であり，その規模は限られていた．世界を覆う，恒常的貿易システムの出現は西欧の登場を待って可能となった．新大陸の発見はアメリカの銀と東洋の胡椒を結びつける世界貿易の展開を生んだが，これを管理し，その利益を独占したイベリア半島の諸国が世界の大国となった．絶対王政は貿易を富の獲得手段として重視したが，富は力の源泉となり，さらに力は富を拡大するものであった．貿易は課税し易く，関税収入は重商主義国家の重要な関心事であった．植民地支配が重視され，海軍の強化が自国の防衛のみならず，貿易の維持，拡大に必須のものとなった．

2. 貿易は産業力の反映，国力の先行指標

　国際貿易は産業力の反映であり，貿易は国力の先行指標といえる．すなわち，

産業力が充実すると，まず，貿易に乗り出すことから，貿易は国際関係で影響力を高める端緒であり，登龍の門であるといえよう．それは，また，自彊的軍事力の充実と期を同じくしていたことが多いが，19世紀のドイツや日本がその典型である．現在のアジア諸国も貿易の増強が国際的影響力の増大となっているが，産業の発展がその背景にある．戦後の日本は産業，貿易を増強してから，国際金融にも乗り出したが，円の国際通貨としての役割は中途半端である．国力と国際システムの関係では国際通貨が覇権の遅行指標だとすれば，貿易は国力の先行指標である．国際通貨システムは担い手が数が少なく，主要国間の争いであるのに対し，国際貿易システムは多くの国が登場し，摩擦はいろいろな国の間に起こり，特に，新興国と既存の貿易大国との間で激しくなるのが特色である．

3. 産業革命と自由貿易

イギリスは産業革命を実現し，世界的分業体制を構築した．産業革命の特色の第一は当時の先端技術である石炭動力の利用によって，人間の活動を飛躍的に発展させたことだが，人口中規模国のイギリスが強力な海軍を擁し，世界を覆う貿易網を形成したのは，産業革命による活動力のおかげである．以来，国際貿易は先端技術，主導国文明の伝播の担い手としての役割をも担っている．

第二に，産業革命は生産を飛躍的に拡大したが，一方に原材料への大きな需要を生み，他方にその製品の販売市場を必要とした．イギリスは石炭と鉄鉱石は国内に産したが，産業革命の主原料である綿花はインドやアメリカに，また，綿製品の市場も広く海外に求めることとなった．分業が生産性を高めることは自由貿易の利益であるが，産業革命は国際的大規模な分業を実現した．しかし，原料と市場の確保の必要性は植民地の支配を重要なものにした．

産業革命は第三に第三階級を登場させたが，一方に絶対王政，貴族支配に対し，議会主義の要求を強化し，他方に企業活動への政府の関与を嫌い，自由貿易の主張を強めた．イギリスの選挙法の改正が行われ，第三階級の代表性が増大し，1840年代以降の自由貿易の推進の源となった．また，株式会社の成立

によって有限責任が確立し，企業活動は国内のみでなく，海外にも大きく進出した．民間企業が貿易や海外投資の主役となった．

イギリスではナポレオン戦争終了後も重商主義の傾向が強く[1]，関税水準は財政収入のためもあり，高く (Imlah, 1958, 121)，自由貿易の本格的進行は1840年代から始まった[2]．当初はイギリスの一方的自由化であったが，1850年代には所得税の導入により，関税収入の代替税源の創設が可能となり，さらに自由化が進んだ（吉岡，1981, 81-2）．しかし，同時に他国に対する門戸開放の要求も強まり，1860年には英仏通商条約が結ばれた．同条約は両国関税の最高税率を30％に制限する一方，最恵国条項を含むことにより第三国との貿易協定の最低税率が両国に適用される仕組みができた．以来，相次いで結ばれた欧州諸国間の通商条約は最恵国条項を含み，これにより欧州の関税水準は加重的に下落し，自由貿易の便益が享受された (Kenwood, 1983, 78)．

4. 自由貿易と比較生産費の利益

自由貿易の拡大は比較生産費説の理論によって支えられた．経済における分業の利益を述べたのはアダム・スミスであるが，比較生産費説を国際貿易理論の基礎にすえたのは，リカルドであった．貿易が行われないときは各国は自給自足の資源配分を行うしかないが，貿易を行うことによって資源は国際的に再配分され，世界の生産を高め，消費を増大することができるというのである．イギリスとポルトガルを例にとり，ぶどう酒と毛織物について，両国がそれぞれの生産に有利な分野に特化すれば，貿易が拡大し，双方が利益を得るという理論である．

特化は各々の生産に要する労働の相対的比率によって行われるというのが，重要な点である（絶対的水準ではない）．さらにいえば，国家が貿易に干渉せず，各国がそれぞれ生産に有利なものに特化するとき，資源配分を最適にし，世界の生産は極大となり，国際貿易の利益も極大になるというものである．プラスサム・ゲームの理論であり，比較生産費説は長く自由貿易の理論的主柱として通用した．戦後のヘクシャー，オーリンは生産資源を資本と労働力に分け，

その賦存情況の優劣によって国際分業を理論づけた．先進国は資本集約財の生産に特化し，途上国は労働集約財の生産に特化するというのがその意味であるが，比較優位を示している．

(幼稚産業育成論と保護主義)

　自由貿易は資源配分の最適化によって，世界の全体の生産を高めるとしても，その利益の配分がどの国により有利かは同時に重要な問題である．さらにいえば，自由貿易の政治的側面としてその時代の主導商品の輸出により経済力，文明力の誇示があった．このため，自由貿易は強者の理論であるとの主張は古くからあった．また，比較生産費説は先進国と途上国の垂直分業を固定し，後進地域の中枢国への従属を結果したとする従属論の批判もある(ウォーラステイン，1981)．

　アメリカのハミルトンやドイツのリストは既に 18 世紀から自由貿易はイギリスの強者の理論だとして反論し，幼稚産業育成のための保護関税の主張をしたが，以来，後発国の工業化戦略として，種々の形で主張されてきた．日本の産業政策もこの主張の1つの型であり，現代のアジア諸国の政策もその系統である．幼稚産業育成論は成長産業にその確立時まで補助を与える主張であるが，問題は衰退産業保護の政策と区別できにくい点がある．また，すべての国が産業政策をとると，互いの報復を招き自由貿易のように世界貿易全体の拡大の普遍的な原理として主張できない面がある．

5. グロバリゼーションの挑戦

　グローバリゼーション，情報革命は従来の貿易理論に挑戦している面がある．比較生産費説が典型だが，それは労働や企業などの生産資源の国際移動はないというのが前提である．しかし，グローバリゼーションの生産資源，特に，企業が低賃金など有利な生産資源を求め，国境を越えて移動する事態にあっては，比較生産費説は大きな挑戦を受けている．また，企業が有利な環境を求めて移動する結果，企業が国を選ぶところとなり，日本型の重商主義的産業政策もその有効性を減じている．むしろ，開放型の開発政策が有効な事態となってい

る．

　さらにいえば，グローバリゼーションの進行の結果，国民国家の枠が低くなり，自由貿易の効果がより強くでるようになると，世界の貧富の格差を拡大するとの批判になり，環境問題などへの影響を懸念する意見もでてくる．特に，中国などの巨大な人口が外資を通じて世界経済へ急速に参加することは生産の国際的再配分にも大きな影響を与えることになる．

II　パックス・アメリカーナの自由通商体制

1．米国主導の自由貿易体制

　第二次大戦後の国際貿易システムは米国の主張を反映し，自由貿易の原則を強めたが，戦間期の苦い経験への反省があった．第一に，米国当局は自由貿易が世界の経済発展のみならず，平和維持のためにも不可欠なものとの認識を持った（ガードナー，1973，110-111）．それは，戦間期における米国の行動が世界の保護主義を高め，ついにはブロック経済を招来したとの反省があったからであった．米国は大西洋憲章において自由貿易を謳い上げるとともに，戦後における自由貿易推進への西側諸国の協力を武器貸与法に基づく援助の返済免除を条件として取りつけていた（ガードナー，1973，174-175）．米国は包括的なハバナ憲章を推進したが，その成立が困難とみるや，暫定的な機構としてガットを創設し[3]，自由貿易を進めた．

　第二に，大西洋憲章はその第四項に於て戦後に於ける主要原材料の供給と製品市場の開放を述べていたが，両者とも当時の米国にして初めて保証可能な条件であった．第二次大戦は石油や主要天然資源をめぐる戦いでもあったが，米国は世界有数の資源国であり，さらに多国籍企業を通じる資源の支配があった．また，市場の保証も大きな国内市場を持つ米国にして有効な提案であった．

　第三に，自由通商体制の推進は世界第一級の競争力を持ち，海外での自由な活動を強く望んでいた米国企業にとって重要であったが，貿易と投資の自由化による企業活動の拡大は米国政府としても石油資本などを通じる影響力の増大

表5-1 GATT一般関税譲許交渉（1947-1993年現在）

	時　期	参加国数	締結協定数	譲許品目数
第1回GATT	1947年4〜10月	23	123	約45,000
第2回GATT	1949年4〜8月	32	147	5,000
第3回GATT	1950年9〜51年4月	34	147	8,700
第4回GATT	1956年1〜5月	22	59	3,000
第5回ディロン・ラウンド	1961年5〜62年5月	25	90	4,400
第6回ケネディ・ラウンド	1963年5〜67年6月	46	（一括）	30,300
第7回東京ラウンド	1973年9〜79年4月	99	（一括）	27,000
第8回ウルグアイ・ラウンド	1986年9〜94年4月	124	−	305,000

（出所）通産省通商政策局編（2000）『不公正貿易報告書』p. 558.

として望むところであった．米国の多国籍企業は戦後欧州などへ進出したが，それは大量生産，大量消費の先端的体制を米国の豊かな社会の象徴として世界に伝播する役目を持った．

　第四に，ガットはその目的として完全雇用，実質所得および有効需要の確保をかかげ，自由，無差別，互恵の原則を強調したが，それは自由化による成長とともに，成果の配分について公正を期したものであった．戦後の自由化交渉は当初，米国の一方的な譲許となったが（ガードナー，1973, 579），西欧や日本の回復とともに，これら諸国の自由化の進展があり，先進諸国主導の貿易体制となった．

　ガットの原則としてはしかし無差別の原則はより重要ともいえるものであった．すなわち，貿易自由化や逆にセーフガードなどの措置を選択的に行うことは差別的貿易措置として報復など保護主義を招く必要があり，貿易措置の無差別の適用が肝要とされた．これに関連し，関税同盟または自由貿易地域の設定に関しては，地域の設定が現存する貿易障壁を高めないことが要件とされた．

2. 画期的ケネディ・ラウンド

　戦後，ガットでの関税引き下げ交渉は1947年の第一回を初めとして何回か行われたが，関税交渉は二国間の品目ごとの交渉を積み上げ，これをさらに見直すという過程を繰り返すため，きわめて遅々としたものになった．当初の関

税引き下げはかなりの進行を見たが,そのうち交渉の効果は小さくなっていった.

60年代に行われた第6回目のケネディ・ラウンドは先細り気味だった関税引き下げ交渉を活性化した.北米と欧州が世界貿易で大きな比重を占める工業品目を一括して引き下げる交渉形式をとり,交渉の促進と効果を高めた.ケネディ・ラウンドへの参加国の規模は膨らみ,関税引き下げ率の大幅なことで画期的であったが,それは当時,地域統合に向けて進んでいたEC市場への参入[4]を重視したケネディ大統領が大西洋を挟んでの大幅な関税引き下げによる貿易拡大を狙ったものであった[5].関税交渉の基礎となった62年のアメリカの拡大通商法は歴代の通商法の中でもっとも自由貿易主義であったとされる.東京ラウンドは石油危機を挟んで展開され,困難な交渉であったが,非関税障壁の自由化に先鞭をつけた点で注目された[6].

3. 未曾有の貿易拡大と成長

このような展開において,東西対立は常に西側の求心力を高めるように作用した.各国は成長政策を志向し,国際調整において貿易への介入や為替の制限を避け,西側体制の優位を示すべく,努力があったが,米国による市場提供,技術移転,原材料の確保等がこれを支えた.米国で開発され,蓄積された技術は西欧,日本に伝播し,大量生産,大量消費の経済発展を急速にしたが,国際貿易・投資の拡大がこれを支えた.世界経済と世界貿易の関係を長期的に見ると戦後の期間はもっとも大きな貿易の拡大があり,きわめて高い経済成長を支えた時期であった.

また,戦後貿易の特色は多国籍企業の影響が大きく,工業品貿易が先進国を中心に拡大し,いわゆる水平分業が拡大した.北米と欧州を中心とする大西洋同盟に日本を加えた先進国貿易が急拡大し,投資が進展し[7],強い相互依存が形成された.西欧は1970年には世界貿易の5割近くを占める,拡大ぶりであったが,日本も急拡大した.このような発展の中で途上国のシェアーは低下していった.天然資源への代替品の出現の中で,途上国への技術移転の進展が少

表5-2 生産と貿易の成長率比較 (1720-1971年)

	世界工業生産 (A)	世界貿易 (B)	B／A
1720～80	1.5*	1.10	－
1780～1830	2.6	1.37	0.53
1830～40	2.9	2.81	0.97
1840～60	3.5	4.84	1.38
1860～70	2.9	5.53	1.91
1870～1900	3.7	3.24	0.88
1900～13	4.2	3.75	0.89
1913～29	2.7	0.72	0.27
1929～38	2.0	－1.15	－0.58
1938～48	4.1	0.00	0
1948～71	5.6	7.27	1.30

(備考) ＊印は1705-85年.
(出所) Rostow, W. W. (1978), *The World Economy : History and Prospect*, London : Macmillan, p. 67. (再引：宮崎犀一他編『近代国際経済要覧』東京大学出版会, 1981年11ページ).

なかったためである．このため，60年代から，先進国は途上国の工業製品の輸出に関税上の優遇を与える一般特別関税制度を採用した．これはガットの無差別原則への大きな修正条項となったが，途上国の貿易の拡大は先進国間の貿易に比べてはかばかしくなかった．

Ⅲ 自由通商体制の変貌

1. 日本の登場と日米摩擦

70年代は国際経済激動の時期であり，世界貿易は混乱の余波を受けた．先進国経済のスタグフレーション，金ドル本位制の崩壊，環境問題の先鋭化，一次産品・石油価格の上昇，南北問題の激化などであり，各国はこの激動への対策に大わらわであった．しかし，この間を通じて，日本産業の技術革新と国際競争力の充実が明らかになり，80年代には，日米間で激しい貿易摩擦が発生した．さらに，世界経済の相互依存が高まり，地球企業の誕生があるが，東アジアの台頭が急速に進行し，世界貿易はさらなる構造変化を起こした．

日本は戦後，石油などの重要資源と米国という輸出市場を保証され，急激な成長を遂げた．70 年代以降，石油危機，円の切り上げなどの相次ぐ国際環境の激動があったが，その対応の中で競争力を強め，80 年代には世界の工業大国として登場した．日本は鉄鋼，自動車の生産で米国を抜き，世界第一位となったが，80 年代はさらに，工作機械，ロボット，半導体生産で世界の主導的地位を占めた．日本の自動車生産におけるリーン生産方式[8]，半導体生産における長期の習熟曲線を前提とした規模の利益を追求する経営戦略は米国や欧州諸国に衝撃を与えた[9]．

このような産業力の強化を反映して，日本の貿易は急速に拡大した．世界輸出へのシェアーで見ると，1950 年 1.4％は，60 年 3.4％．70 年 6.1％，80 年 6.4％の拡大ぶりであり，世界貿易に地殻変動を起こし，94 年には 9.5％になった．この間，日本の貿易収支は 60 年代から黒字になったが，70 年代の激動を経て，80 年代以来大きな黒字となり，特に，日米貿易の不均衡が問題となった．

日米貿易は戦後は久しく日本の赤字であったが，1965 年に日本の黒字に転換し，以来，輸出の拡大が急速となったため，黒字が増大した．80 年代にはアメリカの基幹産業である自動車，工作機械，電気機械などの輸出を伸ばし，日本は無意識のうちにであったが米国の覇権に挑戦していた．米国は貿易赤字を縮小するため，相次ぐ貿易交渉を行った．さらに大幅な通貨調整が 80 年代後半から起こったが，日米貿易の収支は改善せず，90 年代にも円高が続いた．クリントン政権は日本に輸入についての目標値の設定を求め，摩擦は激化した．日本の貿易黒字は米国だけでなく，欧州やアジアに対しても拡大した．

80 年代顕著だったのは日本企業の急速な海外展開である．日本企業は 60 年代末から東アジアを中心に繊維や電機産業が海外へ進出したが，80 年代には貿易摩擦回避のため，米国や欧州への進出が増大した．プラザ合意以降の円の上昇は日本企業の海外進出を強めたが，特に，アジア中進国，アセアン諸国への大幅進出となった．アジア諸国の低廉で良質の労働力を活用し，日本国内の高コストを緩和しようしたのが契機であったが，アジアの工業化を進展させ，

アジア・太平洋地域の域内貿易を急激に拡大した．90年代のさらなる円高は日本の護送船団方式ともいうべき企業集団を解体に追い込み，特に，日本産業の土台ともいうべき金型や部品産業がアジアに急展開し，生産拠点が大幅に移転した．

2. 東アジアの登場

パックス・アメリカーナの時代の特色の1つは日本，アジア・太平洋諸国の登場であり，西太平洋地域経済の好調ぶりである．特に，1980年代に入ってからは貿易と投資・金融の担い手としての東アジアの活躍ぶりは，西欧での経済統合への刺激となるほどだったが，世界銀行は93年に「東アジアの奇跡」という報告書を出し，公正な分配を伴った高度成長を賞賛した（世界銀行，1994）．

アジアNIESは60年代，すでに輸出主導の成長戦略を採用していた．70年代の石油危機の中，その輸出促進策は攻撃性を増し，1980年にはすでに世界貿易の3.6％を占めた．85年以降の円高はドルにリンクするこれら諸国の輸出に大きな刺激を与え，貿易は急激に拡大した．中進国は加工貿易国であり，原材料を輸入し，工業品の部品を日本などに依存し，輸出をすれば，輸入も拡大する貿易触媒の体質があった．80年代後半以来の急激な輸出の拡大は急速な輸入の拡大を伴った．さらに，日本資本とともに，アセアン諸国へ急激に海外投資を拡大させた．特に，台湾や香港資本は華人とのつながりを持ち，投資を急増させるとともに，域内貿易を多角的に拡大させた．中進国は貿易大国となり，輸出入を合計すると90年代には日本を追い抜いた．

アセアン諸国は戦後その良質な一次産品を輸出し，輸入代替による工業化戦略をとっていた．70年代は一次産品ブームに見舞われ，戦略は成功していたが，80年代に入り，一次産品は価格低落に見舞われ，多くの国でその野心的開発計画は大きな困難に直面した．このため，経済の多角化，債務累積の解消，財政危機の克服などの構造政策を進めた．85年以降の大幅な通貨調整は日本および中進国の貿易，投資の飛躍的拡大を結果した．アセアン諸国は外資流入

の拡大を契機に，経済の多角化，輸出の拡大による工業化を推進し，90年代も貿易拡大は加速した．

アセアン諸国は人口大国が多く，東アジア発展の重要な地位にある．その発展が確認され，「東アジアの奇跡」が実現したが，アジアの雁行的発展はさらに中国に及び[10]，外資導入により中国は急速に生産を拡大し，貿易も急拡大した．従来，アメリカと日本に依存したアジア・太平洋地域の発展は急速に多角化し，域内の貿易・投資を拡大しながら発展してきた．オセアニアを入れた西太平洋地域の輸出は1995年，世界の27％を占め，北米の16％を抜き，西欧の41％に迫っていた．「東アジアの奇跡」は南アジアや中南米，東欧にも伝わり，南北関係を変え，世界経済に大きな構造変化を起こすに至った．

3. 欧州の地域統合――地域主義の登場

経済統合は域内での貿易創造効果と域外への貿易転換効果を持つため，戦後の欧州経済の統合には欧州が要塞化し，世界貿易に保護主義の風を吹き込むのではないかとの議論がたえなかった．しかし，欧州共同市場のダイナミズムは強く，60年代のケネディ・ラウンドの自由化とともに統合が進んだため，域内の競争を確保しつつ，統合の成果を外にも及ぼし，世界貿易を拡大した．しかし，70年代の石油危機を経て欧州経済の停滞が強くなった．折からの日本・アジアの挑戦に対抗すべく，80年代央，ECは経済統合議定書を採用し，EC 92年統合計画を決定した．ECはその後，EUに発展し，冷戦の終了により，東欧諸国との関係強化も進めている．通貨統合の過程ではすでに述べたように財政収支の改善目標の追求など大きな困難があったが，現在は統合の利益がでてきている状況である．

4. 米国の相互主義と貿易戦略

(強まる相互主義)

米国は80年代，日本・アジアから挑戦を受け，欧州の経済統合にも直面し，その貿易政策を大きく変化させた．戦後の自由通商体制は米国のグローバリズ

ムの主導に支えられてきたが，それは米国に強い産業競争力があったからである．米国経済は戦後サービス化を急速に強めたが，サービス化は直ちに国際収支に貢献しなかった．また，石油価格の急騰はアメリカ文明の象徴である大量消費，大量生産システムに大きな打撃となった．さらに，電子技術の導入にも米国企業の対応は日本に遅れた．80年代前半のドル高は米国の貿易赤字を急速に拡大した．日本などにアンチダンピングや輸出規制措置を迫る一方，相互主義を強め，アメリカ通商政策の3つの柱であるグローバリズム，二国間自由貿易，一方主義の政策を動員して対応した．

米国の通商政策の展開の第一は，ウルグアイ・ラウンドにみるグローバルな多角交渉の推進である．ガットの貿易自由化が物中心であり，農業，知的所有権，サービス，投資などの米国の強い分野が除外されていたところから，これらの分野での自由化のルールをつくり，米国の利益の拡大を意図し，95年にはWTOの発足にこぎ着けた．

第二の流れは二国間交渉による自由貿易協定の推進であるが，欧州での地域統合の推進が大きな刺激になっていた．88年のカナダとの協定妥結に加えて，メキシコを加えた北米自由貿易協定の交渉を92年合意した．自由貿易地域はガット24条に認められ，それ自体としては保護主義というわけではない．北米協定も当事国の関税を下げるほか，投資についても交流を高め，成長の加速をはかるもので，グローバリズムへの一里塚の面はある．

米国はまた，アジアとの貿易の拡大を重視した．93年にはAPECの首脳会議を開催し，アジア太平洋地域の貿易自由化を提案したが，この地域における条件付き最恵国条項の採用を主張した[11]．これも欧州統合をにらんだ自由貿易地域構想の戦略であった．

第三の方向は一方主義で，74年の通商法は301条による報復，あるいは相手国の門戸開放のための交渉を大統領の裁量とした．1980年代，日米貿易の不均衡が強まるにつれて，米議会は88年の包括通商法でスーパー301条[12]を成立させた．大統領の裁量権を縮小し，法律の自動的施行を強化したが，日本などの貿易阻害国の市場をこじ開けるには，このような法律が必要だとの主張

である．米国行政府は日本とは別途日米構造協議を設け，一層の市場開放を要求するとともにマクロ政策における財政政策の積極的運用などを強く迫った．米国と日本との貿易摩擦は95年に米国が日本の自動車輸入に数値目標の導入を要求するまでになったが，これを拒否する日本の交渉がまとまらず，WHOへの提訴となった．その後，業界の自主努力を含む案が両者の間の妥協となり，提訴は取り下げた．

Ⅳ　WTOの成立と課題

1. 画期的なWTO

1986年から始まったウルグアイ・ラウンドは長期にわたる交渉の末，WTOに結実した．1995年発足のWTOはGATTから多くの成果を受け継いだが，21世紀の国際貿易体制として画期的な面を持っている．第一に，国際貿易に関する統一的紛争処理手続きが導入されたことである．GATTでの紛争処理手続きに比較すると，手続きの自動性が高められ（ネガテイブ・コンセンサス方式の採用）手続きを迅速化するための期限が設定され，国際貿易での「法の支配」が強化されたことである．

また，WTOは国際貿易に関する常設の国際機関として，機構が強化された．GATTは非常に成功を納めた機構であったが，国際貿易機構（ITI）が流産した段階でガット規約締結国の臨時の機構となった．このため，事務局の規模は小さく，国際的地位も低かった．また，加盟にはWTOの規約を全体として一括受容することが原則となった．WTOは2年ごとに閣僚理事会を開くが，物，サービス，知的所有権，投資関連についての理事会を設置するなど機構の強化が行われた．

第二に，サービス，知的所有権，貿易関連の投資などの新しい分野でルールの設定があった．従来，特別扱いの農産物の自由化も関税化の原則が採用された．いずれも，米国の競争力の強い分野であるが，今後の国際貿易のフロンティアであり，これをWTOが取り扱うのは大きな前進である[13]．

第三に，アンチダンピング，補助金，セーフガードなど灰色措置の透明性を高め，ルールを明確化した[14]．

第四に，全体として途上国，特にアジア諸国の積極的参加が目だった．関税の引き下げについても，アジア諸国の積極性が貢献し，先進国のみならず，途上国の関税引き下げが大きくなった．

第五に，今後の課題として貿易と環境，競争政策，投資，労働，さらに地域主義について検討することが提案され，さらに，政府調達に関連し腐敗などが検討の項目に加えられている．

2. 発足後の推移

このようにWTOは画期的な内容であるが，発足後の実績は混合している．第一に，紛争処理機構の活用は急速である．発足後5年半の状況を見ると，約200件の紛争案件が提起され，そのうち，かなりのものは関係国間の協議で解決した．解決しないものについては専門家によるパネルが形成されるが，その報告書はほぼ，自動的に公表される．これに不服な場合は上訴することになるが，その結論も早期に行われている．

年間，約40件の報告書が出てきているが，パネルの報告書は政府に対する勧告であり，日本の焼酎問題のように国内政策に影響する．報告書は一種の判例法であるが，紛争処理機構の手続きと合わせて積み重なり，21世紀の国際貿易法を形成してくることになる．判例の積み上がりの早さに苦情もあるが[15]，このように制度の活用の活発なことは[16]，WTOの意図した法の支配の貫徹を示す．事実，国際貿易における二国間での激しい摩擦交渉は日米関係が典型であるが大きく減少した．

第二に，新しい分野であるサービスでは継続交渉とされた金融サービス，基本テレコム，海運サービス，人の移動については交渉が難航したが，海運をのぞいて解決した．農業では関税化，知的所有権などについてもそれなりの進展があった．また，情報技術分野ではアジア諸国も参加して協定が成立し，さらに電子商取引などの分野での交渉の進展がみられる．

第三に，しかし，新規分野である環境，労働，競争政策，アンチダンピング，投資などについては一部委員会の設置もあったが，ほとんど進展していない．また，WTOの合意は交渉の決着を優先したため，農業，サービス，知的所有権，貿易関連投資などに期間を区切って今後の交渉にゆだねられる部門，いわゆるビルトインされたアジェンダがあるが，その検討も遅れている（農業・サービスは2000年1月から交渉が始まっている）．新規分野，ビルトイン・アジェンダはともに今後のWTOの発展にきわめて重要な部門であり，新しいニューラウンドで勢いを強め，検討促進をねらってきたが，99年のシアトルでの閣僚会議が流会し，今後の予定がついていないためである．

　第四に，中国のWTO加盟について1999年から2000年にかけて大きな進展があった．中国のGATTへの加盟申請は1986年であったが，89年の天安門事件で頓挫し，その後大きく難航したが，99年の米国の加盟支持を経て，2000年9月上院の恒久的最恵国待遇の付与によって，大きく前進した．

3. 新ラウンドの停滞

　99年11月のシアトルでの閣僚会議の失敗の原因はいくつかある．第一は，会議を主導すべき，米，欧，日の間の路線の調整がまとまらなかったためである．日本や欧州が包括的交渉を主張し（日本はアメリカ反対のアンチダンピングなど），アメリカは早期に成果を上げたいとし，できる部門から取り上げるべしとの主張をしたが（農業やサービスなど），特に農業などでの対立が解けなかったためである．

　第二に，加盟国の数の増大であるが（121カ国），日米欧の方針の分裂とともに多くの途上国が新規領域の交渉には消極的であったことが影響した．特にウルグアイ・ラウンド発足時に積極的役割を果たした東アジア諸国が通貨危機から前向きになれなかったことも大きな原因である．

　第三に，この閣僚会議には環境問題や労働問題を重視するNGOが多く集まり，WTOの進めるグローバリズムに対する反対が示されたが，グローバリゼーションに対する疑念がこれらのNGOだけでなく，途上国にも多かったこと

も閣僚会議でのまとまりを欠いた一因となった[17)18)]．

V　グローバリゼーションと地域統合

1.　グローバリゼーションへの批判

冷戦終了後のグローバリゼーションの拡大は急激である．2000年11月6日の Business Week は Global Capitalism という特別報告の冒頭で，この10年間，世界に大きな善をもたらしたと思われてきた世界資本主義の効能が今日，大きく疑われているとする[19)]．世界資本主義はアメリカの「新しい経済」の発展に貢献し，世界中に雇用をつくり，途上国の3億の家計に電話サービスをもたらし，先進国から途上国に2兆ドルの資金移転をもたらし，その繁栄を結果した．ところが今や，貧富の格差はますます開き，貧しい国では伝統産業が廃れ，失業が増え，環境は汚染し，市場経済・資本主義の効果は強いが，それは長続きするものだろうかなどの疑惑が世界に蔓延しているとする．

2.　グローバリゼーションとは何か

グローバリゼーションとは何かについてはいろいろな説があるが，菅原は「経済，社会，文化の領域で進む，世界レベルでの国境を越えた相互作用，相互浸透，相互依存のプロセス」とする[20)]．特に経済の分野では「地球レベルでの効率極大化と利益追求の最速化・最大化をめざして，財，サービス，資本，技術が国境を越えて移動し，相互依存の深化したより統合された世界経済へ向かうプロセスであり，より具体的には，財サービスの貿易，国際金融取引，多国籍企業の海外直接投資によって世界経済の相互依存が進むプロセス」とする．その理論的主張は比較優位に沿った国際分業と自由化が生産性を高め，資本移動の自由化が貯蓄と投資の世界レベルでの効率的配分を可能にしてきたとする．貿易と投資の自由化と市場原理による自由競争こそがグローバリゼーションによる最善の処方箋だというのである．たしかに，グローバリゼーションは世界の資源の動員という点では効果を持っている

図5-1　世界の名目GDP，財・サービス貿易
直接・証券投資の推移（ドル・ベース）

(注) 1980年＝1とする．貿易については輸出，投資については対外投資．
(出所) 『平成10年版通商白書』．

3. グローバリゼーションの進行

　戦後の世界経済はすでに述べたように，50年代から生産を上回る貿易の伸びがまずあったが，生産の上昇はまた，貿易を支えて成長してきた．冷戦によって東西の交流は制限されたが，西側先進国を中心とする経済政策の協力，貿易の自由化の進展は世界貿易の拡大とともに企業活動の国際化を急速に進めた．米国多国籍企業が50年代から口火をきったが，欧州企業が続き，日本企業も70年代末から急速に海外進出した．80年代に入ると企業の海外投資が急激に増大し，世界の生産と貿易を支えた．かつての多国籍企業性悪説は消え，東アジアの奇跡もこのような企業活動の活発化に支えられた．このような活動と平行し，80年代には資本取引の自由化と規制の緩和による金融取引の急膨張と国際金融の急激な発展があったが，これは情報革命の進展によって強く支えられた．

(グローバリゼーションと情報, 金, モノ, 人, 経営)

冷戦の終了は東西の国境をさらに低くし, 金融, 貿易活動の世界化をもたらし, 企業経営も地球化した. このような諸活動の活発化の大きな原因は情報伝達のコストの低下と情報伝達手段の多様化であるが, 運輸手段の発展もきわめて急速であった. また規制緩和と自由化があげられるが, さらに, 企業投資の役割が大きい. 現在, もっともグローバリゼーションの度合いの高いのは金融市場であり, ニューヨーク市場での動きは瞬時にして地球の果てまでも届くが, 逆にどんな地域の金融機関からでも世界市場への参加は可能である.

モノの流れはこれに比較すると大分遅くなるが, しかし電子商取引などにより取引形態や情報の流れは急速に地球化している. 人の交易はこれに比べるとはるかに緩慢であるが, 航空機や運輸手段の発展も多くの人間を移動できる点でこれまでの比ではない. しかも, 企業活動の多国籍化は労働の世界市場への参加を飛躍的に拡大した.

企業の合併, 吸収, 提携はメガコンペチションの状況で国内のみならず, 国境を越えて大規模に進行している. 企業の生き残りをかけた戦略は国民的人気を持った企業が競争相手国の企業と合併する事態を引きおこしているが, これは, 90年代の特色といってよい. 銀行, 保険での合併, 吸収が目につくが, 自動車や電機・通信の分野でも多くの事例がある. これらの企業は新しい多国籍企業として登場するが, その規模は時として小国のGDPを上回ることすらある. アメリカの多国籍企業の生産が長期にわたり世界の生産の2割を占めているという統計があるが, 多国籍企業の社内取引は国際貿易や国際収支にも大きな影響を与える. 世界経済はこの様な異質の流れを内包するが, 企業行動の影響は国民国家体制の中で注目すべきものとして, 確実にその存在感を高めている. WTOは国家間の機関であるが, この様な国家を越えた世界企業の国際取引への影響を重視し, 多国籍企業との直接の対話をめざす動きがある.

4. グローバリゼーションと経済学

グローバリゼーションは経済学にも新しい衝撃を与えている. 伝統的経済学

は国民経済を前提としており，企業活動や労働移動が大量に国境を越えないことを前提としてきた．しかし，企業合同の大幅な進行は経営資源の合併や技術の移転を通じて，一国の資源配分や産業構造の変化に大きく影響する．また，企業経営が国際移動することにより，各国の労働力は世界市場への参加を大きくしている[21]．比較生産費説による国際分業が典型であるが，ヘクシャーオーリンの学説も資本と労働の相対比により各国の国際分業のパターンが決定されるとした．しかし，企業が安い労働を求めて，自由に，大規模に経営資源を移動させることになると，低賃金国に資本が流れ，労働力の豊富な国が国際分業上優位になる．

かつての多国籍企業活動について，ギルピンは投資国からの技術移転があり，被投資国の競争力を長期的には拡大するから，十分な利潤がないとペイしないとした．他方，被投資国には産業支配，政治支配などのおそれから，多国籍企業の進出には警戒心があった．現状はむしろ技術移転，雇用増大，生産拡大など多くの途上国は企業誘致につとめている状況である．特に，大人口を擁し，潜在的大市場をカードとして持つ中国やインドなどの大国が導入に有利である．

労働資源が企業投資を通じて世界市場に参加することは世界の労働市場に影響している．欧米諸国では労働基準問題など貿易に与える影響を問題視しているが，中国やインドなどの大人口の世界市場への参加は大きな影響を与える．現状はこれらの国の多くの人口はなお農村に住んでいるが，この間外資をはじめとする企業の吸引力により，世界の労働力市場への急激な登場は今後も長く続く．しかし，限られた労働力の登場でも，周辺のアジア諸国には脅威であり，貿易を通じる世界への衝撃は大きく，今後も続く．人口大国・中国さらにインドの登場はこの面でも世界経済に大きな影響を与える．

5. グローバリゼーションの影響・意味

以上のような国境を越えた企業合同の進行や労働の世界市場への参加は世界経済の成長を高めたが，その影響は各国に不均整な影響を与えている．

19世紀には西欧諸国が典型だが，英，独，仏の人口の中級国家が発展した．

比較的同質の民族構成を持ち，国内社会の団結を強め，企業活動に有利な状況であった．日本もまたその典型であった．しかし，20世紀を見ると大きな国の発展がめざましい．米国や旧ソ連が典型だが，通信や航空機輸送の発達が国家としての政治・経済的統合を強めるのに役だった．しかも，80年代以来の発展を見れば，多くの企業が廉価な労働力を求めて，国境を越えて活動し，企業が立地する国を選ぶ時代の状況となっている．

概していえば，国民国家の資質の強い国，閉鎖性の強い国がより不利になり，逆に大きな国，開放的な国に有利な環境といえる．その典型は日本であり，これまで国民国家として大きい1億人を越える人口を持ち，すべての産業を内胞し，外資への依存を低めて発展してきた型である．日本の混迷には種々の要因があるが，国民国家として最適な規模がいまや情報化の時代に至って最適の規模でなくなった状況の上に，外国企業や外国人の活力を活用することに遅れがあることである．韓国も類似のものを持っていたが，最近は急速に外資を導入している．

国民国家の資質の強い欧州諸国はついに伝統的国民国家の枠をはずしてさらに大きな地域統合を目指している．このような統合は過去に共通の歴史を持ち，比較的同水準の国々の集まりにして可能であろうが，共通通貨を持ち，欧州アイデンティティを標榜する．すでに北米と並ぶ経済圏であり，経済統合が企業活動を高め，成長を促進している面があるが，なお強い国民経済の枠が制約になっている面もある．

アジアの80年代以来の発展も外資の受け入れと良質の労働力の活用の結果である．中国の発展もまさにその流れであるが，その巨大な人口と労働力は外資を引きつけ，グロバリゼーションの中で世界に大きな影響を与え始めている．この様な流れは，大国・インドの参加でさらに加速されている．

(アメリカ型グロバリゼーション戦略とその行方)

グロバリゼーションの便益は情報革命を主導し，世界の金融・貿易の中核であり，世界の企業，人材，資金を多く受け入れるアメリカで際だっている．そのアメリカは地域的には北米自由貿易地域を発展させ，西半球での統合進展

を目指すのみでなく，欧州やアジアとの関係強化を狙っている．

菅原は，グローバリゼーションの本質には世界で圧倒的な地位を保とうとするアメリカの国家戦略があるとする (菅原, 2000). すなわち，アメリカは自国の制度，政策，価値観，行動様式，言語などを世界標準として確立し，経済，社会，ビジネスの基本システムを支配する目標を持っているとする．その理論的中核としてアメリカ流の市場原理を据え，IMF や WTO を活用して市場経済と法の支配を確立するとともに，金融，情報，通信などの成長分野で優位を確立しようとしているとする．それは，地球的規模で効率性の追求と規制緩和，市場経済化を進め，最終的にはグローバル市場を創出し，もっとも効率的な資源配分を実現しようとしているとする (菅原, 2000). これは政治における民主主義の伝播とともに，関与と拡大政策の骨となる要素である．

この様なアメリカ型グローバリズムに対し，欧州には福祉を重んずる伝統がある．公平を重んじる考え方で効率主義がもたらす市場の失敗への補完である．しかし，効率追求の論理はきわめて簡潔，明瞭であり，規制緩和，自由化，市場化と矛盾がなく，力強い．これに対し，公平を重んじる福祉型の政策は非効率に陥り易い．

江藤は Held が，グローバリゼーションを超グローバリゼーション論，懐疑論・国際化論，世界経済変容論に分類するとする (江藤, 2000). 超グローバリゼーションは市場経済 (と民主主義) が世界に伝播する過程だとするが，それは世界市場，世界民主主義であり，究極的に世界政府，世界政治の登場をいうことになる．これはアメリカの関与と拡大政策の流れに強く沿うもので，ワシントン・コンセンサスからするアメリカ文明の世界化という流れである．

第二の，懐疑論は世界経済の実現というよりは，なお各国間の相互作用が強く国際化している状況ではないかということである．各国の自立は強く，世界は北米，欧州，アジアの3ブロックに分割されるような方向へ進んでいると見る．

第三の，変容論は地球上の国家や諸社会が相互関連性の強まりを伴って，内外の区別が曖昧化しているが，将来の姿は不明であり国家の機能も変化すると

する．グローバリゼーションが一つの世界社会に至ると見るのはどうかという立場である．

上述のように今後の世界のシナリオとして世界一体化の道も将来の流れとして考えられるが，地域統合の進展がグローバリゼーションの当面の流れとして重要である．最近の注目は，90年代が第三の波といわれるほど地域統合の進展に見舞われているということであるが，上記に述べた大国の登場も分断されていた地域の統合が大国の中で進んでいると見ることができる．欧州での統合についてはすでに述べたが，長いこと多様性が強調されたアジアでも地域協力の進展がある．

Ⅵ アジア・太平洋の発展と地域協力

1. アジアの発展とAPECへの道

アジアは欧州に比べると文化，宗教，経済水準，言語等はるかに統一的要素が無く，また，歴史的にみても19世紀以降は欧米列強の分断にあい，アジア諸国同士のつながりが無いのが特色であった．しかし，各国とも比較的早期に，かつ円滑に独立し，国民国家の体制を固めた．戦後のアジアの発展は米国の強い政治・経済的な参加が影響したが，同時にアジア諸国の姿勢も好影響を与えた．日本の発展についで，4匹の竜と呼ばれた中進国が60年代から発展し，80年代にはアセアン諸国も発展に参加し，アジア諸国間の交流も強くなってきた．アジア・太平洋での地域協力の提案は60年代からあり，PBECやPAFTADがつくられ，財界や学者の段階での交流の進展があった．経済の発展につれて，地域協力の基礎が固まってきたが，発展にはいくつかの理由がある．

第一は，各国の成長への積極的な姿勢である．多くの国が経済成長を目指した努力をした．60年代，70年代の各国の中長期経済計画の作成に見られるように，工業化，成長，教育への強い意欲を示した．多くの国の5％をかなり越える成長率にも拘らず，物価は安定し，財政は均衡を示した．途上国としてはすばらしい成果であり，金融の浸透を背景に貯蓄の拡大がめざましい．

第二に，中進国は 60 年代すでに輸出増進への強い姿勢を示していたが，一次産品依存の高いアセアン諸国も 80 年代には輸出促進，工業化政策に転換した．市場経済，民営化の促進が輸出促進と並行したが，このような輸出の拡大を受け入れる市場が初めは米国に，次は日本，中進国，さらに中国へと拡大し，今は地域の貿易構造の多角化による域内貿易の急拡大がある．

　第三に，工業化の進展は投資の流れが急激になった 80 年代後半から高まった．日米企業のみならず，台湾などの中進国の資本や華僑・華人資本の流れがこの地方の工業化を支え，これまで日米が中心だった貿易，投資の流れを多角化しながら拡大し，この地域の自立的発展に寄与している．経済発展を支えに，多くの国で工業品への需要が多様化し，産業構造の高度化と多角化が進んでいる．そしてそれがまた貿易・投資の流れを支えている．

　第四に，80 年代後半から中国がアジアの高度成長に参加し，製品と投資への大きな需要を巻き起こしている．戦後の中国は実務派と革新派の争いが続き，経済成長は停滞した．このような中国が高度成長に転じるのは 78 年の鄧小平の経済改革以来である．農業に始まる社会主義市場経済は，郷鎮企業，国営企業に及び，開放経済は種々の経済特区を作り，外資を急激に導入し，急速な発展を示している．問題は急激な成長は物価の上昇と大きな所得格差をもたらし，地域的な格差を大きくしていることであるが，中国の発展は地域的にも，世界的にも大きな影響を与えている．

2. APEC の発足・発展

　このようにアジア・太平洋地域の経済的相互依存は大きくなったが，1980 年に日本と豪州の首脳の提案により発足した PECC（環太平洋経済協力会議）は産官学の三者構成よりなる情報交換の場として大きな役割を果たした．現在も活動を続けているが，地域協力の多くのノウハウは APEC に受け継がれた．

　APEC（太平洋経済協力閣僚会議）は 1989 年成立したが，その役割が飛躍的に高まったのはクリントン大統領提案の首脳会談がきっかけである．93 年，首脳会談はシアトルで発足し，太平洋地域の連帯を強調し，ボゴールではアジ

ア・太平洋地域の2020年への貿易・投資の自由化宣言を謳った．1988年の大阪大会では行動するAPECとして貿易・投資自由化行動指針とともにこれを支える種々の経済協力が決議されたが[22]，マニラでは具体的な個別の自由化計画が示された．また，APECにはビジネス諮問委員会が設立され，民間企業の協力を取り込んでいることもアジア太平洋協力の特色である[23]．

APECの特色としていくつかがあげられるが，第一は開かれた地域主義ということである．東アジア地域の域内貿易は確実に上昇しているが，欧州や北米との貿易も多く，アジアのみに中心をおけない状況である．これは投資や人的交流，文化交流をとっても同じである．互いの相互依存は強いが，開かれた地域にしておくのが良いという判断である．アメリカは相互主義的条件付き自由化を主張するが，大勢は自由化の無差別原則を支持している．

第二の特色は協調的，一方的自由化ということである[24]．自由化計画についてもWTOやNAFTAのように，全体的調整を事前に決め，自由化のタイムスケジュールを決めて行うのではなく，各国が自主的に，一方的に進めるが，それは他国との協調を十分に勘案して進めるというものである．アメリカなどはそのように各国の自由に委ねるといつかは行き詰まるとしたが，多くの国がAPEC流としての柔軟性を主張した．しかし，最近の通貨危機は自由化の速度を減速している．

第三に，WTOへの先駆としての流れがある．WTOの設立にはアジア諸国が積極的役割を果たしたが，中でも情報技術協定の成立にはAPECが先駆的役割を果たした．アジアが情報技術製品の生産では主導的立場に立っている状況の反映である．

第四に，APECの進展はその中核ともいうべきASEANの積極性が貢献した．アセアンは1967年，ベトナムの脅威に対抗して設立された．以来単なるアセアン内部の協力のみでなく，外部にも働きかけ存立を保っている．拡大外相会議や首脳会議は米国や日本を参加させることにより，アジア，太平洋地域における安全保障会議の性格を帯びてきた．1993年設立のARF（アセアン地域フォーラム）は中国，ロシアを会議参加国に加え，EUを含む世界とアジア太平

洋の主要国の話し合いの場となり，安全保障信頼醸成の役割を強めている．なお，アセアンは参加国をベトナム，ラオス，カンボディア，ミャンマーなどに拡大し，10カ国となった．

経済の分野でもAPECの中核であることは閣僚会議が隔年アセアン諸国で行われることに示される．また，ASEMなどを開催することにより，欧州と

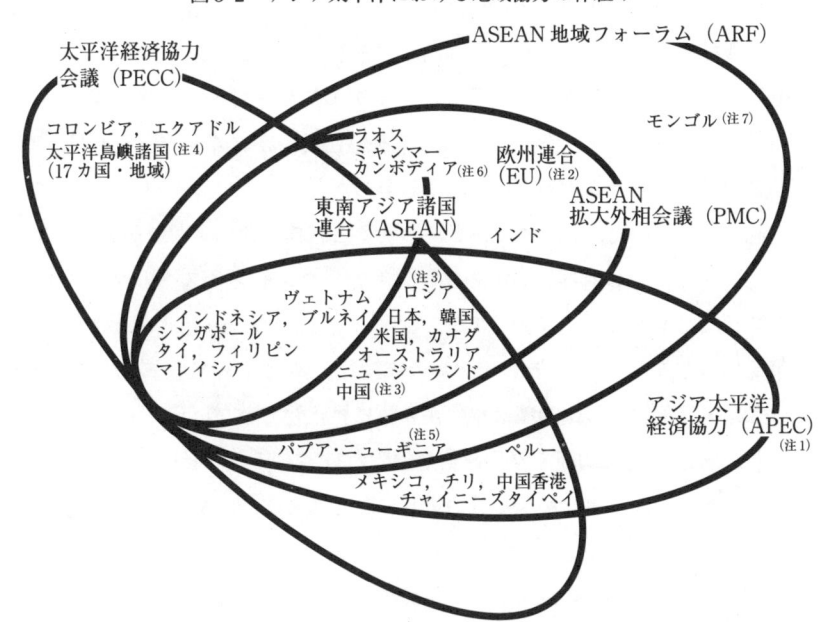

図5-2 アジア太平洋における地域協力の枠組み

(注) (1) APECには，ASEAN中央事務局，PECC，南太平洋フォーラム（SPF）がオブザーバーとして参加
(2) EUについては，ASEAN拡大外相会議にはEUトロイカ（前，現，次期議長国の3カ国）が参加．第1回ASEAN地域フォーラムには議長国とその補佐としてEU委員が出席．
(3) 中国およびロシアは，94年の第1回会合以来ASEAN地域フォーラムのメンバーであったが，96年よりASEAN拡大外相会議にも参加．
(4) 太平洋島嶼諸国：ヴァヌアツ，キリバス，ソロモン諸島，トゥヴァル，トンガ，ナウル，サモア，フィジー，マーシャル諸島，ミクロネシア連邦，パプア・ニューギニア，パラオ（12カ国），クック諸島，ニウエ，グアム，米領サモア，北マリアナ（5地域）
(5) パプア・ニューギニアは，太平洋島嶼諸国の構成メンバーとしてPECCに参加．
(6) カンボディアは，99年4月にASEANに正式加盟．
(7) モンゴルについては，98年7月の第5回ARF関係会合でARFへの参加が承認された．

(出所) 外務省（1999）『外交青書1999』第1部，p. 113.

アジア諸国との結び付きの強化にイニシアチブを発揮している．さらに，マレーシアは英連邦のつながりを活用してインドや南アフリカなどアフリカ諸国との関係を強化している．

3. アジア金融危機の衝撃

1997年以来のアジアの金融危機はアジア・太平洋の協力に大きな衝撃を与えた．97年のバンクーバーの閣僚会議以来，99年に至る間，その主要議題は金融危機対策であった．いくつかの流れがある．第一に，アジアの特に金融面の脆弱性を明らかにしたことである．アジアの生産，貿易の発展は著しいが，その基礎ともいうべき金融システムの未整備が明らかになった．それはまた，アジア的縁故システムの非近代性によるものだとの批判につながり，開発独裁への低評価となった．日本の混迷とあわせると官僚主導のアジア的発展モデルの否定であり，その対極としてのワシントン・コンセンサスへの評価であり，IMFの処方の正当さへの主張である．

第二に，しかし，そのIMFモデルの有効性の疑問も大きくなった．すなわち，アジアの危機は経済の基礎条件が大幅に悪化していない状況で起こったのに対し，IMFの画一的引き締め政策が過剰な被害を与えたという評価である．新古典派への疑問は単に経済政策の批判にとどまらず，ワシントン・コンセンサスへの疑問につながった．

第三に，アジア諸国の危機がアジア諸国のドルペッグ政策に起因する短資の流動化によることに鑑み，IMF体制の不備とともに，円の役割の見直し，アジア諸国の独自の通貨支援策の模索など，アジア諸国の協力の必要性が認識されたことである．これもグローバリゼーションへの批判とともに，アメリカの主導への疑問となっている．通貨危機の過程での日本の宮沢構想による援助は総額800億ドルにより，その有効性を示したが，これもIMF体制への批判として働いた．

第四に，金融危機はアジア・太平洋協力にとって障害であった．しかし，99年に危機がほぼ収束し，2000年のブルネイ会議はグローバリゼーションへの

対策,ITの促進,WTOの次期ラウンドへのAPECの主導性を高めることを決議している.

4. 日本にとってのアジア・太平洋

アジア・太平洋の国際協力については日本外交は戦後例外的ともいえる積極性を示してきた.ASEANに対しては賠償以来の経済協力があったが,70年代にはASEAN拡大外相会議や首脳会議の発足に当たっては日本の提案が有効であった.アジア・太平洋地域の協力には60年代の自由貿易協力構想の小島提案から始まったが,財界,学界での協力には日本の主導性があった.1980年,しかし,大平内閣の時,豪州と共同でPECC設立の提案を行い,その後の太平洋協力の発展に大きな貢献をした[25].1980年代PECCは財,学とともに官の参加するアジア・太平洋唯一の情報交換の場であった.当初,PECCは大国がアジア諸国を支配するための機関ではないかと疑ったASEAN諸国を宥め,韓国などの積極的参加を促した.中国と台湾が同じく加盟する唯一の機関であり,ソ連や中南米諸国の参加もPECCを多彩にした.太平洋経済展望,貿易投資,農業,観光・運輸・通信などの委員会は地域における経済協力の高まりに大きな貢献をした.APECはこのようなPECCの活動の延長の上にできたといって過言ではない.

1989年のAPECの成立も日本と豪州の協力・発意が大きな貢献をした.1993年のクリントン大統領による首脳会談の提案はAPECの活性を高めたが,それはアジアの貿易自由化が主な目的であった.日本は経済協力を活動の中心にしていたが,それはPECC以来の伝統であり,その背後には賠償以来の長い経済協力の歴史があった.

アジアの通貨危機は改めて日本とアジアの結びつきが強いことを示した.東アジアの貿易,金融,投資とも日本の比重が高く,東アジアの困難は日本に打撃を与えるが,逆もしかりである.総額800億ドルに達する宮沢構想はこのような背景から行われたが,アジア諸国への影響は大きく,マハチール首相も感謝を示した.日本は今後もこのような東アジア諸国との協力の実績を大切にす

べきであるが，最近の注目は日本とアジア諸国との自由貿易協定締結の動き（韓国，シンガポール）や，中国，韓国との定期協議などの動きである．

　日本の対外関係は戦後欧米との関係を重視してきた．しかし，日本の選挙区は国連安保理事国の選挙が象徴するようにアジアである．アジアは多くの国が急速に成長してきている．日本がアジアに十分な足場を持つことが，世界での日本の立場を強める由縁であり，改めてアジア諸国との協力の強化に努力を払うべきである．

1) 1820年のロンドン商人の「自由貿易のための請願書」はイギリスの保護措置が外国の報復を誘発する上に，イギリスは低価格の輸入穀物などの便益を享受できないとして自由貿易を主張した．（宮崎他編，1981, 65）
2) 穀物法，航海条例の廃止はそれぞれ，1846, 49年．穀物法の廃止はアイルランドの飢饉が契機となった．（Kenwood, 1983, 75）
3) GATTは自由化以上に無差別を重視したとされる．それはまさに成果の配分を公正にしようとの意図であるが，また，差別は報復を招き易いためでもある．米国にとっては，特に強大な特恵地域を抱える英連邦地域が30年代以来のたん瘤だったことにもよる．
4) 関税同盟，自由貿易地域は域外に貿易転換効果を持つため，このような無差別原則と相反する面があるが，域内に貿易創出効果を持つ点からは貿易自由化効果を持つ．GATTは24条において域外への障壁を高めないことを条件としてこれを認めている．
5) ケネディ・ラウンドは米国とECの工業品が世界貿易の8割以上を占めるものについて一括して関税を50％引き下げようという画期的なもので，関税水準は米国，ECとも3割低下した．日本の下げ幅は2割程度で同ラウンドでの最大の利益者は日本といわれる．
6) 70年代には東京ラウンドが行われ，政府調達や補助金，製品企画などの非関税障壁についてのコードが成立した．内国消費税，補助金，アンチダンピングなどの国内措置は形式的には自由だが，保護措置であり，かかる新保護主義への対応が重点であった．
7) R. ヴァーノンのプロダクト・サイクル論は企業の投資と貿易を合体した理論である．すなわち，企業戦略は3つの段階に区切ることができるが，第一段階はある産業が技術革新などにより圧倒的に強い競争力を持っている場合で，産業の製品の競争力が強く，輸出の増大に現れる．第二段階は競争力は残っているが，海外に有力な競争者が現れる段階で，海外の市場を確保するための海外投資が戦略となる．

海外子会社への設備財や主要部品の輸出の拡大が現れる．第三段階は生産コストの上での優位を確保し，国内市場を確保するため，賃金などの安い途上国への資本進出を行い，国内へ部品などの輸入をする（ヴァーノン，1973）．

8) 日本企業のLEAN生産方式はその在庫管理による金融的効果とともに，品質管理による生産性の向上により，自動車産業の合理化への効果は大きい．

9) クルーグマンは国際分業についての伝統的な比較生産費説が妥当しないとする．伝統的理論は小麦や葡萄などの天然の条件が支配的な場合の説明としては妥当するが，航空機産業やハイテク産業の様な産業の立地には説明がつかない．収穫逓増の強い産業においては規模の利益の実現が立地条件より決定的だとする（Krugman 1988）．半導体産業は長い習熟曲線を持ち，収穫逓増が強いため，新規参入は容易でない．この戦略産業の持つ外部経済への影響，中核産業としての他産業への連鎖的影響を考えると，新規参入のための産業政策は肯定されるとする．この様なクルーグマンの立論の背後には日本の発展がある．戦略産業である半導体での日本の成功に産業政策への拒否反応の強い米国でもその再評価の主張が出たのである．村上は『反古典の政治経済学』(1992) の中で，産業政策は後発国が収穫逓増の産業に対して行う時は効果があるとし，後発国の戦略として認められるべきであるが，後発国が離陸したときは国際的普遍性が無いので廃止することを提案した．

10) 雁行形態発展論は赤松が唱えたが（赤松，1965），産業に関する発展論であった．しかし，現在では先発国から後発国への経済発展の伝播として使用される．

11) 条件付き最恵国待遇は，相手国が最恵国待遇を与えた場合に限ってこれを適用する方式で，米国が主張したが，アジア諸国の主張は無条件の最恵国条項である．

12) 厳密には1988年包括貿易法1327条である．

13) サービス貿易は世界貿易の3分の1の水準にまで急増．150の業種について，最恵国待遇と内国民待遇の原則が確立．知的所有権も工業所有権，著作権保護の水準を引き上げ，新たにコンピュータープログラムやデザイン，商標の保護の基準が決められ，最恵国待遇と内国民待遇が適用．貿易関連の投資措置は内国民待遇違反となる各種規制の撤廃，特にローカルコンテンツ要求や輸出入均衡要求の撤廃が内容である．農産物は貿易自由化，関税化が原則となった．日本は一定量の米の輸入（国内消費量の4％から8％へ拡大）と6年後の再検討で妥協した．

14) アンチダンピングの計算方法や調査手続きを明確化，課税5年後に自動的に終了するサンセット方式を採用．補助金を分類し，相殺関税発動手続きを精緻化．セーフガードの発動要件を明確化，輸出規制などの灰色措置の禁止と撤廃を規定．

15) 発足後5年間で約200件の提訴（51件決着）があった．国際司法裁判所の1946年から91年までの83件の提訴（73件決着）やガットの1948年から93年までの193件の提訴，81件の決着に比べるときわめて急速な実績であり，国際貿易法の形成が急速に進んでいることを示す．

16) パネルでは米,英,加などの主張が強いが,途上国はこのような紛争処理への対応に十分な人材を持っていない.

17) 「貿易と環境」では環境を重視する先進国と貿易を重視する途上国の利害の対立がある.「貿易と労働」では,先進国は途上国の労働条件や人権と貿易の関係を問題にする.「貿易と競争政策」では日本やアジア諸国はアメリカなどのアンチダンピングの問題を重視するが,米国はアジア諸国の強い政府介入,日本については民間慣行の閉鎖性を問題にする.

18) ソロスは地球資本主義の特色として相互作用性,誤謬性,開かれた社会の3つをあげ,アメリカ型地球資本主義のみが絶対でないとする(ソロス,1999)

19) UNDP の 1996 年の人間開発報告は 1993 年の世界の GDP 23 兆ドルのうち世界の人口の2割の先進国は8割を占め,人口8割の途上国は2割の所得を占めるにすぎないとする.しかも,1960 年から 90 年の推移は最富裕層の所得の割合が増え,最貧層の所得の割合が縮小しているとする.(UNDP(1996)「経済成長と人間開発 1996, 2)

20) 菅原(2000)「アメリカ型グローバリゼーションの限界」世界経済研究協会「世界経済評論」8月号),菅原(1999)206(第9章グローバリゼーションの行方,青木健,馬田啓一編『地域統合の経済学』勁草書房)

21) バーノンの多国籍企業論は第三段階での企業戦略は安い賃金の地域に進出し,そこでの生産物を本国に送ることを指摘し,現在の状況へ学説としては先鞭をつけた.クルーグマンは企業立地の決定は偶然としたが,これも企業活動のグロバリゼーションの先鞭といえよう.

22) 大阪行動指針は貿易自由化に関しては関税,NTB,サービス,投資,知的所有権,競争政策,紛争仲介などの 15 の分野に対し,包括性,柔軟性,同等性,WTO との整合性,無差別の原則によるとした.また,経済協力の面では人材育成,科学技術,中小企業,経済インフラの整備,エネルギー協力などに行動計画が示された.

23) APEC では首脳会議,閣僚会議を頂点に貿易・投資委員会,各種大臣会合,作業部会など年間約 120 回の会議が行われ,1万人が参加する.

24) APEC 大阪大会では協調的,自主・一方的自由化(concerted unilateral liberalization)が主張されたが,アジア流国際協力の典型だとされた.紛争処理に関しても対決型ではない,調停型のやり方がある.

25) PAFTAD,PECC をはじめとする太平洋地域の有識者の会合,知識協力には大来元外相の貢献が大きい.筆者も太平洋経済展望 WG の初代の主査をしたことがある.

第 6 章

パックス・アメリカーナ第二期の世界

I　世界国家アメリカ

1. PA I 以上の国力の卓越性

　現在のアメリカはPA IIの状況にあると考えるが，パックス形成の要素である国力の充実，国際社会への正統性の浸透，さらに国際システムの定着性についてはパックス・アメリカーナ第一期（以下，PA I）にあたる1940-50年代の状況を凌ぐものがある．

　国力に関していえば，現状を戦後と比較すると，まず，軍事面では1945年のアメリカは核を独占し，空軍，海軍では圧倒的であった．しかし，ソ連は強力な陸軍を擁し，核の開発も急速に進み，50年代末，アメリカに追いつき，以後，対等の競争が続いた．現状は，核兵力，通常兵力とも世界における米国の優位は圧倒的である．情報での先端性は今後も，その優位を維持することを可能にする．長期には中国がこれに挑戦する可能性を持とうが，見渡せる将来，米国に対等に挑戦する国の出現する可能性は少ない．

　核についてみれば，アメリカが核に関する優位をロシアとの戦略核削減交渉，核拡散防止条約の無期限延長，さらに核実験全面禁止条約などの核管理を通じて保持していることはすでに述べた．インドやパキスタンへの核拡散はあるが，

アメリカ優位の世界の核秩序は破綻することなく，維持されているといえる．

核が実際には使用できない兵器と化している状況では実際の軍事力の有効性は通常兵力に多くを依存するが，アメリカが自国の防衛とともに世界の安全保障に圧倒的役割を果たしている．海軍力の卓越性は本格空母の数に象徴されるが，空軍力，陸軍力の優位も圧倒的であり，しかも，世界のいかなる地域にも迅速に兵力を移動できる大きな投射能力を持っている．軍事力の優位はしかも，情報力の圧倒的優位によって高められている．情報力が相手方軍事力を著しく破壊する上で，決定的役割を果たしたことは湾岸戦争やコソボへの介入に示されている．

情報力は情報の収集，加工，対応策の検討，対応策の実施の段階があるが，この4つの段階を迅速に，的確に行えるのは世界の中でアメリカだけだとNyeは述べ，情報力についてのアメリカと他の諸国との格差は今後一層拡大するとする（Nye & Owens, 1996）．このような情報力の卓越性は米ソの熾烈な競争の中で行われた膨大な情報研究の蓄積に依存している．アメリカは戦後行った膨大な安全保障投資の一部を今回収しているといって良い．

アメリカは敵対国からの核に対する防御網をつくるため，TMDの計画を進め，NMDについてもブッシュ新政権はその導入を強く主張している．これに対し，ロシアはABM条約違反とし，中国はこのような計画は中ロの軍拡を結果するとして反対している．レーガンの戦略防衛構想に発する考えであるが，アメリカの本土を守ることが，無頼国家などへの抑止に効果を持つとする．またアメリカの現在すでにある情報力，ミサイル打撃技術に，将来，さらに宇宙衛星からの攻撃能力が合体すれば，優れた防御網の形成が可能であると考えられている[1]．軍事技術の革新は大きな変化をもたらすため，アメリカの優位が将来も続くと楽観する訳に行かないが，最近の国防報告はアメリカの優位は少なくとも2015年までは続くとみている．

経済面でみれば，戦後は第二次産業革命の成熟期にあったが，戦争でむしろ発展したアメリカに対し，欧州や日本は戦争の被害による疲弊が目だった．しかし，アメリカに蓄積した技術革新は急速に欧州や日本に伝播し，これら諸国

が復興・発展するにつれて，アメリカとの格差は縮まった．現状は，第三次産業革命ともいうべき情報革命の発端期にあたり，技術革新がアメリカで急速に発展し，むしろその格差が拡大する状況である．遺伝子革命の登場はさらに今後の技術革新の速度を加速しよう．グローバリゼーションへの対応もアメリカ企業の先端性が目だつ状況である．

　すなわち，アメリカは現在情報革命を主導し，グローバリゼーションの波に乗り，「新しい経済」を創出している．2000年の大統領諮問委員会報告は90年代のアメリカ経済は戦後最長の経済成長を実現しているが，それは80年代以来の強い情報投資がアメリカ社会への情報化の浸透を高め，経済全体の生産性を加速する段階にきているためと指摘する．すなわち，戦後の経済拡大期には3年目から成長鈍化に陥っていたが，93年以降の今回の拡大は3年目以降も拡大が鈍化せず，むしろ加速する特色を持っているとする．情報技術の革新が生産性を上昇させ，景気後退なき「新しい経済」を実現しているというのである．

　「新しい経済」を背景に，企業業績は好調であり，株価は上昇した．80年代の経営刷新が基礎になっているが，規制緩和，情報革命を背景に情報，流通，運輸，サービスや金融業が躍進を続けている．アメリカ経済のダイナミズムはベンチャー企業の輩出に示される．情報技術を駆使し，先端部門の産業を次から次へと開拓し，第三次産業革命をリードしている．また，アメリカは開放経済の便益をフルに活用している．世界の資本と人材がアメリカに集中し，そのダイナミズムを高めている．グローバリゼーションは，また，海外からの競争を激化させ，アメリカの物価を抑え，失業率の低下にも関わらず，マクロ政策の運用を容易にしている．

　情報革命は雇用創出の効果はあるが，雇用破壊の打撃もある．しかし，情報化の浸透が一定の段階にくると雇用創出が雇用喪失を上回ってくる．雇用統計から見ると，それが1993年頃と推定される，以来アメリカ経済は年々，2〜3百万人の雇用を新規創出するというダイナミックな経済に変身した．しかも，グローバリゼーションは海外からの人材の流入を高め労働需給の逼迫を緩和し

ている.

　新しい経済の拡大を柱に連邦財政収入は急激に増える一方,財政支出は,歴代の支出抑制に,軍事費負担の軽減が加わり,財政収支は98年以来黒字に転じ,その黒字は今後も拡大する見通しである.この結果,2000年の大統領選挙の最大の論点の1つは累積する財政黒字を減税にするか,社会保障に回すかであった.まことに羨ましい限りであるが,財政黒字はアメリカ経済が不況に陥ったり,緊急な事態に対する対応力を高めることに寄与している.適度な金利水準も金融政策の弾力性を保障しているなど,マクロ政策面の余裕は大きいものがある.

　2001年初頭,アメリカ経済は予想以上の減速が伝えられ,連邦準備制度は新年早々金利を大きく引き下げた.また,ブッシュ政権は選挙中よりの公約であった大型減税（約1兆6千億ドル）の実施を行うべく議会に働きかけることになった.減税は中流階層を重点としようが,最低税率,最高税率ともに引き下げる提案である（現在は15-39.6％を10-33％へ引き下げの提案）.長い拡大の後の調整期はあるし,また,世界の資本移動が巨額になっているところから,調整がきびしくなる可能性を排除できない.しかし,現在のアメリカ経済は基本的には技術革新の浸透によって,強い生産性の上昇（1995-2000年でGDPを平均約3％引き上げる）に支えられている.しかも,財政,金融政策上の施策にはなお打つ手に大きな余裕があることを付言したい.

　アメリカ人の論理はこの様な経済のダイナミズムは,自由な個人の競争,小さな政府,制約なき市場経済の結果であり,創造的技術革新を生み,柔軟な雇用形態を生みだし,自由な経営が生んだものということである.それは民主主義と一体となり,世界に伝播すべきという論理になる.民主主義と市場経済の論理は,当然に人権尊重,報道の自由,法の支配を柱とするものであり,アメリカの文化覇権を形成するが,それは,英語,情報,ドルにより,伝播速度を強めている.多くの国の参加する国際会議,国益を主張しながらの公開の国際交渉,小国の尊重などはパックス・アメリカーナの文化覇権である.

2. 高いパックスの正統性

　PAⅡがPAⅠにまさる主導性を持つというのは文化覇権やそれに関連するパックスの正統性の浸透や国際システムの定着にあるといえよう．戦後のアメリカは大戦争の勝者という強い登場ではあったが，国際社会の主導者としてのアメリカは欧州という先輩を前に，その正統性は必ずしも与件ではなかった．また，アメリカ文化に対する評価もジャズが典型だが，薄っぺらい大衆文化というのが文化先輩国・西欧の態度であった．しかし，戦後の過程は国際システムの定着とともにPAの正統性を高める作用をした．

　正統性の高まりにはいくつかの原因がある．第一は，西側同盟の盟主として東西冷戦にも勝利したことである．第二次大戦での勝利はPAに高い正統性を与えたが，アメリカが東西対立の中で欧州との同盟を強め，しかも，欧州を戦場とすることなく平和の中で，東に勝利したことは大きな信頼を勝ち得たことである．アジアについても日米安保条約をはじめとする体制の浸透がある．

　歴史上，外国の軍隊の駐留を歓迎することは希であるが，地域大国の脅威はアメリカがユーラシア大陸の緊要の地である西欧と東アジアに軍隊を駐留させることを可能にしている．アメリカは冷戦中大きなコストを払ったが，現在そのコストを回収しつつあるといえよう．

　第二に，このような安全保障面の正統性とともに，アメリカの主導する自由通商体制は戦後世界の貿易を拡大し，成長を高めた．二次にわたる石油危機もアメリカが機関車になって，世界経済を不況から脱出させた．アメリカの赤字への批判はあるが，ドル体制がこの様な発展を助けたことは明らかである．

　第三に，アメリカ発の大量生産，大量消費の文明は世界に伝播した．アメリカの多国籍企業はこの伝播を助けた．アジアをはじめとする途上国地域は勿論であるが，文明先輩国の欧州にもアメリカの生活様式は拡大した．典型例としては節約や格式といった美徳に代わって，豊かさや消費，便利さが優位を占める生活様式が伝わり，高層ビルが世界の大都市を支配するようになったことが挙げられる．アメリカ文明はまた国際主義，民主主義や法の支配を広め，その

正統性を高めたが，英語の普及，ジャーナリズムの発展がこれを促進した．多くの途上国が独立し，多くの国際会議が行われ，言論の自由が促進された．

3. 国際システムの定着

国際システムの定着は正統性の浸透と裏腹の過程であるが，PAの国際システムについての戦後計画は国連やIMFが典型であるが，アメリカのグローバリズムはその実態において強固でなかった．しかし，東西対立の過程は第一に国際システムを担う主体を拡大することによって，システムが強化された．具体的には欧州，日本との同盟の形成によって，グローバルなシステムを補強する地域的なシステムを運営する中核体ができたことである．安全保障面では国連というグローバルなシステムと同時にNATOや日米安保が地域的なシステムとして形成され，冷戦中は世界の安全保障を担ったが，冷戦後もPA Ⅱの有力なシステムとして定着している．そしてその周辺にOSCEやARFなどの地域的システムの形成・発展が見られる．

経済面ではIMFやGATTなどのグローバルなシステムとともに，OECDが大西洋同盟の指令塔として働き，経済政策，通貨協調や貿易問題の処理に当た

表6-1 世界の潮流と主要国の便益（活用）

	米国	欧州	日本	アジア中進国	アセアン	中国
冷戦終了の果実						
ソ連の崩壊	■	◎	−	−	−	◎
軍事費	■	○	−	−	−	○
情報革命						
ハード	■	○	■	◎	○	
ソフト	■	○	○	−	−	○
グローバリゼーション						
海外投資	■	○	■	◎	−	−
外資活用	■	○	−	−	◎	■

（注）便益の大きさは■◎○の順，−はさしたる便益なし．

った．その伝統は70年代より経済サミットに受け継がれ，現在はロシアを入れたG8に発展している．ドルはアメリカの赤字にも関わらず，世界経済の発展を担い，基軸通貨の機能を高めている．また，戦後の貿易政策の中で差別的輸入制限を行わないコンセンサスができたり，多くの国際貿易のルールができたが，その成果はWTOに受け継がれている．WTOの紛争処理は大きな成果をあげているが，国際貿易法としての定着は「法の支配」の浸透を示す．

最近の世界経済の特色は地域統合の進展である．EUが典型だが，北米にはNAFTAが，アジア太平洋ではAPECが成立し，アセアンやMERCOSURも地域協力を発展させ，WTOを補強している．

4. 冷戦終了とPA——ソ連カードの消滅と一極の論理

冷戦体制の崩壊はいくつかの意味がある．まず，冷戦直後はソ連の脅威，すなわち，ソ連カードが消滅したため，世界戦争の脅威が除去される一方，西側を結束させた求心力が消えて，世界は多極化するとの議論があった．事実，ソ連崩壊直後は欧州自立論や世界多極論が台頭し，米国経済の悪化もあり，その影響力の低下が論じられた．しかし，その後の推移は世界の安全保障における米国の役割の重要性を改めて鮮明にしている．いくつかの要素がある．

第一に，冷戦終了の国際関係に及ぼす影響の重要な部分は同盟関係の変化である．冷戦は両陣営の軍事，政治，イデオロギー的対立であったが，その論理は両陣営の盟主である米ソ間にきわめて強い勢力均衡志向あるいは面子重視の政策を強いた．まず，米国は西側の盟主として，軍事的勢力均衡が西側に不利にならないように大きな配慮が必要であった（議会も行政府に強く迫った）．核が典型だが，核戦力の拡充はある規模を越えると同盟国には何等，威信の増大にならないが，ソ連との均衡を意識して強く進められた．東西の経済競争もしかりであり，米国の負担が重かった．

また，途上国が西から東へ鞍替えすることは軍事的には重要でなかったが，政治的には宣伝の重要な材料となった．これを防ぐため，経済援助が行われた．また，第三世界での紛争は一旦勃発すると，両者の代理戦争として長く行われ

た．中南米ですら紛争は長期化し，不断の武力介入を必要とした．援助などの国際負担も同盟国が負担を分担する前は米国の責任としてソ連カードは米国により重いものだった．

　冷戦終了はこの様な不均整なソ連カードを取り去った．今や，米国に対抗できる力を持った国はない．国際関係の少しばかりの変動は米国にとってバイタルではない．国際システム運用のコストは米国にとり大きく軽減されたのである．

　第二に，ソ連カードの消失は米国の負担をより軽減したが，他の国には相対的に逆の効果を持つ．典型は日米関係である．冷戦時のソ連カードに守られていた日本は外交と国防を米国に委ね，国際安全保障への貢献はほとんど無かった．しかし，冷戦終了は日本にこの様なタダ乗りを許さなくなった．米国の要求は厳しく，湾岸戦争，PKOへの種々の貢献，さらに，日米ガイドラインの強化によって，日本の周辺事態への対応の貢献を迫るものである．また，多くの途上国が冷戦後，米国など先進国からの援助に多くを期待できないと考えたのである．

　この様な状態の中で中国とロシアの状況は同盟国に対し米国の重要性と影響力を高めている．すなわち，両国とも現在の力は米国と対等に対峙できるものではないが，欧州諸国や日本により大きな影響を持っている．今や，中国カードは米国よりも日本の方にはるかに重いのである．

　以上のような状況は米国の国際負担の軽減に現れている．米国の軍事費は冷戦後大幅に減少し，1980年代末から見ると実質で千億ドル近い削減となり，GDPの3％という低いものとなった．冷戦が継続していれば現在の財政黒字の実現は難しかったといえよう．兵員は200万人から140万人に減少し，多くの技術者が民間に開放された．非公開だった軍需技術が民間に移転し，情報革命を加速している．

　しかも，軍事への資源の削減に拘らず，米国の軍事優位は高まっている．もともと，米国の軍事力はソ連とのバランスによって決定されたものであり，米ソの軍事力の卓越性は群を抜いていた．ロシアの軍事力が低下する現在，特に，

今後の軍事革命の鍵である情報技術がさらに進歩することによって，米国の情報の傘は厚くなっている．

ギルピンは国際システムの統御には一極，二極，多極の形態があるが，一極の時，覇権国の威信は高く，国際社会の法や規則の運営に影響力は高いとする(Gilpin, 1981, 30-33)．威信とは武力ではなく権威であり，日々の国際関係を階層づける秩序である．それは力の行使を必要としない外交上の権威である点で覇権国にとってコストと便益の関係が有利なものとなる．二極体制の崩壊は米国に超大国としての威信を与え，相手国をしてこれを尊重せざるをえない権威を与えている．米国が力の政策と威信政策にどの様に依存するかは，今後の問題であるが，米国にとって国際システム管理のコストと便益の関係は大きく改善されている．

以上の卓越性は少なくとも2020年頃までは続くと前提して良かろう[2]．この体制へのもっともタフな挑戦者は中国であるが，軍事的にも情報革命を主導する米国に対抗できまい．経済的にはなお西側技術への依存は続こうし，何よりも，米国に対抗する世界へのメッセージを持たない．中国の基本的戦略は勢力対抗であり，周辺国には中国文明への同化が戦略であるが，西欧化に苦吟する中国をモデルと考える国は少ない．

II 関与と拡大の政策

1. アメリカ中心文明の主張

米国の影響力は以上のように冷戦と冷戦後を通じて強化され，現在は1945年より高まっている．このような基礎の上に米国は関与と拡大の政策を進めているが，それは関与を盾とし，市場経済の民主主義を槍として米国の主導を普遍化する戦略といえよう．すなわち，軍事関与によって，平和を維持し，市場経済と民主主義を通じて，米国の価値を広める米国化の戦略といえる．冷戦終了によって民主主義が最終の政治体制となり，「歴史は終わった」のであり(フクヤマ, 1992)，現在は市場経済とともに米国に具現された中心文明を伝播

する過程ということになる[3]．

戦後の世界は大きくアメリカ化された．民主主義，自由経済，豊かな社会であり，情報革命，グローバリゼーションもその延長であり，世界のアメリカ文明化は続いている．航空機旅行，高層建築，国際会議，英語，公開外交，言論の自由，人権，などはアメリカ文明の象徴であり，その文化的覇権の担い手である．

ウイルキンソンは世界にはいまや1つのCentral Civilizationに統合されつつあるとする．それはメソポタミア，エジプトに発した文明が，いかに，中東，地中海，欧州で発展し，インド，西アフリカ，西半球を飲み込み，西欧文明として，米国で発展し，現存する中国，日本文明などを吸収しつつあるという考えである．世界はこのような中心文明に同化され，均質になり，単一文明に移りつつあるというものである（Wilkinson 1987, 31）[4]．表現は異なるが，ハンチントンの「文明の衝突」も西欧文明の世界への伝播に対する他の文明の抵抗を指摘したものといえよう（Huntington, 1993）．

このような主張は90年代を通じて，アメリカで強められている．ワシントン・コンセンサスが典型だが，民主主義と市場経済への信念がある．民主主義は戦争を排除するという考えだが，また，政治的自由を保障し，市場経済の基礎だという考えであり，東欧などの経済発展の基礎になると期待する．また，市場経済は経済を発展させるが，経済発展が民主主義の基礎であるという考えであり，中国での民主主義への期待に示される．このようにして民主主義と市場経済が拡大すれば平和が保障されるという考えになる．

戦後の民主主義の浸透はめざましい進展を示した．戦後を遡れば，ドイツ，日本の独裁国の民主化があった．また，アジアや中南米の多くの国が民主化をした．南アやインドにも拡散し，ソ連・東欧に民主主義の波が押し寄せている．これらの国は一時独裁体制の国もあったが，台湾や韓国の例は民主化の模範例を示す．そして最近では北朝鮮やイランにも開放の波は及んでいる．

市場経済は70，80年代はアセアン，中進国に拡大し，現在は中南米さらに，インドにも拡大している．東欧諸国での事態は市場経済の浸透の状況であるが，

ロシアの混迷もその波及の過程の問題と見ることができる．中国も市場経済をとり入れ，WTO にも加盟する状況である．90 年代のアジアでの金融危機は市場経済の一層の浸透を日本，中進国，アセアンにもたらしたが，正統アメリカ民主主義，資本主義の浸透の過程とアメリカの自負を高めている面がある．

2. 関与，拡大政策の内容

米国の関与政策は世界をいくつかの国，地域に分類する．1. 欧州および日本・韓国・豪州など・アジアなどの同盟国との協力の強化，2. 無法国家・北朝鮮，イラク，リビア，イランなどの封じ込め，3. 紛争地域への関与，4. 将来，敵対国となる可能性のある地域大国のロシア，中国への関与，5. 特定の地域に属さない課題として核や化学兵器など大量殺害兵器の拡散防止，国際テロへの対応などが政策の主な柱である．

米国の関与・拡大政策の対象は当初は紛争地域への関与が重要であった．冷戦後，相次ぐ部族対立や宗教戦争に起因する紛争が相次いだことが原因であるが，その背後には人権重視の高まりがあった．しかし，ソマリアへの介入失敗の後，この種の紛争での平和維持活動への参加にはアメリカは慎重になり，効果的介入の可能性のある場合に傾いていた．新政権もきわめて慎重な態度を示している．

これに対し，無頼国家への介入，封じ込めは活発であるが，これは核拡散防止とも関連している．イラクの封じ込めは長く続いており，北朝鮮にも 94 年の合意以来積極的な介入を見せている．ボスニアやコソボのケースは民族紛争とも見られるが，無頼政権への関与とも見られる．アメリカにとっての自信はイランに最近，民主化の動きがみられ，北朝鮮も南北首脳会談後の国際社会への参加の積極的動きを示していることである．関与政策の成功と見て良い．

最近の注目はしかし地域大国・中国への関与の重要性の指摘である．クリントン大統領は中国を「戦略的パートナー」と定義し，軍事的に関与し，暴走させないことで，責任ある大国の枠を作り，中国の中身を民主主義と市場経済で改革しようとしている意図は WTO 加盟や最恵国待遇の供与に現れているが，

相次ぐ首脳会談にも示される．関与と拡大政策の典型的適用である．ブッシュ新政権は，しかし，中国を「戦略的競争者」と定義している．関与と拡大戦略の大枠は変わらないが，中国への姿勢はより厳しいものになると考えられる．

ロシアはアメリカに次ぐ核大国という点ではきわめて重要な国である．しかし，皮肉にもロシアの存在がNATOの必要性を高め，米国の欧州での地位を高めている[5]．ロシアが現在の困難から立ち直る際に独裁的な国家に変身する可能性は否定できないが，現状のロシアは体制維持の困難が目だち，むしろ，核物質や核関連技術の流出防止が重要である．これに関連し，最近蜜月関係にある中ロ関係の推移はまた注目される点である．

関与・拡大政策の実施にあたっては，国際機関は有力な協力者である．国連は安全保障理事会が平和維持に大きな機構の役目を果たし，IMF，WTOは国際経済に重要な役割を持つ．これらの機関はIAEAやILOなどの専門機関のみでなく，NATOやAPECなどの地域機関に補強されているが，全体として民主主義，自由主義，市場経済の色彩も持ち，アメリカの影響力が強い．PA Ⅱの重要な諸機構である．

3. 欧州との協調

欧州はアメリカにとって，関与・拡大政策実施のきわめて重要な協力者である．NATOと日米安保はユーラシアへの関与の有力な拠点であるが，欧州と日本はIMFやWTOを通じる自由通商体制の維持発展の協力者である．さらにいえば，英，仏，独，伊，ロと日本の参加するサミットは世界の主要課題を効率的に討論する場となっている．

欧州は現在大きな再編成過程にある．一方に，ロシアとの調整が問題であるが，NATOの東方拡大は今後も進行し，米国の欧州への関与は続こう．そのNATOはコソボへの介入を契機に，域外の紛争にも介入する体制を整えるに至った．

他方に，しかし，欧州は独自性を強めている．EUは15カ国となったが，東欧諸国の統合要請が相次いでおり，その版図は拡大しそうである．しかも，

11カ国が共通通貨のユーローを持ち，経済統合の深化が進行しているが，外交，防衛での共通政策への志向が高まっている．西欧同盟はNATOの枠内での協力関係を維持しているが，将来はより独立的な動きとなるかも知れない．

田中は欧州の統合を欧州国民国家を形成する動きと規定する（田中，2000）．国民国家形成までには多くの域内調整を必要とし，EUへの新規加入はこの様な調整の必要性を強め，防御的統合の段階はかなり長期とする．欧州は米国の進める民主主義と市場経済の拡大にはむしろ歓迎を示すが，欧州には米国と異なる社会民主主義の伝統があり，競争と同時に福祉の充実を重視するものとなる．

欧州統合完成の暁には，しかし，北米と並び，独自の外交，防衛を持つ政治・経済地域の形成となるとすれば，国際体系は大きな変化を示すことになる．さし当たり，ユーローとドルの関係が注目されるが，米国と西欧の政策の調整が長期的にはきわめて重要な課題となる．ブレジンスキーはユーラシア管理の上でアメリカは欧州統合の主体国であるフランス，ドイツとの関係を重視すべきとする．それはロシアとの関係よりも重要とする（Brezinski, 1997）．

4. 米国のアジア重視の政策

アメリカのアジア政策は戦後，冷戦体制の中で日米安保を中心にし，米韓，米台，米豪，米アセアン関係を中心に形成されてきた．現在でも，米国は同盟国である日本，韓国，豪州との関係を重視し，また，タイやシンガポールとも防衛関係を結び，ARFの地域機構を重視してきた．日本，アジア中進国，アセアンの経済発展は世界に衝撃を与えてきたが，世界管理の上でこれらの諸国との経済関係も重要であり，APECを通じる貿易・投資の自由化は米国の強い関心であった．

しかし，中国の登場はアメリカのアジア政策を大きく変化させた．米国にはブレジンスキーが典型だが，中国を責任ある大国にしなければアジアの安定はないとする見解が強い．クリントン政権もその考えである．それは朝鮮半島やベトナムでの戦争を戦い，中国と和解して，米国とアジアの関係が安定してい

ることからの苦い経験からかも知れない．日本や韓国との同盟は重要であるが，アジアの諸国に強い影響力を持つのは日本ではなく，中国だという認識が強く，米中首脳外交はそのような認識の上にある．関与と拡大政策によって中国を責任ある大国に変えるべきであり，このためには WTO への加盟を認め，市場経済化を進めるのが良いということになる．

これに対し，将来中国がアメリカの敵対的地域大国としての登場を重視する考えは，共和党支持者に強い．Rice 大統領補佐官は中国はアジアの勢力均衡を自国に有利に変化させようとする点で，現状を変更するとの意志を持ち，アメリカの現状維持政策とぶつかる．核の充実，台湾への武力行使の脅威などは戦略的競争者の行動とする．その上で，中国の行動を抑止できるのは米国のみであり，米国は日本，韓国と協力を深め，地域における軍事的主導性を示すことが重要であり，台湾海峡の平和も断固たる米国の態度によって可能とする（Rice, 2000, 55-56）．

最近のアメリカでは 21 世紀の外交・安全保障政策に関する報告が相次いでいる．これら報告の注目すべき点は，21 世紀での国際社会の大きな変化は特にアジアでおこるという指摘であり[6]，日本についてもその役割の拡大を求める報告書がでている[7]．欧州は上記の様に冷戦終了後 10 年にしてより安定した地域になっているが，アジアはきわめて不安定であり，しかも，長期的には大きな変動を遂げるという認識である．アメリカとしてこの変化に対応しなくては世界管理の責任は果たせないということである．いずれの報告書も中国の地域大国としての台頭の可能性を指摘し，日本やロシアの相対的国力の低下を予測する．

アジアの情勢の認識として注目されるのは短中期的には台湾や朝鮮半島が重要であり，中国との関係が緊要であるということであるが，中長期にはインドが大国として登場するので，アメリカにとって重要な国になるという展望である．アメリカの最近のインド重視の姿勢を裏付ける．

インドはパキスタンとともに，1998 年の核実験以来，核保有国の宣言をした．体制としては民主的な体制であり，現在ハイテク産業の発展が急速である．

インドは21世紀半ばには中国を凌ぐ人口大国として登場することが予測されるが，中国の人口が2030年頃から高齢化を強めるのに対し，インドの優位が指摘される．60年代の中印戦争以来インドの中国への警戒心がきわめて強いが，アメリカのインド接近はインドを大国として認知する過程といえる．

5. グローバリゼーションと関与・拡大政策

　米国の関与と拡大政策はグローバリゼーション，情報革命の進展を背景に進められているが，いくつかの問題点が指摘される．第一は，グロバリゼーションの負の面である．ビジネスウイークの2000年11月6日号は最近のビジネスウイークはグローバリゼーションには80年代から世界経済の繁栄の源としての評価があったが，いまや，グロバリゼーションへの不満が充満しているとする．すなわち，かつては国際貿易・投資の流れが，特にアジア経済のダイナミズムを高め，世界経済が刺激を受けた．しかし，90年代は巨大となった国際金融が金融的な弱者を次々に攻撃して，アジアや移行経済諸国は大きな困難に苦しんだ．この間，グローバリゼーションは世界の企業，資金，人材を米国に集中させ，米国の繁栄を支えている．アメリカの繁栄は近隣窮乏化政策だとするが，それもグローバリゼーションのもたらす貧富の格差拡大の性格のためだとする．

　この様な貧富の格差拡大の批判と同時に，グローバリゼーションに対しては環境問題を悪化させたとの批判がある．1999年のWTO閣僚会議へのNGOの要求はグローバリゼーション推進の権化としてのWTOへの抗議を示している．また巨額となった国際金融の対策が必要であるが，これもグローバリゼーションのコストである．

　第二は，アメリカの強引ともいえる一方主義である．冷戦中から米国の一方主義のマイナス面が指摘されたが，アメリカ型民主主義，市場経済の伝播にはアンビバレントな反応がある．最近の国際社会のテロの特色は文明の衝突ともいうべき状況が実現しているとの印象があるが，それはテロの対照が米国人へ集中していることに示される．それは米国の力の外交への抗議であるが，特に

中東ではイスラエルとの対立もあり，アラブ人の米国への感情は悪化している．

第三に，長期的な関与政策の展望の問題である．米国にとって関与・拡大政策の成功は民主主義・市場経済の拡大のテンポとその結末によって判断されると思われる．一方にアメリカには戦後の国際主義，民主主義の伝播のめざましい成功の流れがある．戦後の多くの途上国の独立はPAの正当性を高め，また，民主主義の伝播はアメリカの自信を高めている．日本，ドイツは古典的な成功例といえるが，韓国，台湾，フィリピン，タイなどのアセアン諸国，チリー，ペルー，アルゼンチン，ブラジル，スペイン，ギリシャなどの諸国は独裁国制から民主主義の国となり，さらに最近のイラン，北朝鮮，中国などの変化がある．

しかし，問題は21世紀に向けてアメリカが同盟を結び，世界の安定勢力と考える諸国の人口は減少ないし伸び率を著しく低めている．世界管理の上で主導国，中核国の所得は依然大きなシェアーを占めるが，その人口は21世紀に入って大きく減少する．かわりに多くの途上国は人口大国になる．これらの問題に対しどの様に対応するか．特に，今後も中国やインドをはじめとする大国との調整が最大の問題となる．

第四に，しかも，グローバリゼーションや情報革命は地域統合を進め，大国の登場を促進してきた面がある．世界は一方にモノ，金，情報，人が動き，企業活動やNGOが活動を高める中で，地域統合を促進し，大国を国際関係の上で有利にする作用がある．すなわち，通信や運輸の飛躍的発展は大国における政治統合と経済効率を高める面があるが，多国籍企業による広域的経営も大国を有利にする面がある．アメリカの政治・経済統合の進展は19世紀以来の電信や鉄道の使用にあったが，現在は網の目のような航空機のネットワーク，インターネットの使用はアメリカの政治，経済の統合を一層高めた．しかも，そのアメリカは西半球への交流を高め，地域統合を拡大しようとしている．中国の人口は世界の4分の1を占める大国であり，インドも劣らない人口大国である．しかも．伝統的国民国家の欧州諸国が規模の利益を求めて地域統合を加速

している.このような大国を中心とする地域統合の進展があるが,21世紀に向けての人口は南で急増する.WTOの会議が典型だが,200近い種々の国の参加する世界をどのように管理するかである.

アメリカの関与と拡大政策は民主主義による平和の戦略といえるが,グローバリゼーションと情報革命は諸国民,諸国家の民主化に資するとはいえ,その弊害ももたらし,さらにいえば,世界の中の地域統合を進め人口大国の登場を促進する作用がありそうである.以下,21世紀における人口のPA Ⅱへの意味を考えてみたい.

Ⅲ 世界の人口の動向と世界管理

1. 大きなアジアの人口と欧州人口の拡大

(大きなアジアの比重)

世界の人口を長期的にみると1000年には世界の人口265百万人のうち,アジアが185百万人と圧倒的比重を占めたが(69.8%),特に,インドと中国が

表6-2-1 世界人口の(大陸別)シェアー推移(1000-1950年)

(単位:%)

地域・国	1000年	1500年	1900年	1950年
欧　　　州	13.5	19.1	24.0	20.6
北　　　米	0.2	0.2	5.0	6.5
オセアニア	0.6	0.5	0.2	0.6
ア ジ ア	69.8	65.0	59.7	58.0
中　　　国	22.6	25.0	29.0	21.0
日　　　本	1.7	4.0	2.7	3.3
イ ン ド	30.4	24.0	18.0	19.0
ラテンアメリカ	3.2	2.4	3.9	6.4
ア フ リ カ	12.1	10.8	6.7	8.0
世　　　界	100.0	100.0	100.0	100.0
世界(100万人)	265	425	1,625	2,500

(出所) McEvedy, C. and R. Jones, *Atlas of World Population History*, Penguin Books. 1978.

それぞれ79百万人（30.4％），66百万人（22.6％）と過半を占めた（日本は4.5百万人（1.7％））．欧州は36百万人と13.5％であり，アフリカは12.1％であった．

　1500年には，欧州の人口は81百万人と世界人口425百万人の19.1％に増加したが，アジアは65％に低下し（中国は1.6億人の25％，インドは1.4億人の24％），アフリカも11％になった．当時の世界は隔離されており，各地域の交流はきわめて小さかったが，欧州の人口増加はその後の世界への拡散の1つの原因となった（ウオーラステイン，1981a，40.）
（欧州人口の拡大と拡散）
　16世紀以降20世紀への世界の人口動向の特色は欧州人口の世界での比重の急増である（1900年には1500年の19.1％から24％に拡大した）．しかも，その活動範囲は世界中に拡大し，北米（5％），中南米（3.9％），オセアニア（0.2％）など西欧文明の影響の強い地域は世界の人口の1/3を占めたが，これに植民地を加えるとその比重はさらに大きくなる．アジアの人口の比重は60％に減少したが，特に英帝国下のインドの比重の減少が大きく（18％），中国は逆に29％に拡大した．また，アフリカの人口の比重も大きく減少した（11％から7％）．

　今世紀初頭の世界の状況は西欧列強の世界支配である．植民地を含め，英国は世界人口の25％を支配していたが，西欧列強の支配地域を加えると世界の人口の5割がその支配下に入った．これにロシア，北米，日本を加えると，世界の人口の7割は西欧を中核とする列強の支配下にあったことになる．世界の工業生産，貿易，さらに投資での圧倒的シェアーとともに，列強の世界支配の源となった．

　このような情勢は，おおむね，第二次大戦前まで続いた．ただし，この間，欧州の人口の伸びは鈍化し，その中でソ連が成立した．また，北米，日本はその比重を拡大した．中南米は比重を高め，アフリカも比重を減少から拡大に転じた．アジアの人口の比重は横ばいとなったが，世界最大の人口地域として5割を越えた．中国の比重は減少し，インド半島の比重は横ばいとなった．

2. 二極体制と人口

戦後の状況を二極体制という観点でみると，1950年の世界の人口は欧州の比重が減少し[8]，しかも，ソ連，東欧は社会主義圏に移行したため，西欧の比率は13％であった．北米や日本，オセアニアを含めても西側先進国の比率は23％程度であり，今世紀初頭の3割から減少した．しかし，アメリカの人口は増大を続けたが，アメリカの影響は先進国のみでなく，人口急増の中南米(6.6％)や東南アジアなどでも強かった．

また，GDPでは戦後，米国が圧倒的比重を占めたが，70年代以降は，西欧が米国に匹敵するシェアーを占め，また日本の比重が拡大し，先進国全体では常に65％以上の比重を占めた．西側は米国が中核となって，世界各国と安全保障条約を結び，また援助を行った．西欧は，また，旧宗主国としての影響力があり，西側は，国際貿易（おおむね世界の7割以上）や国際金融を含め，多くの途上国への影響力を強めた．

他方，東西対立の相手であるソ連，東欧，中国などの社会主義国は世界の人口の3割近くを占めた．体制は異なるが，世界の安定，管理の観点からは共通の関心を持つ面があった．戦後の二極体制は激しい対立を含み，不安定ながら，世界の生産，人口の過半を管理できる状況であった．国連の安全保障理事会の5常任理事国の比重は1950年，人口で40％，GDPで62％，軍事費は80％，世界貿易で4割弱を占めた．

(途上国の台頭と地域統合)

戦後の状況の推移を人口の面からみると途上国の比重の増加に対し，先進国の比重の低下と位置づけることができる．戦後は多くの途上国が独立を完成し，アフリカ，東南アジア，南アジア，西アジア，中南米といずれも人口の増加が急激で，人口の比重も1950年の67％から95年には78％へ高まった．他方，西側先進国の人口の比重は1950年から95年にかけて23％から15％に減少した．しかし，戦後の世界は西側先進国の高度成長を牽引車とするものであり，世界のGDPの7割を占め続けたが，国際貿易・投資が急増し，相互依存は大

きく上昇した．

　世界貿易・投資の拡大は途上地域では特に1980年代以来の東アジアで起こり，東アジアの奇跡が実現したが，アジア・太平洋での地域協力の強化につながった．北米地域でのNAFTAの形成や中南米での地域協力の進展がすすみ，途上地域の世界貿易・投資への参加が高まったが，市場経済の浸透である．WTOの成功には東アジアをはじめとする途上国の協力が大きな貢献をしたが，途上国の世界管理への参加が世界の発展に寄与している．

　アジア中進国およびアセアン諸国のGDPは1990年4％程度であるが，世界貿易では10％を越え，人口も8％を越える．中南米地域の世界経済への参入も進んでおり，市場経済の浸透が世界の管理を支えている．先進国とアジア中進国，アセアン，中南米を加えると世界の人口の4割，GDPの85％，世界貿易の85％が市場経済の強い地域によって占められることになるが，それはまた，多かれ少なかれ，民主主義へ志向する地域でもあった．

　また，地域統合の視点でみると，東アジア諸国の人口の比重は中進国は1％程度であるが，アセアン諸国を含む東南アジア8.5％，中国21％と，日本を合すると，東アジアは33％となる．EU，NAFTAと合すると，ほぼ世界の人口の半分，GDPの86％，貿易の85％が地域協力に参加していることになる．
（二極体制の崩壊と民主主義，市場経済の拡大）

　二極体制の崩壊は民主主義と市場経済の拡大を進めた．旧ソ連・東欧諸国は移行途上の地域となったが，中国でも市場経済化が大きく進展した．台湾，韓国，アセアン地域の民主化は90年代に入り確実なものとなったが，インドや中南米でも市場経済が進んだ．アフリカでも南アの民主化が進み，多くの国で改革が進んでいる．このような状況の中で北米，西欧，日本，豪州などの先進国のGDP，国際貿易は世界の7割を占めるが，人口の比重は15％に低下している．世界の管理においてアジアや中南米の途上国の比重が高くなった．

3.　21世紀の世界の人口

（先進国の人口低下と低所得国の増大）

表 6-2-2　世界人口の地域別推移，予測（1950-2025 年）

(単位：%)

地域・国	1950 年	1995 年	2010 年	2025 年	2050 年
欧　　　州	15.6	9.2	7.7	6.4	5.1
西　　欧	12.8	7.4	6.2	5.2	4.1
東　　欧	2.8	1.8	1.5	1.2	1.0
旧 ソ 連	7.2	4.5	3.8	3.3	2.7
北　　米	6.6	5.2	4.0	4.5	4.0
オセアニア	0.5	0.5	0.5	0.5	0.5
東アジア	26.7	25.0	22.9	20.1	18.4
日　　本	3.3	2.2	1.8	1.5	1.1
中　　国	22.1	21.4	19.8	18.4	16.1
東南アジア	7.2	8.5	8.6	8.6	8.7
南アジア	19.1	23.1	24.5	25.1	25.9
イ ン ド	14.2	16.3	16.7	16.5	16.3
西アジア	1.7	2.9	3.3	3.7	4.1
アフリカ	8.8	12.6	15.2	18.1	21.8
中 南 米	6.6	8.4	8.5	8.6	8.7
世界 (%)	100.0	100.0	100.0	100.0	(100)
(100 万人)	2,524	5,687	6,890	8,039	9,366
(先進国) 欧・米・日・旧ソ連・オセアニア	33.2	21.6	17.8	16.2	13.4

(出所)　国連『人口予測・1996 年改訂』から作成.

　国連の人口推計によれば，21 世紀へ向けて，世界の人口は 1995 年の 57 億人から 2025 年に約 5 割増えて，80 億人となり，2050 年には 94 億人となる. きわめて大きい人口増加であるが，その増加はほとんどが，現在の途上地域で増える. 他方，先進地域の人口は北アメリカは増加するが，欧州，日本はほとんど増えず，旧ソ連，東欧を含む先進国のシェアーは 22 ％から 16 ％に低下し，2050 年には 13 ％となる. また，民主化の進んだ韓国や台湾などでの増加は大きくない. 逆に，途上国の世界人口での比重は 95 年の 78 ％から 84 ％と増大し，2050 年には 87 ％となる.

　増加率はアフリカ，南アジア，中東，ラテンアメリカ，東南アジアなどで高

表 6-3 世界の GDP への主要国の GDP シェアーの推移 (単位:%)

地域・国	1950 年	1960 年	1970 年	1980 年	1990 年	1994 年
北　　米	42.8	39.1	34.1	25.5	28.8	27.8
アメリカ	40.3	36.3	31.3	23.3	26.1	25.7
カナダ	2.5	2.8	2.8	2.2	2.7	2.1
西　　欧	21.1	23.2	25.0	31.4	33.3	29.9
東　　欧	3.8	4.6	4.6	4.6	1.3	1.3
旧 ソ 連	8.9	10.5	10.9	9.4	5.2	2.0
オセアニア	1.5	1.5	1.9	1.5	1.6	1.5
日　　本	1.6	3.1	6.5	9.2	14.1	18.2
アジア中進国および　アセアン	—	1.8	1.4	2.5	3.7	5.0
中　　国	3.8	3.8	3.8	2.2	1.8	2.0
南アジア		3.0	2.2	1.7	1.7	1.4
その他アジア		0.4	0.4	0.4	0.6	0.4
中　　東		1.3	4.4	4.4	2.5	3.2
アフリカ		2.0	1.9	2.6	1.3	1.4
中　南　米		5.0	5.2	7.1	4.3	6.0
世　　界	100.0	100.0	100.0	100.0	100.0	100.0
(大 欧 州)　西欧・東欧・旧ソ連	33.8	38.3	40.5	45.4	39.8	33.2
(東アジア途上国)　中進国・アセアン・中国		5.6	5.2	4.7	5.5	7.0
(東アジア)　日本・東アジア途上国		8.7	11.7	13.9	19.6	25.2
(先 進 国)　北米・西欧・日本・アセアニア	67.0	66.9	67.1	67.6	74.9	77.4

(出所) UNCTAD (1984). *Handbook of international trade and deveropment statistics* および経済企画庁海外経済データより作成.

い．特にアフリカが高く，その比重は 95 年の 13％から 18％に増大する．また，南アジアは東アジアを抜いて世界最大の人口地域になる．国別にはインド，パキスタン，バングラディシュ，ナイジェリア，ブラジル，インドネシアなどの増加が大きく，インドは 2050 年には世界人口の 16.3％を占め，中国を抜き世界最大の人口国となる．中国の増加は大きいが，その比重は 95 年の 21.4％

から，2025年18.4％，2050年16.1％に低下し，しかも急激な高齢化の状況に入る．東南アジアも増加は大きく，比重は8.6～8.7％と高原横ばいとなる．
(長期的地域別推移)

　長期的に地域の人口を見ると欧州の2025年の人口の比重は西暦1000年の比重を下回る．南アジアの人口の世界への比重は1500年の24％以降その比重を低下させ，1900年には最低の18％となった．しかし，その後の増加は急速であり，1995年23.1％，2025年には25.1％へ増加する．その経済も最近は好調である．アフリカの人口の比重も1900年の6.7％を底に増加の一途をたどり，2025年には18.1％となる．西アジアの人口も今後の増加が大きく，その世界への比重は2025年には3.7％となる．南アジア，西アジア，アフリカの人口は1995年の38.6％から，2025年には46.9％へ増大するが，2050年には51.8％と過半をこえる．但しGDPの比重の増加は少ない．

4. 世界人口の増加，グローバリゼーションの意味するもの

　以上の人口の状況を勘案し，情報革命，遺伝子工学が発展し，グローバリゼーションが進行すると21世紀の世界のイメージはなにかである．第一は，大きな人口の増加を背景に，世界の急速，急激な発展である．しかも，グローバリゼーションの急激な浸透，情報革命の急速な伝播は国境の壁を低くし，企業活動の地球化の一層の進行とともに，人々の地球的交流も高めよう．現在，多くの国でベンチャービジネスが輩出する一方，内外企業の大型合併，提携が進行し，世界の生産資源の配分を再配分している．世界の生産は拡大し，過去20年間3％をこえる成長をしている．この傾向が続くなら世界経済の規模は25年ごとに倍倍ゲームをたどることになる．運輸交通の発展は国内のみでなく，海外旅行を生活の必需品とし，生涯幾たびかの海外旅行は常態となる福祉の向上である．インターネットでの取引，交流は急成長し，企業活動のみでなく，ネチズンを生みだし，学術交流に寄与するのみでなく，世界世論の形成にも貢献している．あらゆる面で世界の相互依存が高まるという明るい面である．
(発展の不均整)

第二に，世界の発展は，しかし，不均整である．北米は人口の増加もあり，情報革命を主導し，アメリカの世界での優位はかなりの将来も続こう．欧州は人口では減少するが，経済統合が進展し，それなりの成長を遂げよう．途上国を見ると世界の人口増加はアフリカで特に大きく，中東，中南米で増加するが，絶対数ではアジアの増加がもっとも高い．経済発展を加味すると21世紀の世界は北米，欧州の優位は続くものの，アジアの進展が高く，世界の政治，経済の比重は次第にシフトすることが考えられる．中国の台頭は続くが，インドの発展も予想され，人口大国・アセアンもそれなりの発展を示そう．アジアの台頭は世界の政治・経済に地殻変動ともいうべき変化をもたらし，国際的産業調整，貿易摩擦，資源や環境への圧力などの問題を生み，安全保障上の問題にも重要な意味を持つ．

　第三に，第二と関連するが，20世紀の状況を見ると，人口・領土大国が発展を高めていると思われる．アメリカが典型だが通信，運輸技術の発展は国家の適正規模を大きくしたと考えられる．旧ソ連といい，中国といい，これらの技術の発展なくして強い国家の統合は不可能だった．そしてインドが今その大国への道を歩んでいる．西欧の国民国家の繁栄はフランス，ドイツ，英国など人口5千万人ぐらいが最適規模と思われたが，今や，欧州でも地域統合に踏切り，人口3億人の規模で進んでいる．北米大陸での地域統合もその規模であるが，他の地域でも地域統合がかつてない規模で進行している．運輸，通信技術の進歩に加え，企業活動の国際化が適正な経済規模の変化をもたらしたと思われる．中南米もブラジルやアルゼンチンを中心とする発展が予想される．国民国家としては規模の大きかった日本もいまやシンガポールや韓国との自由貿易協定を模索し始めている．

　グロバリゼーションの結果，世界は一方に地球企業の活動やNGOなどの交流の高まる中で，21世紀の世界は北米・中米，欧州，中国，インドなどの大地域，大国を中心に動くのだろうか？

　第四に，21世紀において，世界は，しかし，市場の失敗ともいうべきいくつかの問題に直面する．まず，環境，資源問題への対応である．世界の環境問

題については京都会議の結果,先進国の二酸化炭素の排出量の削減,途上国の排出抑制が決議されたが,排出規制について十分な成果がえられない.環境問題の悪化は基本的に世界の急速な経済成長に起因するものであり,その中で人口の増加は大きな要因である.環境問題はエネルギー消費と密接に関連するが,人口増加に伴う石油資源などの確保の問題は依然今後も重要な問題である.中東のほかカスピ海地方やシベリアの石油資源をめぐる動きは活発化している.さらに,食糧についても所得の上昇につれて食肉の消費は避けられず,食糧確保の問題は水資源などとの関連でも時につれ問題となり,国際調整が必要となる可能性がある.

また,グローバリゼーションは企業活動の世界的生産資源の再配分をしているが,南北の格差のみでなく,南南の格差も拡大している.1999年のWTO閣僚会議の不手際はNGOの不満とともに,途上国の不満が原因している.今後の人口の増加は低所得国で大きいこと,特にアフリカで人口増加の多いことは貧困・飢餓の問題を尖鋭化させる可能性がある.南アジアや中東諸国,さらには東南アジアなどの所得の低い国でも同じような問題が起こることが予想される.

Ⅳ　21世紀のPAと世界管理

1. 変動大きい21世紀の世界

以上のように21世紀の変動は大きい.情報革命や遺伝子工学が大きな発展を起こす反面,人口変動は途上国の人口を大きく拡大し,構造変動もきわめて大きい.そのような中でアジアの比重が上昇し,大国が登場し,世界の政治・経済的構造変化を大きくするが,その発展はしかも環境問題やエネルギー,食糧問題の先鋭化をもたらす可能性が強い.このような中での国際協力が重要になるが,PAの世界管理はどうなるか.

2. 米国の長期的戦略

ストレンジは米国を国際的ルールを変える力を持つ構造的パワーとしたが（ストレンジ，1988, 51-55），国際関係への影響力では独立変数の力がある．米国の安全保障での優位は情報の傘も加えて21世紀にも長期にわたり続く可能性は強い．NATOや日米安保条約は長期に維持され，ロシアや中国へのアメリカの関与は続きそうである．中東に関しても同じである．また，米国は今後も世界で最大の経済大国であり，国際金融はアメリカを中心に循環する．情報革命，サービス化の波に乗り，人口は増加し，アメリカは今後も遺伝子革命をものにし，そのダイナミズムを保ち，今後長期にわたり世界経済の平均成長を保つ可能性は十分ある．2020年にも北米が世界経済の3割を保ち，米国のリーダーシップが維持される可能性が強い．

しかし，長期的に見ればアメリカは世界の共同管理者が必要である．欧州はアメリカにとって競争者の面はあるが，経済統合の進展は欧州の地位を高め，安全保障問題を含め，有力な協力者である．日本も同盟国であり，韓国や豪州

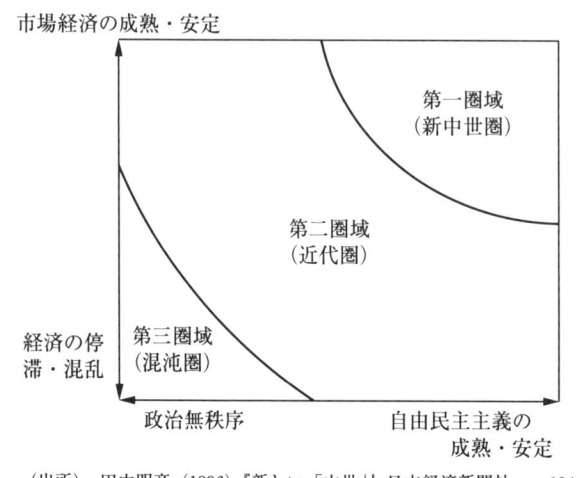

図6-1 三つの圏域のモデル

(出所) 田中明彦（1996）『新しい「中世」』日本経済新聞社，p. 194.

第6章 パックス・アメリカーナ第二期の世界　199

図6-2　3つの圏域による各国の分類

（単位：％）

1人当たりGDP 1万ドル以上:
- ▲アメリカ 23,760
- △スイス 22,580
- △ルクセンブルグ 21,520
- ▲ドイツ 21,120
- ▲カナダ 20,520
- ▲日本 20,520
- ▲フランス 19,510
- △デンマーク 19,080
- △オーストリア 18,710
- △ベルギー 18,630
- △ノルウェー 18,580
- △スウェーデン 18,320
- △オーストラリア 18,220
- △イタリア 18,090
- △オランダ 17,780
- △アイスランド 17,660
- △バハマ 17,360
- ▲イギリス 17,160
- キプロス 16,270
- △ニュージーランド 15,050
- △イスラエル 14,990
- △スペイン 14,700
- △アイルランド 13,400
- モーリシャス 12,830
- n.a. 11,700

- △ポルトガル 9,850
- △トリニダード・トバゴ 9,760
- バルバドス 9,667
- △韓国 9,250

- △シンガポール 18,330
- △香港 n.a.

- ▲台湾 8,520
- △ベネズエラ 8,326
- △クウェート 7,790
- △マレーシア 7,300
- ▲メキシコ 6,400
- ベラルーシ

- △カタール 22,380
- △アラブ首長国連邦 21,830
- △ブルネイ 20,589
- △バーレーン 14,590
- △オマーン 11,710

平均寿命60歳以上

1人当たりGDP 1万ドル未満

国名	値	国名	値	国名	値
△ユーゴスラビア	n.a.	△ロシア	6,140	△アルゼンチン	8,860
△サウジアラビア	9,880	△タイ	5,950	△チリ	8,410
リビア	9,782	セイシェル	5,619	△ギリシア	8,310
イラン	5,420	△コロンビア	5,480	△マルタ	8,281
チュニジア	5,160	フィジー	5,410	△チェコ	7,690
シリア	4,960	▲ブラジル	5,240	△エストニア	6,690
アルジェリア	4,870	△トルコ	5,230		n.a
カザフスタン	4,270	ウクライナ	5,010	△スロベニア	6,690
△エジプト	3,540	アンティグア	4,436	△スロバキア	6,580
イラク	3,413	ヨルダン	4,270	△ハンガリー	6,060
△キューバ	3,412	スリナム	3,730	△ウルグアイ	6,060
トルクメニスタン	3,400	モルドバ	3,670	△ラトビア	5,938
北朝鮮	3,026	アルバニア	3,500	セントキッツ・ネビス	5,619
△インドネシア	2,950	パラグアイ	3,390	ベリーズ	5,600
ウズベキスタン	2,650	△モロッコ	3,370	△コスタリカ	5,480
アゼルバイジャン	2,550	ペルー	3,300	ボツワナ	5,120
△中国	1,950	トンガ	n.a.	△ポーランド	4,380
タジキスタン	1,740	ドミニカ共和国	3,280	エクアドル	4,350
グルジア	1,200	クロアチア	n.a.	△ブルガリア	4,250
ベトナム	1,010	グアテマラ	3,180	△南アフリカ	3,799
		バヌアツ	2,890	リトアニア	3,700
		キルギス	2,850	ドミニカ	3,526
		スリランカ	2,850	グレナダ	3,330
		ルーマニア	2,840	セントビンセント	3,322
		ニカラグア	2,790	△ジャマイカ	3,200
		フィリピン	2,550	セントルシア	3,026
		レバノン	2,500	ソロモン諸島	2,616
		アルメニア	2,420	モンゴル	2,389
		グルジア	2,300	サモア	1,956
		△エルサルバドル	2,250	西サモア	1,869
		△ホンジュラス	2,000	ガイアナ	1,800
		インド	1,230	カーボベルデ	1,750
		レソト	1,060	サントメ・プリンシペ	600

平均寿命60歳以上

第6章 パックス・アメリカーナ第二期の世界　201

体制自由度低	体制自由度中	体制自由度高
イエメン 2,410	ガボン 3,913	ナミビア 4,020
カメルーン 2,390	コンゴ 2,870	ベニン 1,630
ラオス 1,760	ボリビア 2,410	マラウイ 820
象牙海岸 1,710	パプア・ニューギニア 2,410	マリ 550
スワジランド 1,700	ガーナ 2,110	
モーリタニア 1,650	ジンバブエ 1,970	
スーダン 1,620	セネガル 1,750	
ナイジェリア 1,560	コモロ 1,350	
ジブチ 1,547	バングラディシュ 1,230	
ケニア 1,400	ザンビア 1,230	
ガンビア 1,260	ネパール 1,170	
カンボジア 1,250	中央アフリカ 1,130	
トーゴ 1,220	ハイチ 1,046	
リベリア 1,045	ウガンダ 860	
ソマリア 1,001	ギニアビサウ 820	
シエラレオネ▲ 880	ニジェール 820	
アフガニスタン 819	ブルキナ・ファソ 810	
チャド 760	マダガスカル 710	
アンゴラ 751	タンザニア 620	
ミャンマー 751	モザンビーク 380	
ブータン 750	エチオピア 330	
ブルンジ 720		
ルワンダ 710		
赤道ギニア 700		
ギニア 592		
ザイール 523		

平均寿命60歳未満

1人当たりGDP1万ドル未満

*(1) 体制自由度、平均寿命、購買力平価による1人当たりのGDPによる各国の位置および3つの圏域とマクドナルド出店数（1996年、株式会社日本マクドナルド調べ）。図内、■は新中世圏、は港池圏、その他は近代圏、また▲は100店以上、△は1店以上をあらわす。
*(2) Adrian Karatnycky, et al., *Freedom in the World: The Annual Survey of Political Rights and Civil Liberties, 1995-1996* (New York; *Freedom House, 1996*), pp. 536-540 に掲載されている体制自由度、購買力平価による1人当たりのGDP、平均寿命のデータを田中氏が図表化したもの。体制自由度の高は、Freedom House による、"Free"、中は "Partly Free"、低は "Not Free" である。表内の数字は購買力平価による1人当たりのGDP、単位はアメリカドル、n.a. はデータ未詳。

（出所）田中明彦（1996）『新しい「中世」』日本経済新聞社、p.195.

表6-4 近代文明の3つの発展局面

	技術的突破	複合主体	基本権	相互制御の基本型	大社会システム	社会ゲーム
第1局面(軍事化)	軍事革命	主権国家	主権	脅迫／強制	国際社会	威のゲーム
第2局面(産業化)	産業革命	産業企業	財産権	取引／搾取	世界市場	富のゲーム
第3局面(情報化)	情報革命	情報産業	情報権	説得／誘導	地球智場	智のゲーム

(出所) 公文俊平 (1994)『情報文明論』NTT出版.

とともにアジア・太平洋地域での協力者である．しかし，人口という点から見るとこれら諸国を合わせても21世紀には世界の人口の1割ぐらいにしかならない．NAFTAを通じての協力，中南米との協力の強化や今後の世界発展の重要な極であるアジアとの協力の拡大は米国にとってますます重要な戦略となる．中国との関係は重要であり，また，アセアン，さらにインドとの関係強化が行われよう．

ARFやAPECを通じる関係強化は重要であるが，国連やIMF，WTOなどの国際機関は米国の影響力の強い場である．ただし，民主主義の強まる国際機関において法の支配はアメリカに制約として働く場合もあることは明らかである．

3. 関与拡大の政策の妥当性

この様な中でアメリカの関与と拡大政策にとって重要なのは「民主主義は平和をつくる」という主張であり，民主主義と市場経済が拡大すれば，世界の平和と発展が維持されるという主張である．それは，また，世界の中心文明であるアメリカの価値を伝播し，その影響力を高めるという戦略である．

田中はその著『新しい「中世」』の中で，政治体制の自由度と国内経済体制の成熟度による基準の組み合わせにより，世界の国を3つの圏域に分けている（田中，1996，193-196）．そして，欧米日などの第一圏域内では戦争は起こらな

いとする（公文の智のゲームの諸国に該当する（公文, 1994））．しかし，多くのアジア諸国，中南米諸国，中東諸国など近代化の過程にある第二圏域の国は相互に，あるいは第一圏域の諸国と紛争に陥る可能性が少なくない．アフリカなどの第三圏域は混沌圏と名付けられている（図6-1を参照）[9]．概していえば，生活水準の高まりは政治的自由度を高める可能性がある．カントは永遠平和の条件の1つとして，共和制を述べた（カント, 1949）．しかし，民主主義が確立した国での戦争は起こりにくいが，民主主義への過程にある国は戦争を起こす可能性は高いとの意見はある（Mansfield and Snyder, 1995）．すなわち，第二圏域から第一圏域への移行の際である．

以上を前提にして，今後の人口などの動向から，民主主義平和の仮説を検証してみると，まず，田中のいう第一圏域の「新しい中世圏」の人口はすでに述べたごとくその比重を低めていく．問題は第二圏域からの移行がどのくらいかであるが，今後，韓国や台湾がこの圏域に入ってきても人口の上では大きくない．中南米やアセアン諸国が入ってくればかなりな変化であるが，先進国の比重の低下が大きい．

次に，人口の比重からいうと，第二圏域の近代圏の比重が大きく，しかも，大国が多い．近代圏の論理は国民国家の形成期のものであり，中国が典型だが，多くの国が民族意識を高め，軍事力を強化し，経済発展をめざしている．インドをどう見るかであるが，もっとも民主的との評価もあるが，今後，民族意識を高め，その統合を強めてゆくとすれば，第二圏域の典型といえよう．イランなどもその例といえよう．また，今後の人口の増加からみると，まず，アフリカなどむしろ混沌圏の人口が急激に増える流れとなる．

以上からみると，21世紀の世界は，グローバリゼーションは進み，世界の人口の国際社会への登場を促進するが，その主体は第二圏域ないし第三圏域の国際社会への登場ということになる．第一圏域の新しい中世圏の浸透はあるが，人口の比重からみると増大しない可能性が強い．地域的にはアメリカの諸報告がいうように，欧州は大きな波乱はなく，アジアや中東，さらにアフリカでの構造変動やそれに伴う混乱に備えるべしということになろう．

もちろん，この結論は関与と拡大政策の妥当性を否定するものではない．中心文明の強さとして文明の統合性を挙げることができる．すなわち，現在，新しい中世圏の人口でいうと世界の 15％程度であり，今後，その比重はむしろ減少してゆくが，民主主義と市場経済の価値で統合されていることが重要である．他の圏が 1 つの価値に統合されているわけではない．むしろ，中心文明圏以外の国の価値はバラバラであり，統合できないものである．従って，中心文明圏の影響は今後も極めて強いものである．

　さらにいえば，この問題は国の数では論じられない．第二近代圏の諸国の中にも，第三の混沌圏の国の中にも中心文明を認める人々が，急速に増えていることは明らかである．公文のいうネットワーク社会はその典型であるが（公文，1994），民主主義や市場経済はさまざまなルートを伝わって拡大し，このような人々やグループの数は情報化の進展に従って増大する．世界における中心文明の伝播は依然急速であり，近代圏や混沌圏の政治にも大きな影響を与える．その意味では依然関与と拡大政策は有効である．

　アメリカは従って西半球の立場を固め，第一圏域の諸国と友好関係を深めることを基本にするが，ランドの報告書はアジアに関しては，その関心の場を東アジアから次第に南の方へ移行させるとする．朝鮮半島，台湾問題等，中国が依然，最大の関心国であるが，民主主義国・インドへの関心を急激に強くしていることが注目される（RAND, 2000）[10]．

V　日本の対応

　以上の変動の展望の中で日本はどうするか？　冷戦中は，国際政治上は鎖国に近かった日本であるが，21 世紀はアジアの大変動の展望である．日本にとってきわめて重大な影響を持つ朝鮮半島の統一は 21 世紀には実現するだろうし，統一を契機に東アジアの政治地図は大きく変わる．また，台湾問題への対応を改めて問われる時期がくると考えられる．両者とも日米同盟に深く関連し，また，中国との関係に大きく影響する．しかも，アメリカにはロシアとともに

日本は国力が低下し，日本は長期的にも大きな役割を果たしえないとの考えが台頭する可能性がある．インドの大国化も大きな課題であるが，大国化には核武装が1つの要件となっている．インドの核実験に反対し，援助を中断した日本だが今後，どの様な対応をするか．

これらの状況は日本に改めてアジアへの対応を迫り，アメリカとの関係の再構築を決断すべきものである．日本の国家目標を決め，戦略を決めるのが重要である．しかし，大目標，大戦略を立てることは戦後，戦略を立てることに習熟せず，事態を外圧対応で行ってきた習性を短時日には変えられない．まず，ひとつひとつの問題に目標をもうけて外交の修練をするしかない．朝鮮半島の問題でいえば，日本と友好，共栄の可能性のある半島が望ましく，そのための補償問題の対応があろうが，日本も参加する6カ国協議体制の実現を推進すべきである．

幸い，日本はアメリカの同盟国であり，アメリカの戦略である関与と拡大政策には共鳴するところが多い．それはアジアの現状維持を望む点において，日本とアメリカは戦略的パートナーだからである（中国は現状の変更を求めている）．アメリカの世紀はなお続くことは幸いであり，日本は1つ1つの問題に自分の目標と戦略をたてつつ，当面は米国との協議の上問題をこなして行くしかない．Randなどのアメリカの報告書が日本の憲法の改正，集団防衛への参加を呼びかけているが，アジアの激動を目前にして日本の安全保障政策への制約が大きすぎることを意味する．

日本にとって重要なことは外交政策への制約を自由にして，政治主導で問題を進めることである．憲法の改正，有事への対応は朝鮮半島や台湾の情勢の今後を考えるとき当然である．援助は日本外交の重要な柱であり，グローバリゼーションのもたらす副作用である環境問題や貧困対策に有効である．このためにも，官僚主導を弱め，規制の緩和を行って，開放経済の便益を活用し，経済の活性化を進めることがきわめて重要である．

1) アメリカの軍事研究では現在NMDはセンサーによる情報技術により相手方を攻

撃するミサイル技術によっているが，これに宇宙衛星からの攻撃能力が合体すれば，NMD を強化，完成させると考えている．また，日本が人口衛星の開発に成功しても，その実用には，世界を覆う情報の収集力，加工力と対応力を持つアメリカに依存せざるをえない．
2) 2000 年 2 月公表の国防報告は米国の安全保障上の卓越性は 2015 年までは少なくとも続くと見る．
3) フクヤマは民主主義の世界への広がりの指標として今世紀初頭，民主国は欧米を中心として 13 であったが，1919 年は 25, 1945 年は 13, 1960 年は 36, 1990 年には 61 に増えたとする（フクヤマ，1992 上）．戦後の拡大は中南米，一部アジア諸国，最近は東欧諸国である．
4) D, Wilson は Central Civilization の存在を主張し，現代では西欧文明がその主流をなし，世界を均質な文明に同化しつつあることを主張する（Willson, 1987, 31）．
5) NATO はドイツの台頭への抑止の面もあるという．
6) これらの報告書には米国防総省「21 世紀国家安全保障委員会」報告, 2000, RAND (2000), 米国防次官「99 年夏季研究最終報告―アジア 2025」(2000), 米国家情報会議「2015 年の世界潮流」2000 年 12 月などがあるが，多くの報告書が中国の台頭と日本，ロシアの相対的国力の低下を予測する．また，多くの報告書がシナリオとして朝鮮半島での統一の進展を機に，米軍の半島からの撤退，中国の影響力の高まり，日米関係への悪影響の可能性を指摘し，その過程で中国の台湾への侵攻，台湾の「中立化」の可能性があるとする．また，米国防次官報告が典型だが，インドの台頭を指摘する．21 世紀の大国としてインド半島を統合し，インド連邦をつくり，イランと手を結んで，南アジアの地域大国となるとする．インドが中国を挟んで日本と戦略的な連合をする場合とインドが中国と勢力分野を協定する場合があるとする．
7) 日本に関しては上記の報告以外に次の報告がある．INSS (2000) The United States and Japan ; Advancing Toward a Matured Partnership October 2000. 及び Council on Foreign Relations, Future Direction for U. S. Economic Policy Toward Japan.
8) McEvedy の統計では 1900 年の 24％から 1950 年には 21％に減少している．McEvedy の推計は 1000 年から 1975 年までだが，本稿は 1950 年からは国連の統計による．
9) 国連は 1991 年，「人間開発指標報告」の中で，開発指標とともに，自由度指標順位を示している．前者は 1990 年の世界の国々の所得，教育，平均生存年齢などを組み合わせた指標である．西側先進国が優位を示すが，同時に社会主義国も高い指標であった．後者は 1985 年度における政治的自由，労働環境の自由，法の支配度，性的自由などを総合した自由度ランキングである．スウェーデンなどの北欧諸国，西欧諸国が高いランキングを示すが，社会主義国やアジア諸国のランキングは高く

ない．

　開発指標と自由度指標を組み合わせると，両方の要求を満たす国は日本を含む西欧的先進国で田中の第一圏域にあたる．これに対し，所得はある程度高いが，大部分の国は自由度が低い．アジア諸国，ラテンアメリカ，中東の諸国が入るが，社会主義国もこの分類である．田中の第二圏域の概念に近い．第三は所得が低く，自由度の低い国である．田中の第三圏域に近く，南アジア，アフリカ諸国が入る．

10)　インドの経済発展もこのところ順調である．中国やアセアンの発展はインドにも好い刺激を与えているが，グローバリゼーションや情報革命の中での開放政策が，この大陸にも経済発展の上で好ましい影響を与えている．アメリカをはじめとする最近の外国企業の進出とともに，良質の労働力の動員がある．特に，海外へ貯蔵されていた人的資源が本国に還流し，その経済発展を強くしている．インドの発展はアジアの発展をさらに促進する．しかしながら，きわめて人口増加が高いのも事実であり，1人あたり所得でみればインドが工業化し，離陸するのは，未だしということになろう．ただし，インドもナショナリズムを強めており，最近の好調な経済発展は地域大国としてのスタンスを強める可能性がある．

第 7 章

パックス・アメリカーナと中国

I 中国台頭の衝撃

1. 中国の高度成長

　第二次大戦後の東アジアの登場は世界の注目を集めたが，80年代以来の中国の高度成長は21世紀の大国の登場として，質の異なる衝撃を世界に与えている．すなわち，中国は世界の人口の1/4を占めながらも「眠れる獅子」と形容され，19世紀以来，分裂と混乱を繰り返し，国際政治上の空白地帯であった．列強が中国に進出し，日露戦争の主戦場は中国の領土であった．1949年中華人民共和国が成立し，共産大国として注目されたが，大躍進後の経済停滞，文化大革命による混乱は中国社会の特色である破壊と混乱の繰り返しとも思われた．

　しかし，中国は70年代末からの改革開放路線の採用以来，高度成長に転じた．天安門事件はその政治的安定に疑問が生じたが，その後遺症は最小限にとめられ，90年代は再び成長に転じた．インフレの障害とアジア金融危機の悪影響に直面しながら，社会主義市場経済は進展し，各種生産は急速に拡大している．鉄鋼では世界一の生産を実現し，自動車などの生産も拡大しているが，IT関連の発展も著しい．世銀は中国の生産は全体として日本を抜き，米国に

次ぐと評価している．

　国際貿易は急速に拡大し，今や，アセアン諸国を抜いたが，外国からの投資も中国市場の巨大な潜在力に引かれて急増し，さらに中国の経済力を高めている．江・朱政権はWTO加盟を機に中国経済の一層の発展をはかる路線を選択した．国有企業の合理化という難問題があるが，中国の世界での地位は急速に高まっている．

　2．21世紀の大国

　中国の未来については21世紀は中国の世紀との見方もあるが，他方，分裂と混乱のシナリオも排除できない．現状は急激な発展はあるが，中国自身が認めるように依然として発展途上の国であり，社会主義体制以来の矛盾も多く残している．多くの赤字国有企業の存在，諸侯経済と評される中央と地方の摩擦，内陸と沿海の格差，人口移動の大きな不安定な社会などである．しかし，依然として外資の導入は続き，それなりの経済成長が続いている．共産党政権は大きな矛盾を抱えているが，中央政府の威令は国の底辺まで届いている．経済の発展は政治への矛盾を作りながらも，社会主義市場経済は作動している．

　中国の1人あたり所得は日本の50分の1であるが，今後もこの水準に留まるというのも不合理であろう．むしろ，世界の2割の人口を持つ国が長期的には世界でもっとも大きい経済規模を持つことは自然であるかも知れない．21世紀が大国の世紀であるという流れからすれば当然かも知れない．中国共産党15回党大会の長期見通しは21世紀半ばには1人あたり所得でも先進国と並ぶという見通しを示す．

　しかしながら，中国の急激な台頭，21世紀の富強の大国としての見通しは，世界に衝撃を与えている．第一に，巨大な人口は大きな潜在性を持つ市場を提供し，これは中国の経済戦略の重要な要素になっているが，その巨大な労働力の蓄積はその一部が労働市場に登場しただけで，アジア諸国との競争を高め，グローバリゼーションの進む世界の賃金，価格に無視できない影響を与えている．今後も巨大な労働力が世界市場に参加する状況は強力な競争者の登場を意

味することになる．

　第二に，中国の発展は世界の資源環境，エネルギー消費に大きな影響を与えることは必須である．環境問題は中国国内に深刻な影響をもたらしているが，東アジアの隣接国に影響することは明らかである．さらに石油資源をめぐる対立は南沙諸島や尖閣諸島の所有の係争に関係する可能性が高くなっている．

　第三に，中国はアジアで唯一の核を持った軍事大国である．現在も軍事費の拡大は急激であるが，経済発展は中国の軍事力の整備を加速するのではないかとの畏怖を生む．畏怖は中国は戦後，アジアでもっとも兵を動かした国であり，多くの隣国と戦火を交えた事実によって増幅される．朝鮮動乱，中印戦争，中ソ国境紛争，ヴェトナム侵攻などのほか，台湾海峡の緊張，チベットでの戦乱など多くの戦争を数えることができる．

　第四に，以上の事態は，周辺国に，改めてアジアの歴史を回顧させる．歴史を振り返ると強い中国が常態であり，19世紀以来の混乱の中国は一時的例外といえる．歴史における中華の論理は同化と冊封であり，アジアの歴史は中国の覇権の消長の歴史といえる．しかも，歴史が示すことは，朝鮮半島の歴史が典型だが中国の覇権に対し，長期に対抗するのはきわめて困難だということである．周辺国にとって中国との関係は22世紀をすら勘案せざるをえないということになる．「過去」を抱える日本にとってきわめて深刻である．

3. 21世紀の米中関係

　アジアの国際関係はしかし，PAを担うアメリカを抜いては語れない．アメリカにとってすでにみたように中国は関与と拡大政策の最大の目標国といってよく，上記，WTOへの加盟，最恵国待遇の供与も中国を市場経済と法の支配の中に引き込み，責任ある大国とする方針からである．しかし中国はアメリカのNMD・TDM政策にロシアとともに反対し，国連常任理事国の地位を利用して，人権政策を牽制する国である．貿易摩擦も巨大な市場をちらつかせて緩和する強かな国である．

　他方，中国にとってアメリカは台湾海峡に空母を派遣し干渉する唯一の国で

あり，中国艦船を核拡散を理由に臨検する国であり，人権を理由に内政干渉する国である．しかし，関与政策にのり，米中首脳会談を行い，中国の地域大国ぶりを喧伝できる国でもある．両者の関係は対立，摩擦の中に協調の機会をさぐり合う状態が続いている．

アジア諸国の多くは両国との関係をめぐって微妙である．日本，韓国をはじめアセアン諸国の中には米国と同盟あるいは協力関係にある国が多く，また，米国の主導する民主主義と市場経済はこれらの諸国にも急速に伝播しており，中国への関与政策には賛成である．しかし，超長期を考えると中国との関係を重視せざるをえない．ベトナムや朝鮮半島など中国に隣接する国では特にこのような考慮は強くなる．

他方，インドは中国の発展を警戒の目でみている．61年の中印戦争は中国への抜きがたい敵対心を植え付けている．98年の核実験もパキスタンへの対応というよりも中国への競争から発している．冷戦中は長いことソ連に接近していたが，最近では米国に接近している．米国も民主国家であり，長期的に中国に対抗できるインドを重視している．米国はまたベトナムや北朝鮮，ロシアなど中国の隣接国との関係を重視している．

このような情勢に大きな影響を与える問題として台湾での事態の進展がある．一方に台湾の総統選挙は民主主義の流れの象徴であり，中国の台湾への政策は世界・アジア諸国の注目の的である．朝鮮半島の事態の推移も米中関係に大きな影響を与える．米中関係はアジアの情勢をめぐって対立，競争，協調の諸相を示すことになる．

II 中国の国家目標——地域覇権の追求

1. 反覇権の対外政策

中国は対外政策の柱は反覇権，自主独立，善隣友好，平和5原則であるが，97年の15回党大会やその後の全国人民代表者大会の報告でみると，その前提としてまず，世界情勢は平和の進展など望ましい方向にあると述べ，世界の多

極化を指摘する．第一に，その上で，しかし，世界には覇権主義があり，人権などに名を借りた内政干渉の強権主義があるので，反覇権の姿勢がまず必要とする．米国への対抗を意識したものであるが，第二に，反覇権を貫くためには軍事力を強化し，自主独立を確保することが必要だとする．特に，核兵器の開発，能力の向上は自主独立の必須の条件となる．第三に，善隣友好外交は改革開放戦略の推進のため，特に西側先進国との交流を重視するが，上記のように世界情勢が好転しているので，当面経済建設は防衛に優位を持つ目標となる．第四に平和5原則は領土・主権の尊重，相互不可侵，内政不干渉，平等互恵，平和共存を内容とするものであるが，1956年のバンドン会議以来の主張で，反植民地主義を示し，第三世界との連帯を謳う基礎である．しかし，現在では人権や台湾問題などに対する内政不干渉，主権の主張として引用されている．

　この様な，中国外交の柱の内容，重要度は時として変化し，便宜主義の観もあるが，阿部は戦後の中国外交を分析し，その基本は超大国米ソの双方あるいはいずれかに対抗してきた「大国意識」のパワーポリチクスだとする（阿部，1996）．すなわち，反覇権は戦後，50年代の反米，60，70年代の反ソ，現在の反米と変化したが，自国の上に立つ超大国を認めず，これへの対抗が主な内容である点では一貫するとする．自主独立も超大国への対抗であり，軍事力の強化，特に核の保有も超大国覇権からの独立が目的である．平和5原則は非同盟諸国との連帯あるいは第三世界との連帯を謳うが，これも第一世界へのカードである．60年代のインドとの戦争，東南アジア諸国への革命輸出などにより，非同盟諸国との連帯は崩れ，その後も中国は第一世界への対抗上，第三世界との連帯を謳う．善隣友好は80年代以来，加わった原則である．西側の知識，技術，経営の輸入が中国が富強になるために必須である面が強いが，最近では巨大な市場が西側の資本を引きつけるという切り札でもある．これも超大国への対抗のためという面がある．

　ソ連崩壊後の現状では中国にとって最大の制約の国は米国である．中国の台湾介入を阻止しているのは米国である．米国の安全保障や技術面での主導性が高まり，世界は米一極の面もあると思われるが，中国の専門家は中国の登場や

途上国の興隆をあげて世界は多極化しているという主張をゆずらない．

2. 地域覇権への志向

この様な中国の反覇権の姿勢はその目標として何を目指すか．中国が大国としてのパワーを目指しているのは明らかであるが，見通せる将来においてグローバル・パワーというよりも地域覇権の確立と考えられる．すなわち，人口や国土の広大さから見るとグローバル・パワーの志向も可能であるともいえるが，そのパワーの質を勘案すると地域覇権への志向が当面の目標といえよう．それは後述のように同化と大一統を重視する中国の歴史の圧力から見ても合理的である．

中国では1980年代，国防戦略の中で「戦略的境界」という概念が「地理的境界」と対比して提起されている（平松，1996）．すなわち，「地域的境界」が領土，領海，領空の限界であるのに対し，「戦略的境界」は国家の軍事力が実際に支配している国家利益と関係ある地理的範囲の限界であり，国家の総合的国力の変化に伴って変化するというものである．総合的国力がないとかつての中国のように戦略的境界を地理的境界に一致させえないのみでなく，地理的境界も縮小する．他方，国力が充実すると戦略的境界は地理的境界を越えて拡大することができるというものである．香港の回収は戦略的境界が地理的境界を回復したということになろう．1992年の領海法では尖閣諸島，台湾，南沙・西沙諸島を領土と明記しているが，戦略的境界の拡大が地理的境界の拡大と一致するとの主張ともとれる．

中国の地域覇権への戦略は世界の多極化を主張し，米国の一極支配を薄めることが重要であり，国連安全保障常任理事国の地位を利用し，ロシアや時にはフランスなどと協調して米国を制約する．日米安保にもくさびを打ち込んで対抗し，超大国の覇権を薄め，中国の戦略境界内では超大国に対しても介入を排除して，勢力圏を主張する戦略である．「台湾回収」は東アジアの米国の覇権体制に対し，大きな風穴をあけ，戦略的境界は大きく拡大することになる．地域覇権を狙う中国としてきわめて重要な目標である．

この様な反覇権の動きとともに最近の中国の目だつ動きはアジアNO.1を宣言し,地域覇者の地位を主張する動きである.国連安保常任理事会重視の主張,米国との対等な関係の顕示,周辺諸国への宗主国的影響力の主張などはアジアの代表の地位を主張するものである.この論理からすれば,これまでのアジアNO.1の日本の地位を低下させることは重要な戦略の一貫となる.中国の地域覇権の追求は現状の東アジアの秩序を中国に有利なように変更させるというもので,現状打開ということができる.

Ⅲ 総合国力の向上――富強への道

1. 軍事力の質的向上

地域覇権を握るには総合国力の増強が必要である.鄧小平は4つの近代化の1つとして国防をあげたが(農業,工業,国防,科学),軍事力は総合国力のきわめて重要な要素である.それは超大国に対しても,中国の自主独立を主張し,中国の戦略的境界内では大きな犠牲を強いる程度の強力なものでなければならない.毛沢東はかつて外敵を国内に誘って戦う人民戦争の戦略を重視した.このため,戦略産業をソ連やアメリカの侵攻に備えて,東北や臨海部から,四川省などの内陸部へ分散配置し,経済効率を大きく歪めた程であった.多くの兵員を要し,ゲリラ戦術を重視したが,兵力の質は劣り,海軍力は貧弱であった.

現在も中国は兵員数では世界一であるが,兵員数の削減により,その近代化,質的向上を重点としている.地上軍は限定的ハイテク戦争への対応と,国内の治安維持を含む沿岸地域の防衛を重点とし,海軍力は遠洋海軍の整備が重点課題となっている.湾岸戦争やコソボ戦争の状況は中国にハイテク戦争への対応の重要性を高めている.軍事予算は年々15％の拡大であるが,しかし,1998年の国防報告はなお現在の総合国力充実の重点は経済建設であり,軍事力の充実は優先順位をこれに譲るとする.

このような状況で核兵力の拡充はきわめて重要な戦略となる.戦後いち早く,

毛沢東が唱道し，経済・社会の混迷期にも精力的に進められてきた核兵力の充実は西側専門家の予測を越えて急速に進んでいる．核ミサイルの中核は短・中距離でアジア地区や隣接地域向けのものが多い．北米に届く大陸間弾道弾は液体式から固形式に転換されつつあるという．99年核技術の米国からの漏洩が問題となったが，中国はロシアからも多くの技術をとり入れている．

中国の軍事力は総体として核に頼りすぎているという評価があるほど通常兵力は強力とはいえない．しかし，核は中国の反覇権の基礎であり，同時に，国連安全保障常任理事国，核クラブメンバーの保証であり，アジアのNO.1の地位を保つためにも必要不可欠のものである．今後もその威力を減価させるTDMのアジアへの配備には当然反対であり，また，戦略核への対抗であるアメリカのNMDへもロシアと共同歩調で強く反対している．

2. 経済建設の優位

中国の覇権の追求は社会・経済の発展による中国の富強によって裏付けされなければならない．特に，世界大戦が回避可能であれば，経済力が総合国力の基礎としてきわめて重要になる．鄧小平は総合国力充実のための4つの近代化として農業，工業，国防，科学をあげた．70年代末以来の経済の改革開放の状況を見ると，農業改革は基本的に請負制を導入することによって急激な農業生産の拡大をもたらした．食糧生産を見ると1980年の3.2億トンから99年には5.1億トンに急拡大し，ほぼ自給している．郷鎮企業の発展など農村の改革は進み，外資の進出により経済特区をはじめてとし，工業化も急激に進展した．鄧小平戦略の成功を示しているが，富強のシナリオは国有企業改革の困難によって大きな壁に突き当たっている．

すなわち，80年代農村を基礎とする郷鎮企業が大幅に生産を拡大し[1]，工業生産を高め，増大する就業者を雇用した．工業生産で見ると改革開放前，全生産額の8割を占めていた国有企業は90年代末3割を割り込む状態となったが，代わって郷鎮企業が6割を占め，その他外資系や個人企業が穴を埋めている．しかし，国有企業は基幹産業を抑え，しかも，都市の雇用の8割を占める状況

である．国有企業の合理化は重要であるが，財政問題として肝要のものであった．

　1997年の第15回党大会における最大の目的は社会主義初級段階にある中国産業の活性化であったが，特に，国有企業の改革のため，株式保有を含む会社制度を導入による企業の改革が中核であった．朱首相は1998年，改革の重点目標として行政組織改革，金融システム改革，国有企業改革の三大改革をあげ，これを3年間で成し遂げるとした．金融システム改革と行政改革はその後進んだが，国有企業については有望大型国有企業を再編成し，中小国有企業は市場に任せ，潰れるものは仕方ないという方針であった．

　国有企業の業績不振はまず，長年の党と官僚の過度の干渉にあると考え，政治の企業からの分離を謳い，企業の自主性を高めるとした．また，多くの国有企業が地域の医療，教育，託児所などの機能を持ち，退職従業員の年金の負担まで行っていることに鑑み，社会の医療や社会保障を整備し企業の負担を低め，企業経営の合理化をはかった．また，倒産には再就職や失業手当を増大させて対応している．

　国有企業の困難は97年以来のアジアの経済危機の波及による輸出の伸び悩みや消費の停滞などによる経済発展の停滞によって強められ，98年以来の経済は途上国経済にして物価が低下するという不況ぶりであった．過剰設備，過剰生産，過剰雇用に対し，政府公債の大幅増大による財政刺激によって対応する状況であり，失業の増大があった．1999年後半からGDPの25％を占める輸出がアジア経済の回復とともに立ち直り，企業業績は改善した．しかし，国有企業の改革は政企分離の不徹底や行政依存体質の改善の遅延から大きな問題を残し，失業問題を悪化させる可能性がある．また，所得格差，地域格差の増大は放置できない状況であり，西部地域開発は今や国家的課題となっている．

　この様な状況の中で，江・朱政権はWTOへの加入により，海外市場を開拓するとともに，国内の市場経済化をさらに促進し，外資導入を加速し，長期的な中国経済の活性化に寄与しようとしている．中国の貿易は90年代急激に増加し，その規模はアセアン諸国全体と匹敵する．中国の巨大な市場は海外貿易

としても,外国資本から見ても今や中国の対外経済政策の切り札になっている.江・朱政権は99年秋,米国からWTO加盟について合意を獲得し,2000年秋には恒久的最恵国待遇を得て,その立場を強めた.

しかし,WTO加盟による市場の急激な開放は短,中期的には企業の倒産や失業を高め,格差の拡大を強める作用もある.さらに,市場経済の発展,資本主義の浸透は共産党のイデオロギー,統制力を弱める作用があり,社会不安発生のシナリオもある.13億人の中国社会を混乱なく,統治することは通信や交通の発達した現代でも決して容易でない.

3. 社会主義市場経済

社会主義市場経済は現代中国を現す言葉であるが,渡辺は共産党支配の市場経済だとする(渡辺,1994,53-60).市場経済のダイナミズムを保ちつつ,巨大な人口を持った中国を運営して行くには共産党による強い統制力が必要だとする.鄧小平は「両手の理論」を述べ,進歩とともに秩序を強調するが,アジア型開発独裁の類型と考えても良かろう.しかし,共産主義の支配体制としての組織力はあるとしても,イデオロギーとしての魅力は戦後の変動の中で薄れている.少なくとも市場経済のメリットを認める以上大きな矛盾がある.

この様な矛盾を克服するため,登場するのがナショナリズムである.経済発展の持つ歪みを抑えて,国民の団結を保つには中国文明の優れた面を強調し,統一を維持することであるが,それは国内保守派への対応のためにも有効である.中国独自の社会主義市場経済,中国の独自の精神文明,長い光栄の歴史が強調される.それは文明・文化力が軍事力,経済力と並んで総合国力のきわめて重要な要素だからであるが,創造的文明・文化をつくるのは中国にとって容易な課題ではない.それは単に中国人に対してのみならず,世界に対しより普遍的なものを持たなければならないからである.現在の米国やかつてのソ連の普遍性と比較すると明瞭である.

すでに見たように筆者は現状をパックス・アメリカーナ第二期と定義しているが,それは米国がパックスの要件としての卓越した国力,パックスを要求す

る正統性，世界の納得する国際システムの提示を行っていると考えるからである．中国も国力についてはその巨大な人口，広大な国土，軍事・経済力の潜在性など強大なものがある．しかし，米国と比較すると中国は世界に対するメッセージ，特に文化覇権，国際システムの主導性などグローバル・パワーとしての資質については大きく劣っている．

かつてのソ連と比較すると，戦後のソ連は1930年代，1950年代の社会・経済発展においては資本主義を凌ぐ発展をし，社会主義体制の優位を喧伝する状況であった．共産主義は血生臭いが，開発への近道として，一時は多くの国において未来を担うイデオロギーとして世界の未来へのメッセージとなっていた．現在の中国にはこの様な魅力はない．現状は西側の技術，市場経済を導入して急激に発展してはいるが，世界のどの国も中国のシステムを移植しようという国はない．

国家目標として反覇権を主張する姿には同調もあろう．しかし，地域覇権を求め，権力外交を追求する姿には，中国の強大な人口と将来の潜在力への畏怖はあるが，世界への魅力あるメッセージとならない．善隣友好や第三世界との連帯も，実行によって裏付けられなければ機会主義，便宜主義ととられかねないが，それは中国の持っている歴史からの制約のためでもある．

Ⅳ 歴史の圧力と国際関係

1. 歴史の圧力——分裂，同化，膨張，統合の流れ

中国の地域覇権の戦略の背後には中華帝国の長期の歴史の圧力がある．中国は広大な国土に古くから大帝国を建設し，中華文明を創造し，アジアに君臨してきたが，いくつかの特色がある．

第一に，中国は歴史上，数多くの分裂，統合を行ってきたが，それはその後の同化と膨張，統一の前段階だった．しかも，分裂，膨張，統合の過程は漢民族による同化の過程だったということである．同化は歴史的に見ると帝国形成の論理である．ローマも市民権を与えて同化を進めたが，ローマ文明への帰依

図7-1 中国の支配領域の拡大（殷―清）

（出所）池田誠，安井三吉，副島昭一，西村成雄（1993）『図説中国近現代史』法律文化社，p. 27.

は自主的な同化であったというが，中国の場合はどうか．

漢民族の成立は中原に始まるが，以来，幾たびか北から異民族の侵攻を受け，漢民族は東西南北に分散するが，分散地域を同化し，やがて，より大きな漢民族国家として統合，膨張したという歴史を繰り返したと思われる．（坂本，1999）．

周は1800の諸候に分裂したが，春秋時代100に統合され，戦国時代を経て，7大国に統合された．戦国7大国は互いに強い競争をし，国力を増大させるため，それぞれ辺境を征服し，版図を拡大したが，ついには秦・漢に統一された．この過程は漢民族の東西南北への分散，再統合，膨張の壮大な過程であった．後漢のあとの三国の鼎立の時代は蜀の四川の進入に示されるごとく，漢民族の周辺分散の過程であり，その後の五胡十六国時代の戦乱も漢の領土に強制移住させた異民族の反乱が原因であった．しかし，その後，400年を経て，漢民族

が異民族を同化し，隋・唐の大統合に至った．隋の煬帝による南北運河の開通は南の米作地帯が北の小麦地帯に合併されたことを意味するが，これも強い同化，膨張の過程である．

　北宋は金，遼に圧迫され，南宋に都を移したが，漢民族の大量南下を結果し，華南の開発を大きく促進した．元の侵攻は中国を荒廃させたが，南の開発は進み，明は南から興った王朝として中国を統合した．清は満州から中原に進み満漢融合を唱え，僻地を統合し，中華帝国最大の版図を実現したが，この過程も漢文明の伝播の過程であり，満州族は中国全土に分散し，現在の満族は固有の文字を持たない部族として吸収されつつある．清の故郷の東北は黒龍，吉林，遼寧の三省で人口は１億人を越えるが，漢民族が圧倒的多数であり，満族は少数民族である．

　中国には現在も多くの少数民族が居住するが，少数民族が漢民族を上回り最大の比重を占める地域はチベットと新疆省のみである．漢民族の進出が急であり，その他の地域では漢民族が多数である．漢民族は中国総人口の92％を越える．ソ連邦のロシア人が50％そこそこだったのに比べると比較にならない強い同化ぶりを示す．

2. 大一統の伝統

　このような漢民族の同化と裏腹といって良いが，中華帝国の第二の特色は広大な帝国の統一を尊ぶ「大一統」の意識である．秦の始皇帝が中国を統合したという偉業の後，中国の支配者の中には統一を尊ぶ「大一統」の意識が履歴効果として定着し，大一統は歴代の支配者の指針となってきたというのである（黄，1994）．中国の地勢もあるが，他の地域ではローマ帝国やオスマントルコ帝国が典型であるが，いったん滅びると同じ地域に帝国は成立しない．しかし，中国では王朝の興亡は常に大一統として帝国の出現を繰り返した．大一統の意識からすれば，当然台湾やチベットの分離独立問題は許されないことになる．

　また，大一統には広大な領土と多くの人民を統合をするため，強大な中央集権体制と強い皇帝の権威を必要とした．中央集権体制は科挙の制を生み，優秀

な官僚制度に支えられ，中華帝国は秦から清まで2千年をこえる世界のもっとも長期の帝国体制となった．この体制はしかし，専制体制として支配階級と非支配階級の分離を生んだ．

　また，皇帝は天の命を受け，中華文明の具現者として異民族をも統合することになる．中華帝国はその延長の体制として周辺国に対する朝貢・冊封体制を生んだ．異民族の王が皇帝の徳を慕って朝貢する代わりに[2]，中国皇帝は冊封関係の王を保護する関係に入る体制は東アジアを広く覆った．清の時代，アジアで中国に朝貢しないのはインドと日本だけといわれたが，東アジアの国際体系となった．それは常に上下の関係を基礎とする華夷体制を形成した．それは平等な主権国家を基礎とする西欧国際体系と異なる体系となった．また，中華の領域は皇帝の徳が及んだ中華文明の地域を包含するという意識であり，中国の潜在主権は中華文明の及んだアジア全域を覆うとの意見もでることにもなる．中国とアジア周辺国との関係には歴史の後遺症が現在も強く見られる．

3. 屈辱の近代

　中国の光栄ある歴史はアヘン戦争以来の欧州への敗北によって大きな屈辱を受けた．中国は歴史において幾度か異民族に侵略を受けたが，それは武力による敗北であり，文明の屈服ではなく，やがて蕃族は中華文明に帰属，同化した．しかし，アヘン戦争以来の敗北は西欧文明への敗北であった．文明の敗北は悲惨である．中国4千年の光栄ある文明はアジア的停滞の象徴として扱われ，中国は後進国の地位に落とされた．しかも，西欧文明の導入はうまく行かず，混迷に陥り，いち早く西欧文明を吸収した日本によって度重なる屈辱を受けた．20世紀の中ごろまで，中国は列強の干渉と分割に屈服し続けた．

　以上の経験は中国には現在も大きな陰を落としている．一方に中華帝国の光栄の歴史があり，時として過去はますます偉大になる．しかし，アヘン戦争以来の歴史は中国に西欧への屈辱と脅威を与えるものである．地域覇権への志向もアジア諸国に対する優越と欧米に対する畏怖の混合したものを感じさせる．

4. 戦後の中国の統一,混迷と改革・開放

このような中国を統合した毛沢東は光栄ある「大一統」の実現者であり,その後の失政にも関わらず,中華人民共和国建国の父として最大の敬意の対象である.国内については共産党支配が中国の底辺まで及び,歴代の中華帝国が持っていた弱点である支配者と被支配者の連携の弱さを排除していた.しかも,独自の共産主義路線による中国革命を編みだし,世界へのメッセージを持っていた.50年代の中国は東風が西風を圧するという大国の発展ぶりであり,反米向ソの姿勢が強かった.周恩来はバンドン会議でネールやスカルノとともに非同盟の立て役者として第三世界を主導した.

しかし,60,70年代の中国では経済・社会は停滞し,政治は不安定で,後進国の様相を暴露した.ソ連との関係は急速に悪化し,中印戦争[3]やアジア諸国への革命の輸出は非同盟を打ち壊し,第三世界からの反発を強め,対外的に孤立した.文化大革命のその後の混乱は,梅棹のいう第二世界の建設と破壊の繰返しの中に中国がある観があった(梅棹,1967,93-95).混迷は70年代の毛の死後まで続いた.

(改革と開放)

70年代の中国のアメリカとの国交修復は西側との交易を回復した.しかし,改革・開放路線の採用は70年代末となった.80年代,鄧小平は中国が社会主義初級段階にあることを認め,先富理論を展開し,市場経済を採用し,競争を導入し,高度成長に転じた.89年の天安門事件のマイナスを最小限に食い止め,90年代は社会主義市場経済を進め,さらなる発展を遂げている.しかし,資本主義経済化は共産党を風化させ,中国人の自己確認を弱めている.経済の発展には朱首相のいうように一層の西欧化路線が必要であるが,西欧化は自己認識を弱め,時として路線の対立に至る.ナショナリズムの振興が必要となる.

5. 図式でみる戦後の中国

中国の発展を見る図式として筆者は次図を考える．縦軸の一方に，中華帝国につながる大国意識を配するが，その背後には大一統の意識がある．縦軸の他方に停滞と混迷の後進国の状況を対峙する．また，開発路線としての横軸の一方に，独自の共産主義・社会主義路線を配し，横軸の他方に西欧文明方式，市場経済の発展路線を配置して考えるのが適宜と思っている（坂本，1999, 18-20）．

毛沢東の50年代は大国意識と独自の革命路線を持った経済社会高揚期のA点である．共産主義に自信を持ち，東風が西風を圧し，第三世界を糾合，リードする余裕があった．しかし，60年代，中国は世界共産革命，文化大革命など独自路線を追求し，反覇権主義を強めたが，経済は停滞し，閉鎖的で，屈折した後進国のB点に転落した．

80年代は鄧小平は中国の現状を途上国と認め，開発戦略を西側方式に転換し，市場経済を導入し，改革・開放を進め，善隣友好外交を進めた．80年代

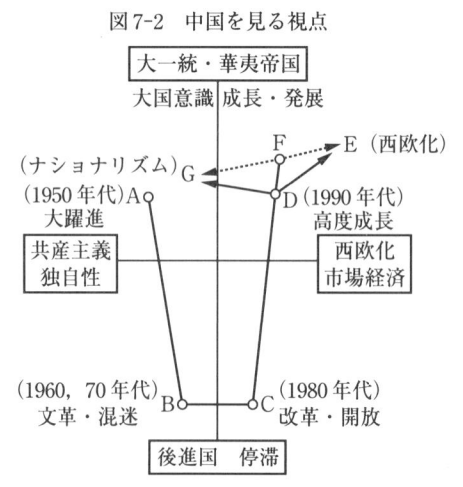

図7-2 中国を見る視点

（出所）坂本正弘（1999）『中国・分裂と膨張の3000年』東洋経済新報社，p. 19.

の出発はC点であったが，市場経済は浸透し，高度成長の結果，影響力を強め，90年代には大国意識を高め，D点に達した．

問題は今後であるが，江・朱路線は一層の西欧化・市場経済を目指し，行政組織，金融改革，国有企業の近代化を進め，さらにWTO加盟によって中国の国際競争力を一層強め，貿易面での影響力を高めようとしている．善隣友好の国際協調のE路線であるが，この場合もナショナリズムの高揚，大国意識の高まりがある．

このような路線に対し，保守派のG路線，あるいはEとGの中間のF路線がある．G路線は共産党支配の維持，独自の社会主義を強調する路線であるが，E路線による経済困難や社会の混迷が深まった後，登場する可能性がある．ナショナリズムが高まり，独自路線へのこだわりが強くなる可能性である．いずれの場合も，背後には大一統，中華意識は強く，地域覇権を求める立場は変わらないが，台湾問題と関連し，G路線の強くなることは有り得る．

近代化路線と民族意識の相克は日本の場合もあった．明治維新は西欧文明の吸収によって成功し，5大国の一国となったが，日本人のアイデンティティ，日本文明の独自性が問題とされた．昭和初期，大恐慌の中大きな経済困難に直面し，その中で独自の路線を求め，ナショナリズムに走り，独断に走った歴史がある．中国の場合，国際関係についてはるかに柔軟な対応をしているようであるが，近代化路線と自己認識の矛盾は歴史の圧力の強い分だけ大きい面がある．

V　今後の中国の国際関係——米中関係

1.　現状は不満だが，時は氏神の中国

中国はその国際関係での地位の向上を主張する．まず，米国をのぞけば中国を悩ましていた強国は遠く退いている．西欧は中国に干渉する力はなく，香港の返還，マカオの回収は中国の優位の証である．フランスなどとは時としてアメリカへの共同批判を組むが，ASEMもアメリカを抜いたアジアと欧州との

善隣友好関係である．

　17世紀から中国を悩まし続け，北方の領土を犯され，毛沢東時代には反覇権の主目標であったソ連は冷戦崩壊後，15の共和国に分解した．ロシアは核大国ではあるが，中国とロシアの国境は旧ソ連の7千キロから2千キロに減少した．ロシアは国内に政治不安を抱え，経済は混迷を続けている．中国との力関係は逆転し，モスクワはむしろ，極東ロシアでの人口減少と中国人の流入を憂慮し，防御的になっている．しかし，核技術の輸入や対米関係ではむしろ共通の利益のあることもある．

　日本はアメリカと安保条約を結んでおり，台湾での緊張に介入する可能性はあるが，アメリカがいることが日本の軍国主義の瓶の蓋となっている．日本に対しては歴史認識を常に問題にし，経済協力や技術輸入を経済建設の役にたてている．日本の経済混迷，アジアでの低姿勢はアジアでの中国の地位を向上させている．国連常任理事国の地位も日本にはカードになる．

　朝鮮半島では韓国も北朝鮮も中国を頼ってきている．アメリカが北朝鮮に影響力を高めてきたが，最近の南北首脳による会談はむしろアメリカの影響力を減殺し，逆に中国の影響を高めている．朝鮮半島の平和の進展はアメリカ軍の駐留不要論すら出てこよう．反対に中国との長い歴史の関係が南北統合の進展によって重要になる．

　中国はアセアンとの関係を深めている．ARFを通じる対話は効果があったし，欧州との会議は中国の影響力を増やそう．APECについてもアメリカの自由化重視に対し，中国の主張がより影響力を増している．貿易と投資を通じるアジアとの関係は密接になっている．

　この様に中国はアメリカとの摩擦を起こすが，首脳会談を始め，アジアのNO.1として直接のルートを開発している．アメリカは軍事問題では先鋭的になることが多いが，アメリカは中国市場の魅力を考え，妥協の道を選ぶことが多い．中国市場の魅力は今後ますます増大する．現状は地域覇権を守っているが，富強の道を追求すれば，巨大な人口，広大な領土に，アメリカが無視できない軍事力を持つことができれば，グローバル・パワーも夢ではない．時は中

国に氏神というシナリオである．

　ただし，これは中国が現状に満足していることではない．むしろ，地域覇権を確立していない状況で内外に難問を抱えている．台湾の状況は変えられるべきである．さらに中国社会の老齢化は2030年頃からきわめて急になる．人口では中国と競争的なインドの上昇がある．ロシアの復活はいつか，そのときの中ロ関係はどうかなど問題がある．

2. 周辺国の反応——中国脅威論

　現代の中国について周辺国はどの様なイメージを持っているか．冷戦後の世界において軍事費の削減がほとんどの地域で行われている中で，アジア地域のみはいずれの国も軍事費を増加させ，軍備を増強している．中国，日本，韓国，台湾，タイ，マレーシア，インドネシア，フィリピンなどのアセアン諸国，インド，パキスタン，オーストラリアなどである．これらの諸国のうち，米国との同盟を強化したり，軍事提携を強化したり，米国への基地提供を行った国が多い．

　アジアには冷戦後も後遺症ともいうべき状況が強く残ったためだが，中国の軍事力への脅威と関係している．それは戦後の中国は理由はともあれ，朝鮮半島，台湾海峡，中印戦争，ベトナム戦争，対ソ紛争，ベトナム懲罰，南沙諸島など，もっとも多くの兵を動かした国の1つであり，国内でもチベット，新疆，天安門など紛争が多かったことに関係している．

　中国は機会あるごとに自国の軍事力は水準が低く脅威でない，中国は覇権を求めないと繰り返し主張するが，アジア唯一の核大国であり，戦後多くの国と兵を交えた国である．中国の軍事力の水準が低いという主張もアメリカやロシアには通用しそうであるが，他の諸国，特に戦火を交えた国には通用しない．

　中国脅威論は中国が見せる強い国家統制，共産主義支配，閉鎖性によって高められているが，1年間に1万人もの死刑が行われる社会も人権主張の原因になる．中国はこれに対し，内政不干渉，領土・主権の不可侵などで答える．その主張の背後には中国がアヘン戦争以来，列強に侵略された経験が強く作用し

ていようし，また，巨大な人口を専権的に支配するには強い中央集権が必要である状況は理解できる．

しかし，これらの原則は19世紀の閉鎖的国家主義の原則であり，現在の世界は開放経済，情報化，民主主義，多文化，多民族主義の時代であり，国民国家もこれに合わせて開放的，弾力的なものにならざるをえなくなっている．さらにいえば，巨大な領土と世界の人口の4分の1を支配する中国が国家主権を振りかざして，閉鎖的な支配を主張することのみが正しいか．民族自決は20世紀が認めた原則ではなかったか？　コソボやチモールでの事例は新しい流れではないか？　などの疑問が残る．

中国の未来へのシナリオはいくつかあるが，21世紀には富強大国となる可能性は強い．周辺国はあらためてアジアでは強い中国が常態であることを（19世紀から20世紀前半は例外の歴史）回顧している．中国の地域覇権追求の姿勢は華夷秩序を追求し，同化，膨張を求める中華帝国のイメージと重なり，中国脅威論を強めている．反覇権の対象である米国がアジアの安全保障の要と期待されているのは皮肉である．

3. アジア各国の反応

朝鮮半島は漢の武帝に支配されて以来，中国の間接，直接の支配を受けてきた．長期にわたり，高い文明に照射され，冊封されてきたため，韓国には中国文明への心酔と反発とがあるとされる．中国は歴史的に朝鮮半島が外国に犯されたときこれを保護するために介入してきた．秀吉の朝鮮侵略への明の介入は典型であったが，戦後，朝鮮動乱への中国の介入にも冊封国としての中国の伝統を感じる．

戦後韓国は重い軍事負担などにも関わらず，高度成長を達成した．長い外国支配の後，はじめて独立した韓国の意気込みが経済社会のダイナミズムをかつてないほど高めた結果といえよう．これに対し，北は中国との華夷関係を一身に背負い，社会のダイナミズムを失い，経済困難に陥った．

冷戦終了後，韓国は経済発展は続き，92年以来，大統領直接選挙を行うと

いう民主国家ぶりを示したが，ソ連，中国といち早く国交を回復し，OECDに加盟し国際的地位は大きく高まった．これに対し，北朝鮮は冷戦時の盟友のロシア，中国がいち早く，仇敵韓国と国交を開くという国際的孤立を味わい，核開発を武器に米国と直接交渉し，存在を示すことにつとめた．しかし，経済成長は停滞し，飢餓に襲われるという困難に陥った．南北対立は激化した．

2000年6月，南北首脳会談が行われ，南北関係は大きく変化し，対立は緩和し，北朝鮮は国際的孤立を脱しつつある．半島の緊張緩和は東アジアの安全保障関係に影響し，米韓関係に大きく影響するか注目すべきは中国の影響力が強まっている．現在のところ，南北関係の進展は遅々としている．南も北も早期の統一は望んでいない．しかし，北の発展が十分でなければ，南北の格差は拡大するだけであり，それは両者にとって望ましい事態ではない．

米国では21世紀での南北の統一は必須と見ている．統一となれば米軍の駐留問題や中国との関係が改めて問題となる．南北統合の際には朝鮮半島と中国との歴史的関係を考えざるを得ない．いずれにしろ，韓国は米国との同盟関係にあるが中国との長期の関係をより考えざるをえなくなっている．

ベトナムはBC 2世紀に秦の始皇帝に支配されてから1000年後に，明から独立したが，その後も冊封関係にあった．韓国と同じく，中国文明への心酔と反発があるという．戦後のベトナム戦争については中国は大規模な援助をしたが，ベトナムは中国の反発するソ連との関係を強化した．1979年中国はベトナムの忘恩を憤り，懲罰の戦争を行ったが，戦場での勝利はなかった．しかし，ベトナムは中国と永久に戦争はできない．両者の講和が行われた．

アセアンは1967年ベトナムのカンボジア侵攻に対する関心が一因で形成された．しかし，冷戦後，1995年アセアン諸国はベトナムのアセアン加入を歓迎した．ベトナムの中国への防衛能力が加入歓迎の理由とされる．冷戦後，タイは米軍と協定を結び，シンガポールは米海軍の寄港に便宜をはかっている．フィリピンは米軍の基地を閉鎖したが，最近は米軍との関係強化を求めている．いずれも，中国との南沙諸島をめぐる摩擦の後であるが，軍事力の増強が続いている．

Ⅵ 台湾問題の意味

1. 台湾総統選挙の衝撃

2000年3月18日行われた台湾総統選挙は民進党陳氏の当選という結果となったが，台湾内部のみでなく，対外的にも大きな衝撃を与えている．第一は，民主主義の改めての定着を示したことである．戦後の蒋政権が反共独裁政権だったのに対し，1988年以降の李総統の民主革命は台湾の面目を一新し，1996年の総統直接選挙はその結実を示した．今回の結果も改めてその成果を内外に示した．陳氏の圧倒的でない勝利も李総統の押した連氏の敗北とともに，台湾民主主義の定着を示した．陳氏の得票数は全体の40％であること，宋氏の得票数の接近していること，民進党は議会で少数党であるなど政局の安定感には問題が残るが，この結果は民主主義・台湾の「特別な国と国の関係」の主張に力を与える．

第二に，国民党政権の交替はこれまでの台湾をめぐる中国大陸との関係が国民党と共産党の対立の構図だったものが，台湾アイデンティティ確立の動きの強まりに変化したことを示す．国民党と共産党の対立は中国の内政上の路線問題といえるが，今回の選挙を通じていずれの候補も一国二制度を拒否し，特別な，対等な国と国の関係を主張したことは戦後50年にして台湾人意識の高まりを示し，台湾問題が単なる内政問題と言い切れない新しい局面に入ったことを意味する．

第三に，今回の選挙はパックス・アメリカーナ第二期の中で起こったことである．現状は米国の強いリーダーシップの時期であるが，米国の推進する関与と拡大戦略が主導性を発揮していることである．台湾の総統選挙は大陸との摩擦にも関わらず，まさに米国の軍事関与と民主主義と市場経済の拡大戦略があってはじめて結実したものであることである．

台湾での事態は北京にとっていくつかの面で大きな打撃である．第一には，現政権にとって，香港，マカオの回収に続く台湾問題の進展は大きな戦果であ

るが，その期待は当面薄くなる．第二に，アジアでの地域覇権をねらう中国にとって台湾の西太平洋での戦略的地位はきわめて高いが，これも期待薄となる．第三に，しかし，より重要なのは，大一統と同化を重視する中華思想への影響である．中国の歴史は分裂，膨張，統合の過程の繰り返しであるが，同化による統合と華夷体制の論理からすれば，台湾の分離は簡単に認められないことである．

今後，両者の交渉が行われようが，一方に民主主義体制を強める台湾と他方に大一統の歴史圧力を持つ中国との間での簡単な和解はなかろう．台湾の立場からすれば，CIS方式は1つの解決であるが，中国の主張する一国二制度は対等な立場でないとして，互いに，異なる自己主張を行いつつ，緊張，妥協，交渉の中での現状維持が継続するシナリオがもっとも有り得るものであろう．

2. 台湾の帰属問題

台湾の帰属には幾多の変遷があった．原住民は高砂族などであるが，福建などからの移住が長期にわたって行われた．その後17世紀オランダの領有，明の遺臣・鄭成功の占拠，清の支配を経て，19世紀末日清戦争の結果，日本の領有するところとなった．しかし，第二次大戦中のカイロ会談で中国に返還することが決定され，ポツダム宣言はこれを確認した．日本はサンフランシスコ条約では台湾の放棄のみを述べている．

他方，その中国は内戦の末，中国共産党の支配するところとなり，国民党は台湾に立てこもったが，国民党政権は1972年まで中国の正統な政権として国際的に認知された．台湾は東西対立の中できわめて重要な戦略的拠点として位置したが，1972年の米中国交回復の上海共同コミュニケで中華人民共和国が中国の唯一の合法政府とし，1つの中国の原則を確認した．しかし，同コミュニケで米国は台湾の帰属は人民自身の決定による平和的解決を期待するとした．

1979年の米中平和条約締結に際しても同様の趣旨を述べ，1つの中国の原則を述べたが，米国議会は台湾関係法を制定して，台湾の将来は平和的手段によ

って決定されるべきとした．さらに，米国は1982年の米中コミュニケでは1つの中国の原則のもとであるが，台湾への武器売却に関する中国の合意を得ている．このプロセスは台湾への武力行使の抑止には大きく寄与したが，中国との度重なる交渉の中で米国は1つの中国の原則に強く縛られることにもなった．1998年のクリントンは3つのNOの声明を行ったが，共和党はこれを批判している．

3. 台湾民主化の進展

この間，しかし，大きく変化したのは台湾自身であった．台湾の人民は戦前から台湾にすむ本省人と，戦後，蒋介石政権とともに本土からきた外省人に分かれるが，国民党の支配は独裁政権として当初から本省人に不人気であった（47年2月28日の本省人虐殺事件など）．1980年代に至り，国民党支配も大きく変化をした．蒋介石時代の国民党の目標は中国大陸への復帰であったが，その限りでは台湾の独立問題は出てこなかった．しかし，その間の台湾の経済発展，民主化の進展は蒋独裁政権の台湾のイメージを変えた．

1988年の蒋経国総統の突然の死は副総統李登輝の総統就任をもたらしたが，李総統は議会を改革し，民主化を進め，1991年には内戦終了を宣言し，台湾の自立化を進めた．1996年には民主化の総仕上げともいうべき総統直接選挙を行い，危機感を強めた中国は軍事演習を行い，アメリカが空母2隻を送って事態の鎮静化に努めたのは記憶に新しい．

初の民選総統となった李登輝は1999年7月，両岸関係は「特殊な国と国との関係」との見解を公表した．その理由は第一に中華人民共和国が1949年成立しているが，50年間中華民国に所属している地域を支配していない．第二に，1991年の憲法改正により，中華民国の憲法の及ぶ地理的範囲を台湾に限定した．第三に中華人民共和国が両岸の分治を事実として認めることは平和につながるという主張である．

中国側は台湾問題を一貫して内政問題とし，中央政府と地方の省の関係とし，米中間の交渉でもこの主張を繰り返している．1978年には全国人民代表者会

議常務委員会は「台湾同胞につぐるの書」で一国二制度を提案し，1981年には台湾を特別な区域とし，高度な自治権と軍隊の保有を認めるとした．95年には江沢民は台湾独立には武力行使もあるとし，96年の緊張と99年の李登輝声明を経て，2000年2月の「1つの中国原則と台湾問題」では，中国との交渉引き延ばしには力の行使もあるとした．これに対し，米議会は下院が「台湾関係強化法」を可決した．

陳総統当選の後の台湾，中国の両者のやり取りは基本的には従来のものと変化ない．中国の立場は台湾を地方政府として扱い，台湾は対等な交渉の立場を主張しあう状況である．

4. 今後の展望

以上のような状況で今後の展望はどうか．台湾の状況はその技術力は高まり，経済は発展し，民主化が成熟すると，公的に独立は宣言せずとも，台湾のアイデンティティは高まることが予想される．また，WTOへの加盟は地域としての自律性を増大させよう．

近代国家の成立は国民を基礎とし，国民は民族と強い関係を有してきた．しかし，現代国家の要件は民族からの脱却でもある．ドゴールはフランス人とはフランス人だという自覚を持ってフランス語を話す人間だとした．アメリカも国民国家であるが，多人種国家であり，民族を基礎にしていない．台湾の場合，アイデンティティの基礎はなにかということになるが，台湾語を話し，民主主義の大統領を持ち，台湾人としてのアイデンティティを持てば，それは1つの国民国家ではないか．

中国は台湾問題への介入は内政不干渉という国家主権に属する権利を犯すものだというが，民族自決，あるいは国民自決も近代国際社会の原則ではないか．世界の人口の4分の1を占める国家が国家主権と内政不干渉のみを主張し，その殻に立てこもり，自立したい国民を圧迫するのは，あまりにも19世紀的論理であり，現代の相互依存，開放社会の論理と適合しない．中国の力が上昇し，2010年ぐらいになると，戦略的境界を拡大する力を獲得する可能性はある．

ただし，力の行使は中国のイメージに大きな打撃となろう．

90年代の米国外交の特色は人権重視の高まりであるが，それはまさに関与と拡大の戦略の反映でもある．2000年の選挙の結果は民主主義・台湾への米国民の理解と評価を高めるが，米国以外の世界の諸国にも強い影響を与えている．米国が介入する両岸関係は長期にわたって緊張と交渉を繰り返すことになろう．しかし，逆に，このような対立の中で両岸の関係が安定することはそれ自体として大きな価値がある．中国にとってもその脅威論を薄める絶好の機会でもある．

長い歴史と巨大な人口の中国が世界に統合されるには長期の,時によっては,周辺との緊張が有り得ようが，台湾問題の処理は大きな転機となることを期待したい．巨大な人口と広大な領土を支配する北京の最大の弱点は帝国的体質であるが，台湾問題を同化の論理から離れて解決できれば，人口15億人をより効果的に管理するグローバル・パワーへの可能性を示しえよう．歴史の圧力とどの様に対応するかが21世紀の中国を決定し，米中関係，世界を決定しよう．

5. 日本にとっての台湾

日本にとって台湾は関係の深い地域であるが，日米，日中関係に強く影響され，さらに背後にある米中関係により大きく支配された．72年の日中共同宣言以降，中華人民共和国が中国の正統な政権となり，日本は「1つの中国」の原則を認め，現在も台湾と公式の政府関係はない．しかし，日本にとってこの地域の安全保障は海上交通からも重大関心事であり，民主国・台湾の平和を期待する．

中国にとっては日本は長い間，辺境の国であったが，明治以降の日本は急激な近代化とともに，最大の軍国主義，侵略国として登場した．戦後の日本の急激な発展，技術大国ぶりは日本への憎悪とともに畏怖の念を抱かせた面があった．しかし，90年代，アジアでの地域覇権を握った観のある中国の日本観には大きな変化があり，最近では日本はもはや戦略的競争国ではないと考え出している．

中国はこれまで日米安保は日本を封じ込めておくものとして価値を認めてきたが，新日米ガイドラインは台湾介入のためと警戒している．中国の日本に対する関心は周辺事態に米国に協力する日本を制約することに移っている．日本に対しては歴史認識を持ち出して攻撃するのが有効であり，賠償放棄は多額の経済協力を要求するテコとなっており，インフラ整備や環境対策に日本の貢献を引き出している．また，市場の大きさは日本企業の投資を誘引するのに有利である．

以上の中で日本は台湾に対してどうするか．台湾問題は中国がその独立に反対しているので，台湾との公式の関係は現状維持ということになろう．しかし，この地域の安全が日本にとってきわめて重要だということは明らかである．この点からすれば，利益を同じくする米国と共同して，その関心を強く表明することである．また，台湾との関係については今後も政府間の公式の関係の発展は限られたものかも知れないが，現在でも台湾は日本にとって3番目の貿易国であり，人間の交流もきわめて活発である．この交流を一層強めていくことが台湾地域の住民への最大の支援となろう．

いたずらに中国の批判を恐れず，民間ベースでの交流には力を注ぐべしである．WTOへの加盟支持は当然であろう．すでに台湾は半導体の製造では世界に揺るぎない地歩を築いているが，そのような発展は国際社会をして台湾を無視できず，中国との和解に結び付けることができよう．それはCIS方式や東西ドイツ方式を含め，新しい解決方法を生み出す近道といえるが，そしてそれは中国にとっても新しい道になる可能性が強い．

1) 鄧小平は郷鎮企業の発展を農業拡大に次ぐ第二の援軍と喜んだという．
2) 中国への朝貢貿易は搾取ではない．朝貢国は多くの文物を貰うため，明や清の時代は朝貢の回数をふやす要求がでた位である．朝貢させる最大の目的は中国皇帝の徳への服従である．
3) インドではネールの死は中印戦争での敗北が大きな原因と考えられている．

… 第 8 章

パックス・アメリカーナと日本

I 日本の混迷とパックス・アメリカーナ

1. 90年代の日本の混迷と日米関係, アジアの批判

1990年代に入り,日本は「失われた10年」といわれる混迷と停滞を続けた.混迷は政治,経済,社会全般にわたるものであり,戦後システムの総決算の様相である.政局の混迷は1989年の竹下内閣辞職以後,90年代にかけて10人の首相が平均1年余の短命を繰り返したことに政局の不安定が端的に示される.この間,自民党の衆,参両議院を通じる絶対多数の消滅とともに,1955年体制の一方の柱である社会党の小会派への転落はこの間の政治の激変を物語る.

また,戦後,日本を支えた経済もバブル崩壊後,混迷を続け,未だ後遺症を克服していない.かつて世界に雄飛した日本企業の業績は大幅に悪化し,株価は低迷を続けた.さらに,バブル処理の不手際は金融機関を直撃したが,これを指導してきた大蔵省の失政・汚職が明るみにでたのみなく,多くの官僚規制が日本の活性化の障害になっている.戦後の日本を主導した政官財の鉄の三角形の体制のマイナス面が強くなっているが,危機管理のずさんさや世界に誇った初,中等教育も大きな危機にある.

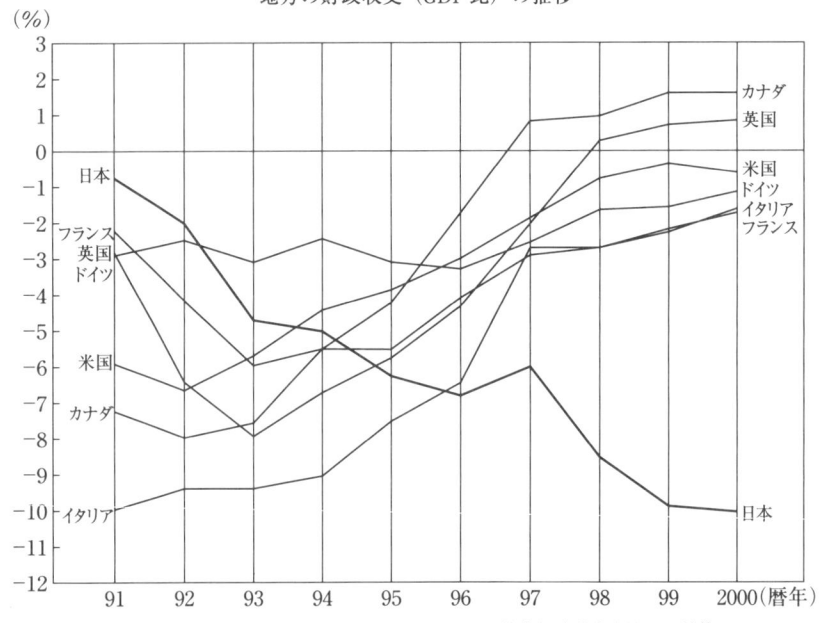

図 8-1 日本の財政赤字——先進主要国の国および
地方の財政収支（GDP比）の推移

(注) 修正積立方式の年金方式を有する日本と米国は社会保障基金を除いた数値.
(出所) OECD Economic Outlook 66, 1999年12月.

　国際関係でみても，日本外交は混迷にある．湾岸戦争時の対応が典型だが，冷戦後の国際安全保障への参加の高まりに応えてない．チモールの国連平和維持軍への参加もなかった．しかも，特記すべきは，日本は戦後50年にして未だに多くの隣国と第二次大戦の戦後処理を十分していない国だということである．ロシアとの平和条約は未だであり，北朝鮮とは国交もない．中国や韓国での歴史批判は強いが，戦時補償の問題を残しているのみでなく，未決着の領土問題を抱えている．

　日本の混迷は，80年代の事態と比較すると，大きな差であるが，何が原因なのか．一方に，国際情勢の大きな変化があるが，他方に，上記のように戦後の成功をもたらした体制の制度疲労があり，それがさらに，国際情勢の変化への対応を困難にしている．国際情勢の変化は第一に冷戦の終了は国際安全保障

活動への参加の要請を高めているが，日本の一国平和主義は国際安全保障への参加を大きく制約しているのみでなく，緊張が続くアジアにおいて，日米協力の遂行にも支障となっている．

第二に，市場経済の浸透の中で，日本の官僚主導体制は重商主義的体質を残し，企業が国を選ぶ傾向の高まりに対し，外資の流入の少なさにみられるように，開放経済の便益の享受も十分でないことである．

第三に，グローバリゼーションの進行，情報化の波の中で従業員中心主義の企業経営，平等主義教育は大きな改革を迫られている．

第四に，グローバリゼーションにしろ，市場経済の浸透，冷戦後の人権重視の国際安全保障にしろ，世界の潮流の影響はアメリカから発し，その影響を強めていることである．アメリカ文明の照射が強く，文明の衝突・摩擦の面を持っている現状であるが，日本は戦後アメリカに占領され，その影響を強く受けたのではなかったか．なぜ，現在に至って文化摩擦か？　である．

2. PA Ⅰの対日政策と戦後システム

現在の日本の混迷はまず，戦後のPAの中での日本の発展に関連する．それはアメリカ文明をめざした追いつき型発展であったが，東西対立の中，日本が得意とする選択的吸収の余地が十分あった発展であった．現在の状況は発展の成功の故の混迷といっても良い．

戦争直後の連合軍総指令部の方針はポツダム宣言に基づき，日本の民主化と非軍事化が貫徹された．非軍事化のためには賠償は当然であり，経済発展も抑えようとの意図が見られた．敵国・日本の人民は飢餓も当然ときわめて厳しいものであった．しかし，東西対立の激化，中国の共産化の中で，アメリカの対日政策はアジアの安定勢力を中国から日本に急転換した．賠償施設の撤去を中止し，逆に食料などの援助をし，特に日本社会の安定を重視し，天皇は極東裁判を免れ，日本の戦争責任の追及は限定的なものになった．内政は広範な自治に委ねられた．

アメリカの対日政策は日本にとって死活のものであったが，アメリカの世界

政策の中ではその一部分として形成されてきた．アメリカが世界を如何に管理し，日本をその中でどの様に位置づけてきたかである．アメリカの国際主義，自由貿易，民主主義，法の支配などに影響されたが，同時に，米ソ二極構造の論理に強く影響された．

日本との平和条約は中国やソ連不参加の状況で締結され，アメリカは安全保障条約により日本を防衛することとなった．以来，国防と外交の中核的部分は米国主導で決定され，日本の官僚がその政策の実施に当たった．敗戦国・日本は東西対立の中，ソ連や中国との交渉は米国の了解の後でなければ進められなかった．朝鮮半島諸国とは没交渉であり，アジアの多くの諸国とも経済関係は進展したが，政治問題には日本は口をつぐんだ．政治的にみれば戦後の日本は鎖国の状態といってよかった．世界の争乱から隔離された一国平和主義ができあがったが，平和憲法はさらにこの流れを強くした．

米国が国防と外交の主要部分を把握する中で，日本の政治は経済発展と国内問題に集中し，特に予算配分，公共事業，農業政策が重要であった．また，経済成長が日本の新しい国家目標となったが，具体的には電気器具，自動車，住宅の充実など米国型の豊かな物質文明を手本とする追いつき型成長であった．しかし，アメリカ文明の持つ個人主義や民主主義は選択的吸収の中で不十分に採り入れられた．追いつき型成長を組織化したのが，戦後の改革の中でも生き残った1940年代の官僚体制であり，日本は重商主義の強い体制となった．企業について見ると，戦争中進んだ従業員中心主義は占領行政によって強められ，日本型労使慣行が戦後の企業発展の担い手となった．官僚，政党，企業の鉄の三角形が戦後発展の中核的組織となったが，官僚が主導的役割を果たした戦後の発展であった．

企業は単に生産の場のみでなかった．人口が都市に集中する中で，家族，地域社会に代わって人々の生活を保障したのは，企業や官庁などの組織であり，組織への忠誠を重視するタテ社会が発展と安定を担った．教育は実用主義，平等主義が重視され，歴史への反省は戦争責任追及の回避もあって軽視された．

3. 日本型システムの発展と対米関係

　日本は以上のような体制により戦後発展した．戦時体制を継承したシステムはアメリカの供給する新鋭技術と豊富な原材料を消化し，自由通商体制の便益を享受し，日本はダイナミズムを強めて高度成長した．1970年代には自由世界ではアメリカに次ぐ経済規模を実現し，この間，国連，IMF，ガットに加入し，70年代にはサミットの一員となった．敗戦国・日本として望外の発展であった．

　この間，しかし，日本は単純にパックス・アメリカーナの正統性を認めた訳ではなかった．日本にとってアメリカは戦勝者であり，戦後の経済成長，豊かな社会の目標として偶像的存在の面があった．しかし，敗戦者としてのこだわり，原爆投下者・米国への反感はあった．しかも，当時はソ連や中国の社会主義に魅力を感じる労組指導者や進歩的文化人もいた．米国や西側との単独講和への反対や安保条約改訂への強い反対闘争は当時の日本人のアメリカ観を物語る．安全保障については自民党と社会党は憲法9条に関する神学論争を繰り返し，日米安保への国民の評価は割れていた．当時の日本人の最大の憧れの国はスイスであったことは奇妙であった．

　70年代の日本は米国につぐ経済大国になったが，次第に戦後の経済発展の方式に自信を持つようになった．特に，アメリカが70年代，日本に国際システムへの負担分担を求めたことは意外であった[1]．そして，金・ドル本位制の崩壊，その後の石油危機，ドルの下落，米国の双子の赤字の拡大はアメリカ型自由経済に対する疑問を生んだ．日本の官僚主導の経済運営，従業員中心主義の日本企業の強さ，集団主義的日本社会の強靭さは日本人の中では今1つの自由主義，資本主義の道とも考えられた．日本経済が石油危機を乗り切り，電子技術をものにし，さらに，国際収支を大幅黒字にし，金融大国となるにつれてその自信は強くなった．サミットへの参加は日本人のこのような意識を一層強めた．

　他方，ソ連への反感はきわめて強く，先進国の一員としての自由通商体制の

維持,西側の団結,途上国援助による貢献などの意識は強まった.米国との国際負担の分担の総合安全保障の構想が 70 年代末には出現し[2],軍事的貢献が限られている以上,援助や貿易や投資面での協力を充実しようということであった.

　80年代の東西対立再燃の中,日本は米国の同盟国として国際貢献を拡大すべしとの意識が強くなった.自衛隊はその存在を認知され,安保条約の有効性も国民的合意となり,思いやり予算など日本の対米協力は進んだ.ただし,憲法9条の制約は強く一国平和主義は継続した.80年代,アメリカの対日赤字の急増を背景に,日米摩擦は頂点に達した.アメリカは日本市場の閉鎖性,官僚主導の重商主義を攻撃し,日本は国際貿易阻害国だと糾弾し,構造協議などにより,日本市場を開放しようとした.官僚主導の貿易交渉は政治決断を伴わないので,外圧のみが有効だが,それでもその成果は余りにも少なく,余りにも遅かった.

　日本側から見ればしかし,アメリカは国際競争力を弱め,貯蓄過少,財政節度の欠けた国だとの評価があった.米国覇権の衰退が議論される一方,日米バイゲモニーにより,パックス・アメリカーナに貢献するとの意識を持った.度重なる円の切り上げも平行的な金融緩和によって切り抜けれてきたが,80年代後半の円の大幅な切り上げは日本経済の世界における存在を急激に高め,日本の金融機関はバブルを背景に世界への投資を拡大した.日米摩擦は高まったが,日本はG2意識を持ち,国際協調を強めた.

　日本はPA Iの中での希にみる高度経済成長を遂げ,アジアモデルの端緒ともなった.しかし,その成功故に,アメリカ型自由経済の効果の認知は遅れた.PAについては先勝国,戦後高度成長の恩人としての正統性は認めるが,日米摩擦の激化は正統性を割り引きした.また,国際システムについては,戦後の日米安保体制はPA Iの中で定着したが,一国平和主義が強かった.自由通商体制についても輸出の拡大による成長などもっともシステムを利用した国ではあるが,その体質はきわめて重商主義,閉鎖主義のものを持ち開放経済の便益の享受を放棄していた.国際通貨・金融のシステム支持のため,アメリカへの

協力は行ったが，日本の金融システムは閉鎖的であった．

4. 90年代の矛盾

90年代は日本のシステムの矛盾が一気に吹き出した観があった．そしてその矛盾の爆発の中で，アメリカ型システムへの評価が高まり，PAの正統性の認知と日本システムの国際システムとの調整が改めて進行している状況である．

日本の矛盾の第一は一国平和主義の破綻・米国依存外交の限界に示された．外交と軍事の中核を米国に委ねたことは敗戦国としては余地のない選択だったが，戦後，半世紀をすぎてその矛盾はきわめて大きくなっている．すでに見たように冷戦後の国際関係は日本に安全保障での役割を，米国との関係でも，アジアでの関係でも，さらに国際安全保障との関係でも拡大すること求めている．しかし，湾岸戦争の勃発，人権問題の重要性の増大の中で，大国であるにも関わらず，世界の安全保障問題に対応できない日本の大きな制約も明らかである．

憲法9条はその制約を端的に示している．およそこの半世紀の間，日本の安全保障政策の問題は自衛隊が憲法に合致するか否かの神学論争に終始したが，この間，世界有数の防衛費を持った軍隊が誕生している．政府の見解は憲法は個別自衛権は認めるが，集団自衛権は認めてないとの見解であるが，この見解が日米安保条約，日米協力ガイドラインでの日本の役割をきわめて消極的に，かつ複雑にし，国連平和維持活動への貢献もきわめて限定的なものとなっている．

憲法9条を素直に読むと，自衛隊は違憲ではないかとの疑問がわいてくる．また，海外からは日本は安全保障についてはほとんど役割を果たせない，政治小国と見られている．しかし，より重要なのは50年間に及ぶ神学論争の結果日本の安全保障はいかにあるべきか，世界の安全保障をどう考えるべきかなどの戦略的思考を日本人から奪ったことである．

また，日本が国防を米国に委ねた結果，外交に関しても米国依存が強まった．特に冷戦中は日ソ関係はまず日米関係であり，日中関係もまず日米関係であっ

た．その結果，日本は国際政治上は米国以外の国とは鎖国したに等しく，一国平和に溺れて戦後を過ごした．アジア諸国とも政治的関係は薄く，戦後50年にしてソ連との領土問題，中国との歴史認識，遺失化学兵器問題，朝鮮半島との領土，戦時補償問題など隣国との国際関係に大きな未清算を残している．

このため，日本は朝鮮半島，台湾問題，チモール問題など日本にとって生命線ともいうべき東アジア地域の緊張の高まりに対して，有効な役割を果たせない状況である．しかも，中国や朝鮮半島諸国から歴史認識をはじめとする戦争責任，戦時補償の批判に対し謝罪外交を繰り返すのみである．

日本の第二の矛盾は官僚主導・重商主義の限界である．国防と外交の戦略部門での米国依存は日本の頭脳をその下位体系である行政部門，官僚部門に集中したが，戦後の発展が追いつき型であったことは日本の官僚主導体制を強めた．追いつき型発展は目標の手本があるため，政治的決断は不要である．手本の導入，消化は上からの官僚主導による近代化が効果的であり，しかも，手本を選択的に吸収したのである．官僚主導は明治以来の伝統であるが，戦後も，1940年体制の主導のもと，日本は重商主義的体質を強く残しながら，米国の先端技術を急速に吸収し，急激な経済成長を遂げた．米国に占領されたが，東西対立は日本の自立を保障し，文明の吸収は選択的に行われた．産業政策が典型的であるが，日本は閉鎖性を保ちながら，技術や資源を輸入し，急速な発展を遂げた．

官僚は戦後の成功によって自信を強め，予算の配分，規制，天下りなどによって権力を強めた．特に，大蔵省は予算，税制，財政投融資を握り，その権力は他の中央省庁，地方公共団体，政府関係機関，金融など多方面に及んだ．このような官僚主導の体制は，しかし，1990年代には大きな矛盾を示した．第一に，日本が国家目標を達成した段階で，政治主導による新しい目標の設定が必要であったが，官僚主導が強すぎて政治主導への転換を遅らせていることである．官僚主導は手本ある追いつき型発展には有効であり，政策の大筋が決定されている中での小さな改善には有効なことが多い．戦後の日本では政治主導は希であり，代わりを努めたのは外圧であったが，大きな改革の権限のない官

僚の抵抗はしぶく，交渉の成果は余りにも少なく，遅い結果となった．米国からの外圧にも関わらず，日本の農林業，流通，運輸，金融などの基礎部門は開放されず，日本は高コスト経済となり，国際競争力のある製造業部門は急激な円高に襲われた．

　第二に，官僚主導は多くの規制を生み，日本は社会主義以上に官僚支配の国といわれるほどである．官僚の影響はあらゆる分野に及んだが，特に農林業，流通，運輸，金融などのサービス業はきわめて効率の悪い分野を保護する結果となった．官僚の活動は時として，本来の官僚業務でない分野に及び，財政肥大をもたらし効率を低めた．大蔵省は特に権力の中核であったが，例えば，財政投融資事業は民間企業の活動と競合し，潜在的赤字は大きい．金を集めるのは簡単だが，金融業の神髄は貸した金を回収するところにある．しかし金融業者でない大蔵省が主管する財政投融資は幾多の回収不能な債権を生んでいる．

　第三に，この様な官僚主導は現在も多くの官僚規制を残し，情報革命，遺伝子革命の発展を遅らせている．かつて世界一を誇った医療サービスの遅れが典型であるが，規制が強すぎる結果，日本人は国際的な医療進歩の便宜の享受を妨げられている．また，閉鎖性は開放経済の便益を日本から奪い，企業や人が国を選ぶ時期に対外開放は大きく遅れ，急激な発展を遂げる米国中心文明の挑戦に官僚主導体制は対抗できないでいる．

　第四に，集団主義の矛盾がある．戦後の日本企業は集団主義を強め，従業員中心主義体制によって発展した．社長は従業員から選ばれる．終身雇用，年功賃金，企業別労働組合がその典型であるが，会社は単なる労働の場ではない．冠婚葬祭を含めた地域や親族関係の代替機能までを果たし，従業員の団結と忠誠を高めた．会社は発展するにつれて子会社や販売店と縦断的関係を強める一方，系列や長期的関係により横断的関係を強め，護送船団方式の日本型企業集団を形成した．

　日本企業は海外では薄利多売の攻撃的経営を行い，輸出を拡大し，日本株式会社の追いつき型成長を担ってきたが，そこには国益と社益の一致があった．日本企業はしかし70年代頃から社益と国益の矛盾を強めた．日米摩擦が典型

であるが，輸出の増強は必ずしも国益とつながらず，会社の利益と国益は分離した．しかも，過度な会社忠誠人間への批判が高まった．円高は日本企業の護送船団方式を破壊し，子会社を振り切って，海外へ企業展開を行わざるをえなくなった．90年代の長期の不況と構造調整は企業を弱体化し，これまでの三種の神器といわれる労使慣行を破壊したが，情報化とグローバリゼーションも雇用調整を強めている．利益の重視，株主の優遇，会社情報の公開，連結決算など，これまでの日本企業の従業員中心主義，閉鎖性への挑戦が急速に高まっている．

集団主義はタテ社会の基礎であり，組織を強めたが，平等主義を強め，出る杭を打ち，個性化を弱めた面がある．追いつき型成長には適していたが，少数意見を圧迫し，社会全体としての独創性を弱めた．政治主導を抑止した面もある．集団主義は，しかし，イエ文明に発し，日本の価値につながる部分が多い．世界に冠たる企業組織をつくったのはイエ文明である．日本人の言語は例えば一人称についても私，俺，手前，わたくし，僕，わし，当方など多くの表現があるが，それは集団における自分と相手の関係に応じて使い分けられる．その意味では日本語のある限り日本人の集団主義は残るであろう．問題は個人主義，少数意見，説明責任など，国際化，地球化，情報化，メガコンペチションの中での生存・発展に必要なものをどの様に取り入れるかである．

5. 現状をどう解釈するか

以上の様に日本の現在の混迷はPA Iにおける発展に関わったことは明らかである．一国平和主義はその典型であり，戦前の日本が軍国主義を信奉したことから考えれば，戦後の産物であることがわかる．しかし，一国主義，そのものは日本の島国という地勢も関係しており，意外とその歴史は長い．少なくとも鎖国の時代に遡れそうである．官僚主導は1940年体制の結果，強化されたとはいえ，明治につくられたものであり，さらにいえばその基底にある「お上」意識はさらに古い．集団主義は日本企業の基礎にあるイエ社会の論理と深く関わり，日本の価値に関係する．

問題は日本的なものと世界の潮流のぶつかりあい——文明の衝突の面を持っていることである．また，このような日本的価値の保持は戦後，アメリカ文明を目標とした追いつき型成長を行う過程で，文明の物質的側面は吸収しながらも，その文化的側面は選択的に都合よく取扱い，浸透を遅らせた文明の受容のあり方にも問題があった．疑似民主主義，疑似市場経済などの批判が日本についてあったが，選択的吸収による文明移植が裏目に出た面がある．

さらにいえば，このような追いつき型・選択的吸収は後発国が先発文明を吸収する方法であるが，経済大国となった段階において，後発時代のシステムの矛盾の修正を怠っていたともいえるものである．80年代の外圧はこの矛盾をついたものといえるが，日本の内部に矛盾を改革すべき政治主導が欠如していた．

90年代の矛盾は世界が冷戦終了，グローバリゼーションや情報革命の進行によりアメリカ文明の潮流が強くなる中で，日本がなお過去の成功物語に耽溺し，ますます，その混迷を強めている状況に発している．それは追いつき型発展・受信文明の弱点である目標達成後，日本は何をなすかという世界へのメッセージを欠いた状況のためでもある．

歴史を見れば，日本は覇権文明の挑戦に対し，追いつき型・選択的吸収をし，自国を改革し，発展をしてきた．古くは中国文明を受容し，明治の時期にも西欧文明を導入し，工業化に成功した国として世界では珍しい存在である．日本は文明移植の天才であるが，その成功故に後遺症も持った．現状は戦後の発展の結果，敗戦国が大国になり，国家目標を達成したが故に，システムが機能不全を起こし，混迷を深めているが，このような経験は第一次大戦後の日本にもあった．過去の文明移植の歴史を振り返って現状を判断し，今後の対応を考えてみたい．

II 歴史に見る覇権文明と日本

1. 古代日本と中国文明

　日本は有史以来，幾たびか覇権文明と出会い，その文明を吸収し，飛躍的発展を遂げてきたが，その最初は中国文明との出会いである[3]．日本が中国の歴史に登場するのは紀元前後の漢書であるが，西暦239年には卑弥呼は「親魏倭王」の称号を授与され，冊封を受けた．倭の五王を経て大和政権の基礎が固まる一方，6世紀末，隋が強大な帝国として出現し，朝鮮半島では高句麗，百済，新羅が国家体制を強め，倭国も中国文明の本格的導入による国家体制の整備の必要性が高まった．

　西暦608年，聖徳太子は「日出る処の天子，日没する処の天子に書をいたす」という国書を隋の煬帝に送り，対等な姿勢をとったが[4]，中国文明の導入は7世紀を通じて加速され，大化の改新，白村江の敗戦を経て[5]，西暦702年，大宝律令の制定に至り，文明開化は一段落し，国号も倭国から日本に変換した．氏族社会から[6]中央集権の律令国家を目標にした追いつき型発展であったが，位階制度を整え，戸籍を定め，班田制を施行し，漢字を導入し，文書機能を強め，都を整備し，仏教を振興した文明開化であった．中華文明の権威に対し，国家体制を整え，紀記を編纂し，天皇の権威を高めて対抗した．

　古代における中華文明への対応はその後の履歴効果としていくつかの特色を持った．第一は，海外からの強い圧力に対し，国内体制を強め，国力の強いナンバー・ワンを目標に，追いつき型発展を行うものであるが，第二に，その際，富国強兵，文明開化を短期にはかるやり方である．第三に，文明の吸収は自己の文化の独自性を確保しながら選択的に吸収するやり方である．成果は大宝律令に示されたが，日本の現実に合わせて，制度，法を作成した．

　中華文明による文明開化の効果は第一に，大化の改新に象徴される公地公民，律令制度の採用による中央集権の強化，豪族の官僚化であり，従来の政治・社会基盤である氏族を弱め，天皇を中心とする国家体制へ道を開いた．第二に，

律令国家としての官制,地方制度,税制,戸籍などの導入は日本の在来方式と妥協し変質し,中国のものとは多くの点で異なったものになるが,後に出現するイエ社会形成への第一歩となった[7].選択的吸収の効果である.第三は,発展の結果,日本は独立を維持した[8].海洋の役割は大きいが,天皇制は中国への権威対抗上も,国内での統合の強化のためにも重要な役割を演じた.

日本の追いつき型発展はしかしいくつかの後遺症を残した.第一は,強い漢文明の吸収は日本の受信文明の性格を強めた.第二に,華夷体制はNO.1の中国文明への志向を強めたが,その他の国,特に朝鮮半島との関係は競争的,対立的になった,などである.

2. イエ社会の形成・発展

イエは東国に発生した開発領主とその一族郎党所従からなる集団に基本形が見られるが(村上他,1979,303),農業を基盤とする機能的戦士集団であった.イエ組織の特質としては村上は超血縁性,系譜性,機能的階層性,自立性を指摘するが[9],現代の日本企業の典型的特色として残っている.

イエ集団が日本を支配するのは鎌倉時代からだが,当初は,天皇を中核とする公家体制と共存した.次第に支配を強め,室町,織豊,徳川を経て,約800年の長きにわたって日本を支配した.イエ体制は徳川幕府に至り,統合を強め,他大名を支配する幕藩体制を築いたが,各藩には強い自治を残すため,幕藩体制は分権的であった.しかし,この分権体制が,各藩の自立性を高め,日本は活性を高めた.日本文化の源流はこの時期に多く発生している[10].江戸は世界第一級の大都市であり,工業化への多くの潜在力を持っていた[11].

3. 明治維新後の成功

明治維新も西欧列強の脅威への対応が大きな要因であった.第一に,日本の目標は西欧諸国と平等になることであったが,具体的には徳川幕府が開国時締結した不平等条約を改正し,対等になることであった.第二に,「富国強兵」,「文明開化」はそのスローガンであり,軍事力の強化と工業化の推進はその手

段であった．第三に，脱亜入欧は欧米重視の姿勢を示し，欧米文化の輸入が急激に行われたが，和魂洋才の示すごとく日本の価値が重視された．第四に，行政組織の整備に続き，憲法および各種法律の制定，議会の開催，教育制度の整備などが急速に行われたが，日本の実状に合わせた選択的吸収であった．

　文明開化は，しかし，徳川システムを捨てる社会革命であり，その過程はベルツが評したように「死の跳躍」といわれる規模の変化であった（村上他, 1979, 429）．長期にわたり日本を支配した武士と藩を廃止するのはそれなりの抵抗があり，西南戦争に象徴される大きな犠牲があった．軍事力強化の成果は日清・日露戦争に示されたが，日露戦争は特に非西欧の国が欧州の大国に勝利した戦争として世界的な反響を呼び，不平等条約は相次いで改正された．工業化も繊維産業や造船業などの発展に示されるように急激であった．第一次大戦を経て日本の軍事力，経済力はさらに強化され，世界の5大国の1つとなった．列強による植民地化を恐れ，文明の後進性を恥じた開国時からわずか半世紀後のことであった．

　日本の文明移植の目覚ましい成功にはいくつかの要因が重なっている．第一に，国民国家は帝国の規模と都市国家の忠誠心の長所を結合した西欧文明の政治発明といわれるが，日本のために発明された組織の面があった．単一の大人口の民族，単一の言語・文化，島国の統合された国土はまさに国民国家の形成に適していた[12]．西欧の帝国主義植民地体制すらも日本は移植したが，加工貿易国として，資源，食糧と製品市場が必要だった共通性にもよる．また，イエ社会は工業化の担い手の会社を形成するのに適したものであった．

　第二に，文明移植は和魂洋才の言葉の示すように選択的吸収が行われ，民主主義や言論の自由や人権などの導入は後回しにし，生活用品や産業技術や軍事力の導入など吸収し易いところから近代化が進められた．西欧の諸科学の導入において「政治」や「経済」などの概念も日本語化され，その文明移植の天才ぶりを見ることができるが，これらの日本語は現代中国語の基礎を作っている．

　第三に，明治政府の選んだ政体はプロシア形の皇帝を国家元首とする立憲君

主制も文明移植の1つであるが,国政全般に大きな影響力を持った元老が欧米帝国主義に対する危機意識を共通の絆として持ち,天皇への補佐を有効にし,官僚に対する政治主導を強めた.天皇制は権威の弱い新政府には必須のものであったが,対外的には欧米文明に対するイデオロギー的切り札であった.ただし,渥美は明治憲法が「法の支配」が英米法における支配者をも拘束するものでなく,プロシア型の「法による人民の支配」となり,官僚主導を強めたとする(渥美,2000).

4. 帝国日本の崩壊

第一次大戦後の日本は世界の五大国の1つとなり,きわめて満足すべき情況にあった.日本を脅かし続けたロシアは革命後の混乱にあった.大海軍国である日本は,西太平洋に限れば米英に対抗できる地域大国の地位をもった.朝鮮半島を併合,満州,山東に権益を持ち,台湾を領有し,太平洋の島島を委任統治した大植民帝国であった.経済的にも巨額の外貨を持ち,重工業化が進んだ.明治維新以来の国家目標を完成したことになるが,追いつき発展を終了した時点で,その国力をどう使うのか新しい国家目標を持てず,日本は国際的にも国内的にも困難に直面し,第二次大戦への破局に向かう.

このような原因は第一に,日本は第一次大戦後の国際関係の変化への対応に失敗したことである.米国の台頭,英国の凋落,ソ連の成立があり,アメリカの国際主義,反帝国主義,反植民地主義は世界にアピールし,世界は欧州中心の枠組みからアメリカ中心の枠組みへの移行という大変動の最中にあった.かかる状況の中で,日本は19世紀型の帝国主義に強く影響され[13],中国に21箇条の要求を突きつけ,中国人民と世界の反感をかった.日英同盟の解消は日本の国際的孤立を示すが,経済力世界一,日本にとって貿易上第一級の重要性を持つ米国との関係が急速に悪化する事態があった.

第二に,日本の矛盾は両大戦間の経済困難によって強められた.日本経済は第一次大戦中,驚くべき急速な発展をしたが,発展は跛行的で,全体として脆弱であった.日本経済は大恐慌以前に1927年から不況に陥っていたが,井上

財政による金解禁政策の失敗，米英の日本商品への差別は，反米派の軍部に力を与えた．日本は軍事力によるアジア進出を行ったが，これはまた米英との対立を増幅した．

第三に，明治憲法の体制は衆議院，貴族院，枢密院，内閣，陸軍，海軍ときわめて分権的であったが，天皇の権威と元老の人的関係が連携を保った．しかし，元老が退陣し，第一次大戦中から政党内閣時代に入ったが，政党は国民不在の党利党略に明け暮れ，上記の経済政策運営の失敗や疑獄事件により政治への信頼を大きく低下させた．統帥権を掲げる無頼者・軍部が日本を破局に引きずっていく中で，これを阻止する勢力・制度がなかった．日本システムの大きな欠点である[14]．

第四に，1930年代の世界は覇権交代期の動乱であった．日本は満州，中国へ大軍によって侵攻し，さらに，独・伊と軍事同盟を結び，これを頼み，米英との対立を決定的にした．1941年の日本軍の南部仏印進駐に対し，米国は在米日本人資産を凍結し，石油の禁輸を決め，日本軍部は戦争を決意した．

以上のように日本は明治維新以来，追いつき型発展において成功したが，大きな矛盾を克服できず敗退した．現代の混迷にも通じるいくつかの点がある．第一は西欧と同等になるという国家目標を達成した段階で新しい展望を示しえなかったことである．目標追求に有効であった官僚主導体制は機能せず，政治主導の体制が欠如したことである．第二に，世界の大勢を察知できず，しかも，軍事力による成功物語を脱却できなかったことであるが，明治初期の政治優位の国際感覚は消滅していた．第三に，暴走軍部を抑えられなかったのは，政治体制の未成熟であるが，集団主義の弱点であった．第四に，脱亜入欧のアジア軽視は西欧第一主義の反面であるが，華夷意識の反映だったともいえる．

5. 覇権文明への対応の類形

以上の，日本の過去における覇権文明への対応を類型化して見ると次の様である．第一に，覇権文明を目標に追いつき型発展を試みる時は，日本の大きな危機の時でもあり，大化の改新時も，明治維新の時も対外脅威とともに，内政

表 8-1 時代区分と発展形態と戦略

時代	古代	大化の改新 大宝律令	鎌倉, 徳川幕府	明治維新	戦後改革	平成改革 (注)
基礎組織	氏族	公地公民 貴族	戦国大名 武士・藩	立憲君主 薩長, 元老	国民国家 企業・官僚	開放国家 政党・市民
基礎組織の変化		大, 急激 氏族→位階	大, 緩慢 荘園→大名	大, 急激 大名→官吏	中, 急 帝国→敗戦国	小, 広範 普通国
政治形態 支配層	氏族連合	中央集権 摂関政治	地方分権 幕府	中央集権 元老・軍部	中央集権 米国・自民党 官僚主導	中央集権 政治主導
追いつき目標 発展形態		中華文明 追いつき型 選択的吸収	武家政治 自然発展	西欧と同等 追いつき型 選択的吸収	米文明 追いつき型 選択的吸収	米中心文明 自己確認型
対外関係 主要国 外圧	韓	国際的 韓, 中 唐, 新羅	鎖国 和, 中, 韓 元, 明, 清	開国 英, 米, ロ 英, 米, ロ	一国平和 米国 米国	地球化社会 米, 中, アジア 米, 中

(注) 平成改革の欄は改革への要請を示す．

上の行き詰まりがあった．両改革とも社会の基礎単位をひっくり返すほどの大改革であり，「死の跳躍」との評価もあった．改革の強行は摩擦を高め，武力対立すらあった．しかし，両改革とも政治体制を引き締め，中央集権を強化し，国家目標を決め，果敢に追いつき型発展を試み，成功したということである．

第二に，国家目標の追求は具体的には覇権文明をモデルに文明開化，富国強兵を行ったが，その際，覇権文明の選択的吸収・移植を行ってきたことである．覇権文明の移植に当たっては，日本の在来の社会組織の修正が一方に必要であるが，他方に，修正が急激でないようにして，移植文明との接続を容易にすることが必要であった．軍事技術，工業技術や生活用品など，文明移植の行い易いものから選択的に吸収し，思想や制度は後に回して文明移植が行われた．戦後の文明移植は東西対立の中，米国が内政に干渉しなかったため，物質文明の吸収が先に進み，民主主義の浸透は遅れた．

この場合，第三に，覇権文明の法や制度を移植し，在来の日本の制度を修正

することはかなり効果的であった．古代の律令制度は位階や公地，公民や班田制など，日本の氏族制度に衝撃を与えたが，日本的なものを保存して接合が行われた．その後班田制は崩壊したが，荘園の形成に影響し，イエ社会の創立に効果があった．明治憲法も「法による支配」ではあったが，帝国議会などを設立し，封建日本を近代日本に変化させるには大きな役割を果たした．近くの経験では憲法9条は甚大な影響を日本に及ぼした．

　第四に，追いつき型発展は目標を達成したときが問題である．まず，追いつき型発展において追いつく日本は後発国であり，選択的吸収も先進文明吸収の前提で行われる．しかし，目標の達成の段階では後発国は先進国に成長し，後発国時代の接合した組織は適合しなくなっている．従って，次に新たな発展には新しい接合が必要となるが，これには政治主導による改革が重要となる．しかし改革されるべき日本社会は過去の成功物語に満ち，しかも，改革されるべき組織や慣行は長い歴史に源を持つことがあるため，その改革には追いつき開始時より強い政治主導・決断が必要となる．

　以上の類型から見ると，現状は目標達成後で大きな混迷がある．

　今日改革されるべき日本の組織には一国平和主義，官僚主導，従業員中心主義などが満ちているが，日本の価値につながっている部分もあり，その改革には摩擦を克服すべき強い政治改革が必要である[15]．これまでの成功物語を捨て，世界の新しい潮流との適合を果たす必要があるが，新しい文明と日本的なものとの調整・接合が必要となる．しかも，世界は急激に変動している．また，日本も追いつきを始めたときの日本ではない．世界第二の経済大国であり，それに伴う改革が必要である．当然に痛みを伴うものであり，組織の変革には政治主導が必要であり，最終的には法の改正による改革が望ましい．

6. 日本の改革と政治決断

　日本の改革は大きな挑戦を受ける．第一に，すでに述べたように改革の困難は目標達成後により大きい．さらに改革するべき一国平和主義，官僚主導体制，従業員中心主義の企業体制は単なる戦後の産物ではない．歴史の圧力は現状の

変革に対し，ブレーキの役割をするが，その圧力は目標達成後の改革には特に強い．

第二に，かつての文明吸収は日本の価値を保持できるように，相手と距離をおいた選択的吸収が可能であった．しかし，今回は情報が世界を狭くし，グローバリゼーションが進む中での文明吸収は強い同化作用を持っている．かつての吸収の対象は産業技術や生活用品であった．しかし，今後は情報技術もソフトが中心であり，民主主義や経営など文化的要素の強い部分の選択的吸収となる．それはまた歴史の圧力との戦いを強くする．

第三に，過去の追いつき型発展は後発国による先進文明の吸収であった．しかし，今回は1人あたり所得の額でみれば日本は米国に劣っている状況ではない．先進社会同士の競争である．

これに関連するが，第四に，日本の改革は大国になった日本が国際社会と共存するための必要性からでもある．それは，世界へのメッセージを持ったものである必要があるが，受容性の強い文化を持つ日本として決して容易なものではない．

以上のように日本の混迷の底には歴史の圧力があり，また，日本社会の基礎に迫る変化がある．しかし，それ故にこそ，歴史の圧力を跳ね退け，新しい日本への挑戦のための改革が必要である．歴史の圧力を知ることは自分の癖を知ることでもあり，癖を矯正し，新しいシステムへの接近の方法を考えることである．それは日本の民主主義，市場経済の試練でもあるが，特に大変動の国際関係へ対応し，21世紀での生存をはかるため必須のものである．

Ⅲ　パックス・アメリカーナ第Ⅱ期と日本

1. PA Ⅱの意味するもの

アメリカ文明主導の世界は見渡せる未来において続くと考えられるが，日本にとって意味するところはなにかである．アメリカはすでに述べたごとく関与と拡大の政策を進めているが，最近の注目点はアジアの重視である．アメリカ

にとって，欧州大陸はきわめて重要であるが，冷戦は終了し，EU が力を伸ばしてきている状況で世界の安全保障問題がアジアに集中してきていることである．

アジアでは一方に民主主義の浸透，市場経済の拡大の発展があり，朝鮮半島でも新しい南北関係の発展がある．しかし，その朝鮮半島の未来はなお不透明であり，台湾海峡の緊張，さらにその背後にある中国の急激な台頭は大きな課題を突きつける．中長期的にみると，世界の人口は東アジアとともに，東南アジア，さらに南アジアで拡大し，これら諸国の発展に伴う諸問題が出てくると考えられているのである．

アメリカの期待は中国が責任ある大国の役割を果たすことであるが，その期待の実現は確実でなく，敵対的地域大国への可能性も見ていることである．すでに見たようにライス大統領補佐官はアメリカが現状維持を目標とするのに対し中国は現状打破を目ざす点で戦略的競争者とする．インドもまた大国として登場しようが，その将来はなお不確実である．アメリカはアジアにおける日本，韓国，タイ，豪州など同盟国との協力を強め，これらの諸問題の対応を図ろうとしているが，その際，改めて日本との関係の強化を提案するとともに，日本のアジアでの役割の拡大を求めている．ランドの提案が典型であるが，憲法の改正と有事の際の日本の踏み込んだ協力への期待がある（RAND, 2000）．

2. アジアと日本

日本にとってアジアは生存の場である．しかし，戦後は PA Ⅰ での東西対立とアジアへの侵攻・敗戦国の立場からその役割は限られ，隣国との戦後処理も済んでない状況である．アメリカとの関係は同盟国であり，今後のアジアでの安全保障はアメリカの関与なくては維持できない面があることからも，日米協力は重要であり，積極的な対応が必要である．上記ライスの分析でいえば日本もアジアの秩序の現状維持派であり，アメリカとの国益は合致する．しかし，日米両国には，国益の差があることも明らかであり，日本は独自の立場を追求しながら，協力すべきである．

第8章　パックス・アメリカーナと日本　257

　これまでの日本外交への批判はアメリカ追随外交であり、その独自性がないということであるが、日本の影響力に限定された状況では仕方がなかった面があった．しかし、東西対立が強い団結の要点として働いた時代と異なり、日米関係の再構築の上でも、アジアに独自の地位を持つ日本こそ重要である．

　日本外交の問題として戦略性のなさが指摘されるが、それは目標が曖昧だからである．これも米国が日本外交の大枠を決め、憲法9条での制約があった状況では仕方がなかったかも知れない．しかし、目標のないところに戦略はなく、しかも戦略がないにもかかわらず、自国の短期的利益の維持に走る硬直的な外交戦術がある．結果として日本は自国の狭い利益しか守らない国となる．外圧への対応もまったくこの時限であり、およそロマンのない外交となる．

　いきなり日本全体の大目標や戦略といってもこれまでの蓄積がないところで混乱するが、さし当り日本にとって重要な諸問題でこのような修練をしてはどうか？　まず朝鮮半島の未来は日本の生存に関わる問題であるが、現状は外圧があり、日本の関与のないままずるずると多額の資金援助をさせられて終わりということにならないか．

　まず、どの様な朝鮮半島が日本にとって望ましいかが、問われるべきである．そのような目的に照らして、戦略をたて、目標に応じて日本の貢献を決めるべきである．日本の生存に関する問題であり、日本に望ましい状況ならかなり多額の資金援助を含む協力も多とすべきである．しかし日本に望ましくない状況には貢献すべきでない．また当然、南北問題において日本不在の外交的枠組みでの決定には従うべきではないということになろう．朝鮮半島問題のため、ロシアと日本をいれた6カ国協議がもたれてしかるべきであるという主張になる．

　中国との対応ははるかに複雑である．しかし、これも基本的な目標を決め、そのための戦略を練るべきである．メリハリのある外交を展開すべきであり、謝罪外交は終了すべきである．この場合、台湾問題の帰趨が日本にとってきわめて重要であることは明らかである．

　アセアンとの関係は日本外交の中で例外的ともいえるくらい戦後発展してき

た．アセアン拡大外相会議，アセアン首脳会議の発展に日本は促進的役割を果たし，その延長に一方ではAPECがあり，他方ではARFの設立がある．アセアンの積極的活躍は，また，ASEMによる欧州とのつながりの強化を結果した．APECの形成には豪州との協力があったが，APECのアジア地域の経済協力に大きな役割を果たした．ASEANはまた南アジアとの関係の発展に力を尽くしているが，日本はインドとの交流発展にさらに力を入れるべきである．

90年代におけるアジアの経済危機は日本とアジアの相互依存の強さを浮き彫りにすることになった．日本が困難な時期にもかかわらず宮沢構想による大量援助を行ったことは相互の絆を深めることとなったが，これを契機にアジア地域でのマクロ政策，通貨・金融面での協力体制が検討されている．日本はこの資産を活用することである．

最近の注目は地域統合の台頭である．20世紀の大国はいずれも人口，国土大国であり，国民国家の発明者である欧州も通貨統合から政治統合にむけて統合を強めている．日本の1億人を越える国家規模も今や適正規模を下回ったともいえるが，日本とアセアンや中進国との経済統合の進展はこの意味からも相互に重要である．シンガポールや韓国との自由貿易地域の構想はこの点から注目される．

3. 経済大国としての対外政策

日本はサミットの一員であり，世界の課題に責任を持つ．まず，安全保障の分野では，国連常任理事国の地位をえて，平和維持活動への積極的な参加をめざすべきである．自由通商体制の維持はきわめて重要であり，WTOの活動の支持が重要あるが，日本は投資問題，アンチダンピング規制などを重視しているが，それには同時に自国における開放経済の利益の享受の体制づくりが肝要である．

日本はODAに関してはきわめて積極的である．アジアのインフラの整備への貢献は国際的に定評があるが，今後の目標としては環境問題，貧困撲滅を重視することが肝要である．グローバリゼーションの世界におけるコストであ

る．

Ⅳ　日本の改革

1.　新しい目標と政治主導の必要性

　日本の戦後システムには以上の様に内外から改革の必要性が高まっている．基本的には日本が発展した中で，戦後の成功をもたらした小国・日本の一国平和主義，官僚主導の重商主義，従業員中心主義的なタテ社会の論理の総点検が必要となっている．この様なシステムの反面教師は国際責任を担う主要な国，民間主導の自由主義，個性を強めた開放社会である．その様な要素をキーワーズとする日本社会が新しい国家目標となろうが，具体的には独自の魅力を持つ豊かな社会，競争力ある経済力，政治への積極的参加，自国並びに国際的安全に責任を持ち，世界へのメッセージを発信する国というものになろう．

　日本はこれから世界の国々に先駆けてかつてない高齢化に見舞われるが，逆にいえば世界へのモデルを示す機会でもある．行政の効率を維持する日本型民主主義はどうか．国防，外交の独自性を保ちつつ，大陸に呑まれず，広く，ロシア，南アジアを含むアジア諸国と協力し，米国との同盟，協調を進める責任ある国際国家のイメージが良い．

　このような目標を実現する上で，重要なことは政治主導を強め，目標を実現する戦略を根気よく追求することである．このためには戦略を制約する条件を取り除き，できるだけ自由に行動する条件をつくることである．目標は明確に，戦略は骨太に，戦術は自由にというのがモットーである．

　目標を追求する上で追いつき型，選択的吸収はなお有効なことがあろう．世界の文明を主導する米国は今後も日本にとって選択的吸収の対象となろうが，米国自身，80年代の混迷から抜け出す過程で日本の長所を多く吸収している．これからも可能な限り，選択的吸収を進めるべきである．しかし，選択的吸収もこれまでの様に後進国が先進国をモデルにするようなものではない．吸収は先進国同士の競争の一面である．

2. 90年代の改革

　90年代の日本は改革への歩みを始めた．選挙制度の改革，行政改革，金融改革，税制改革，規制緩和，市場開放がそれであり，行政改革では省庁の再編成の結果，大臣の数は17に減少し，各省に副大臣や政務官への国会議員の登用，議会での官僚政府委員の答弁廃止，議員立法の促進など国会議員の役割の増大がみられる．また，金融庁の独立や経済財政諮問会議の設立など財政当局の権限の縮小が見られた．また，安全保障面では国連平和維持活動の支援の法の，新日米ガイドラインの整備，周辺事態法の制定，有事法制の推進があり，さらに憲法調査会の設置がある．企業レベルの改革としては企業でのリストラ，大型企業合併，外資の算入があるが，ベンチャービジネスの振興，外資の算入などはなお遅々としている．

　しかし財政の赤字は増大の一歩をたどり，日本は先進国でもっとも政府債務の多い国になった．しかも，経済サミットの一国として4半世紀の参加をもってしてもなお，先進国の一員としての地位もなじまないものがある．明治百年にも関わらず，民主主義，法治国，市場経済というが，借り物の気がするのは僻目だろうか？　しかも選挙区であるアジアには十分な発信をしていない．

　今後の悲観シナリオとして，日本の対応は官僚主導の低下の中で政治主導は台頭せず，too late, too small で日本システムの改善が遅れる．情報化への対応が不十分なまま，日本企業の従業員中心主義が災いして，経営合理化は不十分となり，株価は低迷する．規制が強く，日本の魅力が増さないため，外資の参入は拡大せず，大きな効果をもたらさない．しかも高齢化は日本の活力を阻害する．そして，東アジアでの紛争が勃発し，米兵の犠牲がでたが，日本は中国に遠慮し，日米同盟は機能せず，米国での同盟破棄の世論が高まるというものがあるが，このようなシナリオは避けなくてはならない．

3. 政治主導の向上

　日本の改革を加速する手段としてどの様なものがあるか．多くの課題がある

が,特に憲法改正,政治主導,規制緩和をあげる[16].これまでの歴史からの経験では改革において制度の改正,法の制度が日本社会に大きな変革をもたらしてきた経緯がある.

　第一に憲法改正であるが,すでに述べたように憲法9条と自衛隊の存在は,まず,日本の法治国家としての資質を疑わせている.次に,日本の軍事力による貢献は日米同盟の軍事協力,国連平和維持活動の武力行使を含め,真の安全保障協力を行わない国だとの観念を植え付けている.到底,現状では日本の安全保障理事会常任理事国入りは無理である.さらに問題なのは日本人の戦略的思考能力がこの50年間徹底的に阻害されてきたことである.軍事力を除外して国際政治を語れないことは自明のことであるが,日本人はこの思考を半世紀にわたり禁止されてきた.そして国防と外交を米国に委ねてきたことが,日本が自ら目標をたてて戦略を考える機会を奪い,国際的に通じる戦略思考の出現を阻んできた理由である.

　やっと国会に憲法調査会が設けられ,種々の問題が検討されているが,その歩みは遅い.世論調査では過半数の国民が憲法9条の改正の必要性を感じているのに自民党にも選挙を恐れ,なお,改正の提案に強い抵抗がある.21世紀の初頭のもっとも危険な地域である東アジアに位置し,なお,この状態であるのは,戦略的思考の停止の後遺症といわざるをえない.日米同盟が損なわれないよう新ガイドラインに伴う有事法制の整備は火急のことであるが,国連平和維持軍はじめ国際安全保障活動への参加を保障するためにも憲法9条の改正は必須のものである.さらにいえば,日本の国際戦略,国内での政治主導の確立のためにも必須のものである.

　第二は,政治主導の確立へのさらなる方法はなにかである.明治以来,官僚が強く,政治の分野に食い込み,外交でも官僚が表見代理の状況にあることはすでに述べた.政治家を強くする方法はないかということについては,90年代種々の改革がある.小選挙区制度の採用,副大臣や総務官制度の導入など政治を育てる試みが始まっている.米国と日本の国会議員を比較すると米国の議員は秘書を数十名国費で雇い,法案作成能力を持つのに対し,日本では国費で

雇える秘書はやっと3人に増加させられた程度で比較にならない．政治主導からみると日米間には大きな差がある．

　日本での政治討論が低調なのは学校教育での国語教育の差だとの見解がある．日本の国語教育は漢字の暗記に追われるが，欧米での国語教育は討論の修練だというわけである．有名人の講演に学生から質問がでないのも，日本人の個性軽視の教育のせいだという人もいる．

　このような中で中曾根元総理大臣の提唱する首相公選論は日本人の政治修練への1つの試みと思われる．米国の大統領選挙は選挙の年の初めから，民主，共和両党で大統領候補人を選挙しあい，その後，11月の選挙に至るまで年をあげてのイベントになっている．ここまで大げさにしなくともという気もするが，この大統領を選ぶ過程はそれ以上に米国国民の政治教育の機会であり，政治参加の機会だと思う．韓国や台湾の大統領選挙も大きな政治教育，参加の機会である．

　これに対し，日本の内閣総理大臣は戦後の改革の結果，巨大な権力を手にいれた．大臣任命権，国会解散権，自衛隊の指揮権，予算の編成権，各種政府機関の人事権など米国大統領以上に大きな権限がある．しかし，総理大臣の任命は多数党の内部の推薦，選挙で行われるが，およそ政治討論は低調であり，優れた人材が選ばれる保障がない．また，その任期はきわめて短く，サミットではいつも出席者の端にいる．国際的な代表性も薄く，官僚主導がまかり通る．以上から総理大臣を国民投票で選挙する理由は十分ある．政治主導を促進するには有力な手段だと思われる．

　第三の問題は一層の日本の開放である．80年代から規制の緩和は進んでいるが，なお，多くの規制が存在し，日本社会の閉鎖性を高めている．官僚主導が住宅建設や運輸・通信など民間部門の事業にも多く及んでいるためだが，この体制の転換のためにはまず，規制を全部撤廃し，必要なものに新たに規制を作ったらどうかとの意見がでるくらいである．最近，外資が金融や流通などに参入し，日本産業の活性化に貢献しいるが，一層の規制緩和が必要である．今後の問題としては，遺伝子技術の医療技術への応用など先端部門での規制が強

く，国際的な遅れをとっていることにどう対応するかである．

また，国籍法や旅券法など外国人の移入に関する規制は多いが，その基本の政策は流入の抑制である．現代は人が国を選ぶ時代であり，多くの国は自国に来る外国人を優遇的に扱う方向へ政策をシフトしている状況である，日本の法制は依然厳しい．国籍の要件も未だに男子血統優遇主義であり，また，日本で生まれても日本人の血が流れていないと国籍を取得できない．韓国人二世，三世は日本語しかはなせず，実態は日本人そのものであるが，幾多の差別がある．旅券の発行は韓国大使館，領事館である．国連は日本は高齢化に対応するには多くの外国人を移入させなくてはならないと述べているが，かかる点も考慮すべきである．

1) 戦後の日本が国際システム維持の努力をすべしであるというアメリカからの要請に直面したのは 1960 年代末からである．当時の日本は敗戦国の意識を強く引きずり，国際システム維持という概念はなじみの薄いものであった．日本にとっての国際システムは明治維新開国の時はすでに厳然としてあったし，戦後も，国際システム形成への参加の機会はなかった．国際システムの概念はなじみの薄いものであった．日本が国際システム形成に参加する機会は第一次大戦後にあったが，世界へのメッセージを持たなかった日本は自国の利益を守るのに汲々としてチャンスを無駄にした．
2) 日本の国際貢献を進める考えとして，総合安全保障の考えが 70 年代後半から出てくる．安全保障上の国際貢献には憲法の制約が大きい日本として途上国援助，資源開発，技術開発，自由貿易，国際金融などでの国際貢献を高め，総合的に見た国際システム維持の努力を高めようという考えである．安全保障面でも日本の駐留米軍費用の負担分担は大きくなり，途上国援助は時として紛争周辺地域にもつぎ込まれた．
3) 西尾は『国民の歴史』において，日本民族の起源について縄文人を基本とし，弥生文化も縄文人が基本となって形成したとする．朝鮮半島からの移民は日本文化の形成では少数民族とする．中国文化の消化について漢文をそのまま訓読みをする技術は日本民族しかないとし，その独自性を主張する（西尾，1999）．
4) 漢以来，長期に中国の冊封国であった日本が，中国へ対等の姿勢を取ったのは倭国に高まった独立意識の現れであるが，同時に朝鮮半島への優位を主張するものであった（西嶋，1985，90-94）．
5) 日本は島国であり，日本と中国との直接的軍事上の接触は少なかった．しかし，

紀元663年の白村江における日本・百済軍の唐・新羅軍への敗北は唐に対する深刻な脅威を生んだ．日本は西国に防人を置き，水城や山城を築き，軍事上の備えを固める一方，中央集権を強化し，戸籍を整備し，班田制を布いて財政の基礎を固め，国家体制の強化に狂奔した（西嶋，1985）．

6) 氏族は血縁によって結ばれ，共通の先祖・神を持つ呪術性の強い組織であったが，成長するにつれて奴隷を抱えた豪族組織になり，大和政権は天皇族を中心とする大氏族の連合体であった．

7) 律令制度は公地，公民を採用したが，土地制度には次第に私有を認めたため（墾田永年私財法（AD 743）），土地は貴族荘園や寺社に集中した．公民も税や兵役の負担に耐えかねて荘園に集中した．

8) 遣隋使以来の遣使は平安時の廃止まで17回に及ぶが，20年に一回では朝貢とはいえない（西嶋，1985，101）．

9) 超血縁性は血にこだわらず，イエの断絶を防ぐ．養子による継承は能力主義の貫徹も含んでいる．系譜性は未来への集団の永続性だが，構成員の忠誠心をかち取る．機能的階統性は軍事集団として当然である．イエとしての自立性は分権的体質を意味する（村上他，1979，225-240）．

10) 戦国大名の時期，日本は多くの大名に分割され，麻のごとく乱れたというが，多くの日本文化の源流が出た（歌舞伎，茶道，華道，庭園，陶・磁器などである）．

11) 1800年における日本の人口は30百万人であり，英国やドイツを凌駕し，フランスに匹敵する世界でも一級の規模であった．江戸は百万人の人口を有し，当時世界最大の都市であったが，大都市は当然，高度な消費需要を大量に発生させ，手工業の発達は必須であった．労働力の宝庫であり，識字率は世界のトップレベルであり，コメなどの商品市場は発達し，貨幣経済の進展は著しかった．さらに，藩や大店は工業化のための組織，制度を整備する上で適切な仕組みを持っていた．また日本の意識は長い年月を経て確立し，国民国家の基礎を作っていた．

12) 村上は西欧の国民国家体制が前提とする国際社会の中の国民国家の概念は日本の選択的吸収からは抜けており，一国主義だったとする．

13) 戦前の日本は五大国の1つであったが，ヴェルサイユ会議では，山東半島の権益を確保するために人種問題への主張を交渉の道具としたとの印象を他国に与えた．その後，満州事件の処理では，日本は国際連盟を脱退し，さらに孤立性を強めた．世界に対するメッセージを示しえなかった．

14) 天皇の権威を強調した明治の統治機構は内閣総理大臣の機能を弱め，また，議会の権威も高めなかった．天皇の臣下としての官僚が権威を持ち，軍が統帥権を楯に独立した権力としてあった．法制的には内閣も総理大臣も存在せず，各国務大臣は天皇に直属し，陸軍と海軍は独自の地位を主張した．議会も衆議院と貴族院に分れたが，法案の成立には枢密院の同意が必要であった．

15) 歴史の流れから見ると，現代の改革への要請はどの様なものか．この様な衝撃の大きさを見るために表8-2を作った．日本社会の価値(A)に基礎を起き，その上に基礎組織(B)，規則，慣行(C)，戦略，行動様式(D)があり，最後に具体的な行動がある．集団主義的価値観がまずあり(A)，その上に企業，官庁，家族などの組織があり(B)，従業員中心主義，終身雇用制など規則，慣行が(C)あり，外部を差別する行動・戦略やタテ型社会の競争行動が(D)にあたり，最終的には交渉などの具体的行動(E)になる．具体的行動EはD，C，B，さらにAによって支配される．逆に，Eの変化はD，Cから最終的にはAにも変化を与えるが，変化の度合いは近いものほど大きいことになる．

第一に，古代から現代に至る各時代での変化の影響を見ると，古代は氏族社会から公地，公民の律令国家への変化であり，価値観にも変化を与えた．中世は律令国家から大名・幕府体制へ，明治は藩から国民国家へ社会の基礎組織(B)の変化であった．もちろん，規則，慣行，行動方式も変化したが，価値観にも変化を及ぼしたと思われる．これに対し，戦後や平成の変化はさほど大きくないが，その影響は後述の様により深い面がある．

第二に，この様な変革には手本があるが，手本を全部を受け入れることはできないので，和魂洋才の選択的吸収ということになる．この様な変革は上からのものとなるが，選択的吸収も受け入れには大きな抵抗があり，強い変革には強い政治的意志と組織が必要になる．大宝律令の受け入れには天武天皇の強い権威と中央集権の体制が必要になった．明治時代も天皇制の復活と中央集権の採用による政治意志と，

表8-2 各時代の前時代からの変化の度合

文化の階層 \ 時代	大化の改新 大宝律令	戦国・徳川	明治維新	戦後改革	平成改革
価値 Value (A)	↑	↑	↑	↑	↑
基礎組織 Institutions, Social Entities (B)	↑	↑	↑		
ルール基準 Rules and Practices (C)				↑	↑
行動戦略 Behaviors and Strategies (D)					↑
具体的行動 Concrete Actions (E)					

(注) ↑は前時代からの変化の及んだ階層を示す．↑は弱いが影響を示す．
    （平成改革の影響は強くないが広範である．）

元老を中核とする官僚主導体制の整備があった．

　第三に，鎌倉から徳川に至る時期は社会の基礎，政治の主体という意味では大きな変化があった(B)．しかし，追いつき型発展ではない．その幕府体制は公家体制との東西での並存期間が長く，イエ組織から発展した戦国大名体制が全国を覆うまでには長期を要した．幕藩体制は統合的だが，基本的に分権体制であり，すでに述べたとおり多くの日本文化の源泉が発芽，発展した．ただし，一国主義体制の基礎でもあり，対外的脅威には弱体である．

　第四に，戦後の改革は米国をめざした追いつき型，選択的吸収であるが，大化の改新や明治維新に比べれば，改革の程度は小さかった．1940年体制は残存し，内閣と官僚主導体制は強化された．米国が政治の中核に入り，安全保障体制はいびつであるが，選択的に吸収し易い大量生産技術を取得し，工業発展を遂げて，先進国の一員となったという点では欧米と同等になることを国家目標として追求した明治の流れの中にあるともいえる．

　戦後の変化は明治維新や古代に比較すると，基礎組織の変化はさほど大きいものではなかった．議会，官庁，企業，家族などの基礎組織は維持された(B)．しかし，内閣機能の強化，重商主義的規制，教育制度，家族制度（相続・父権），人権の重視，従業員中心主義など(C)は変化した．それに基づく戦略・行動にも変化があり，官僚主導，民間天下り，恋愛婚姻，配当横並び，下請け・特約店などの企業行動(D)も変化した．以上から見ると，基礎組織の変化は大きくなかったが，米国型大量消費や人権，平等思想などは天皇の権威の否定，軍国主義の否定（平和主義）などとともに組織の内容を変え，価値観にも影響したことが考えられる．

　現代は，表に見るように，明治維新のような社会組織そのものの廃止，改変などの大きな変革を必要としているわけではない．しかし，企業システム，タテ社会のあり方，日本的意志決定方式など，集団主義への挑戦は日本社会の基礎に関係するだけに挑戦への対応は容易でない．それは政治主導，民主主義のあり方，法の支配など戦後日本が追いつき型発展・選択的吸収の中で不十分，曖昧にしてきた部分であり，それは最終的には個人の重視，個性の尊重など集団主義との矛盾を含む部分でもある．

　情報化，地球化は企業システムの論理を変えるとともに個人重視の主張を強め，世界市民の自覚を高めよう．地球環境問題もこの傾向を支援しよう．また，高齢化により日本の家族関係は大きく揺らぎ始めているが，この過程の中で従来の男女関係，親子関係，家族関係が大きく変化する可能性がある．その意味では今後の日本社会に起こる変化は社会の基礎組織そのものの存在を否定はしないがその中身を大きく変化させ，日本人の集団主義などの価値観にも大きく影響する可能性が高い．

16)　このほか教育制度，高齢化社会への対応，地方分権などが重要課題である．

第 9 章

国際システムについての理論的考察

I 世界管理のシステム——主導国と主要国の幕藩体制

　第1章において国際システムとは世界秩序,世界管理のシステムだとし,PBやPAは一種の幕藩体制だとした.すなわち現代のように国民国家を主体とする国際社会においては,世界管理はパックスを形成できる主導国を中心とする幕藩体制的な制御となるのではないかということである.
　ギルピンは国際システムを「一定の制御に従って,定期的に交流する種々の主体の総合」と定義する (Gilpin. 1981, 26-27).種々の主体としては国家と並んで最近は企業や個人（NPOを含む）も国際社会での活動を高め,国際機関も影響力を高めている.現代の国際社会は国家,企業,個人・NGO,国際機関の四元システムの状況であるが,これらの主体も国家が結ぶ協定や条約である「定期的交流」に従って行動している.「定期的な交流」には慣習的会合,条約や商取引に基づく交流や国際機関を通じる交流があるが,ギルピンはその主なものは外交,戦争,貿易・経済などに関する取り決めだとする.このような取り決めは,ウエストファリア条約以降多角的なものに発展し,国際法となったとする (Ibid. 35-36)[1].
　国際社会には中央政府がないので国際システムにおける「一定の制御」の形

態は重要である．ギルピンによると国際システムの制御の体系には一極，二極，多極の体系があるとし，強い力を持った2つの主要国による二極体系は概して不安定で短命とする[2]．多極の体系としては近代の欧州の主要国による勢力均衡の体系を典型として示す．一極の体系は帝国または覇権の体系で1つの強国が他を支配する体系で，歴史にはもっとも多かったとする（Gilpin. 1981, 29）．帝国のシステムはローマ，中国，トルコ，インドの様に，近代以前ではきわめて多くの例がある．近代の一極体系としてギルピンは覇権のシステムとしてPBとPAをあげる（Ibid. 144）．

PBは欧州での勢力均衡と植民地支配による世界管理のシステムであったが，これは広大な天領である植民地支配を背景に外様大名を管理した日本の幕藩体制に似ている．アメリカはイギリスよりも領土・人口が大きく，植民地をほとんど必要としなかったが，ユーラシア大陸に欧州，アジアに日本との同盟を形成して世界を管理している．現代の様に国民国家体制のもとでは一極といっても帝国体制でなく，一種の幕藩体制ともいうべき体制が世界管理の体制であり，種々の国際機関がさらにこれを支持していることである．

Ⅱ　パックスの要件——国力

主導国がパックスを形成することを可能にする要件として，筆者は卓越した国力[3]，パックスの内容となる国際システムの妥当性，さらにパックスを主導する正統性を必要とすると理解している．強い軍事力，経済力がなければ，世界に跨る安全保障や国際通貨，国際貿易のシステムを形成，主導できない．しかし，それだけでは十分条件ではない．そのシステムが他の主要国も受け入れることができる内容だという妥当性が必要であり，さらにシステムの運営の主導的立場が受け入れられる正統性の認知が必要である．

国力の要素として，まず，軍事力，経済力，文化・社会力をあげたい．すなわち，パックスを運用するには安全保障システムや国際通貨・貿易システムを良好に稼働する力がなくてはならないが，自国の生存だけではなく，国際的シ

ステムを動かす強い国力が必要だからである[4]．

　軍事力は，例えば，まず，自国の防衛を守るためであるが，世界の安全保障システムを動かすには，地域的な安全保障への関与もさることながら，地球的安全保障を管理する能力を必要とする．現代では戦略核を持ち，地球的展開ができる海上投射能力を持ち，即応性のある通常軍事力が必要ということになる．しかも，この様な軍事力の展開には幕藩体制の基礎として植民地を含む自国領土か，友好度の高い同盟国との協力が必要ということになる．イギリスは植民地体制により，アメリカは同盟体制により，世界中に基地を展開した．

　経済力は産業，国際貿易の基礎であるが，世界の貿易を主導するには大きな輸入市場と強い輸出力が必要である．また，国際投資が現代の世界を支えているが，先端技術とこれを支える国際企業の存在が不可欠となっている．また，経済力はその国の国際通貨・金融力の基礎であるが，基軸通貨の役割を果たすには，通貨価値の安定のための大きな経済力，石油危機などに耐え得る資源力，よく整備された金融・資本市場が必要であり，基軸通貨国を中核とする貿易と金融の循環システムの形成が望ましい．アメリカもイギリスも世界の資金を集め，これを分散するシステムを形成した．

　文化・社会力という意味は文明の力である．かつてのイギリスの議会民主主義・産業革命は19世紀の世界における威信であったが，アメリカの価値である民主主義・市場経済や自由なアメリカの生活様式は現代文明を主導するプレステージである．

　社会力とは曖昧な概念であるが，社会変動への適応力と定義し，その内容は教育水準，柔軟な社会組織，考え方などに影響される．国力は軍事力に大きく影響されるが，長期的には経済力，社会力の関数と見て良かろう．特に，現代の国家は民主主義と市場経済を基礎とし，対外的な開放性や国際協調へのより柔軟なスタンスが要請される．現代は内外を問わない，活性化した企業，個人の参加が国家発展の条件となっている．規制の緩和，教育や産業基盤の充実などにより社会の開放性と魅力を高めることが社会力の源泉である．さらにいえば，その国の人権度，難民や政治亡命の受け入れ，地球問題への取り組みや国

際世論の主導性などはその国の社会力,さらに国力の指標となろう.

モーゲンソーが国力の要素として,第一番目に地理をあげるのは興味深い.地理は出生に似て(例えば金持ちの隣に貧乏人として生まれたことを想定せよ.また,大国と隣接の国は常に大国からの圧力に備えざるを得ない),与えられた条件であるが,国際システムに大きな影響を持つ.

アメリカの地理は大陸ではあるが,島国であり,両洋国家であり,世界の管理にはユーラシア大陸への効果的関与が必要であった.2つの大戦と冷戦への勝利を通じてユーラシア大陸の東と西のもっとも活性的地域への関与を獲得したことは重要である.運輸と通信の発達は海を障壁から便利な交易の道とし,両岸国家の利点をさらに高めている.イギリスも島国であるが,その世界管理が欧州から地中海,あるいは喜望峰を通り,インドをめざし,極東に至るには長い航路の支配を必要としたのに比べればアメリカのシステムは遥かに効果的で均斉のあるものになっている[5].

III パックスの要件——正統性と国際システムの妥当性

パックスの要件である国力は正統性によって支えられなくてはならない.正統性を獲得するもっとも有効な機会は世界の覇権を握る戦争に同盟国の盟主として勝利することである.ナポレオン戦争後のウイーン会議の英国には,フランスに最後まで屈服せず,ワーテルローで勝利し,しかも,大戦中は大陸の同盟国に多額の援助を与えてきた正統性があった.

第二次大戦後のアメリカも連合国の盟主として勝利したが,その過程は多くの連合国軍との幾たびもの合同作戦であり,巨大な人の輪の形成であった.しかも,武器貸与法による巨額な援助は英国,ソ連,中国をはじめ,多くの連合国に与えられたが,この過程は連合国の財務などの官僚を有利な立場で交渉にまき込む交流の機会であった.特に,戦前の覇者・英国との交流は首脳同士の密度の濃い8回の会議や共同軍事作戦を含め,人的ネットワークの形成上画期的なものであり,文字どおり覇権継承の過程となった(ガードナー,1973,

123-124).

　米国の正統性は戦後における武器貸与法による借款免除とともに，画期的なマーシャル・プランの援助によりさらに増幅した．戦後における援助はしかも，旧敵国ドイツ，日本を含むものであり，独日両国は戦後パックス・アメリカーナのもっとも忠実な支持者となった．しかし，ソ連はアメリカ主導の体制を受け入れず，欧州諸国の中には正統性の受容に関しては若干の留保があった．

　冷戦の終了は西側の盟主として，大きな負担を背負いながら，世界戦争なしに勝利を導いたことによりさらなる正統性をアメリカに与えている．

　アメリカの国際システムは国際主義（普遍主義でもある），民主主義，自由貿易の原則を持っていた．アメリカがウイルソン以来の主張として述べてきたものであるが，国際主義は国連の創設による平和維持を目的とし，大国の権力外交や秘密外交を排除する意義は国際的に受け入れられた．特に，植民地独立の機会がめぐる可能性に対し，多くの途上国はこれを支持した．自由貿易や国際通貨体制についても30年代の保護主義や通貨戦争が第二次大戦の原因だったことから，多くの国の支持があった．また，アメリカの国際システムの主張の背後には，自由で豊かな民主主義国・アメリカの社会があった．貧困と閉鎖性からの脱却の可能性を示していたといえる．

　以上のように世界管理システムとしてのパックスは卓越した国力と正統性と妥当な国際システムを必要とするという観点から戦後体制を見ると，ソ連は軍事力では米国に対抗し，文化力は共産主義というイデオロギーを持っていたが，経済力は弱く，パックスを要求する正統性は低かった．アメリカがグローバルな国際システムを展開し，世界を主導したのに対し，ソ連は核を頼りに，力による独自の支配ブロックを築いて立て籠もった．しかし，被支配国の離脱が相次ぎ崩壊した．核による軍事二極体制の形成者とはいえるが，国際システムにおける主導性は小さく，パックスを形成したとはいえない．PAの中の二極体制である．

Ⅳ　公共財としての国際システム

　世界管理は安全保障，国際通貨・金融，国際貿易システムを通じて行われる（このほか国際通信，郵便などのシステムがあるが，国際的問題となることは少ないのでここでは取り上げない．援助は国際金融の1つの側面と考える）．国際システムはその運営が覇権国を中心に行われるところから，私的利益の追求だとの批判があるが，さらに中核国が周辺国を搾取するシステムだとの見解がある（ウォーラステイン，1981）．しかし，国際貿易や金融では覇権国の比重が圧倒的であり，他の国も自国が新たに，国際貿易や金融網を独自に形成できないとすれば，現存するシステムを活用した方が合理的である．19世紀の世界の諸国は英国の国際貿易，金融システムを活用した．私的利益から発したが，公共財に近似したものとなった．

　戦後の米国の場合はより明確に国際主義を追求し，西欧諸国と協議の上，国際システムを創出し，その運用に当たり，自国の短期利益のみを追求しなかった．二極対立の中で，米国のリーダーシップを高める必要があったためでもあるが，そのシステムは国際公共財の性格を強く持った[6]．

　この様な主張は戦後の安全保障システムの中核である国連憲章に強くでている．国連は平和の維持，公正な平和，多数の参加を重視したが，同時に侵略，武力の行使に対し，国連軍創出による排除など強い姿勢を示す．その背後には両大戦への反省があり，武力行使を抑止し，国際安全保障体制を築こうという強い意識がある．

　すなわち，安全保障はまず自国の安全保障への関心となるが，世界の安全保障を実現することは別の次元である．また，武力の行使は19世紀の世界ではなんら悪ではなかったが，これを抑制するため国際安全保障体制を創出することが大切だとの考えは第一次大戦の惨禍の結果であり，戦後の国連に結実したのである．

　戦後の国連による安全保障維持機能は東西対立の結果，大きく後退したが，

NATOや日米安保の地域的機構により補完され，平和の維持に貢献した．戦後，50年にして主要国間での戦争のないことは大きな結果である．冷戦の終結は国連の機能を回復した．国際的安全保障は人権問題にも拡大され，平和維持活動が強化されている．

　国際経済の面では自由通商体制が機能した．国際通貨・金融システムでは統一した通貨システムがIMF体制として発足した．その国際公共財の機能は通貨価値の維持，国際流動性の供給，国際収支不均衡の円滑な調整であるが，OECDを中心とする米，欧，日の協調はサミット体制を生み，国際マクロ政策，国際金融，国際援助での協調を高めた．ドル本位への不満はあったが，戦後の高度成長を支え，石油危機や世界不況を乗り越えてきた実績がある．また，貿易については貿易は平和を生むとの意識があったが，国際分業による世界経済の成長がシステムの柱であり，企業の国際的活動は飛躍的に発展した．幾多の保護主義的流れはあったが，これを抑制し，ガットシステムは発展し，現在，WTOによる国際貿易法の形成が進行している．

　戦後の国際システムはグローバルなシステムとして計画されたが，発展の過程で地域レベルのシステムがこれを補強している．安全保障については米国を中核としてNATOとアジアでの日米や米韓の安保システムがあるが，中東などにもその展開がみられる．また，CSCEやARFが対話のシステムとして設立されている．経済の分野では地域統合が進展している．EUは拡大し，通貨の統一も試みられている．APECもアジア太平洋地域の貿易自由化と経済協力の促進を課題としている．自由貿易地域はNAFTAが典型だが，西半球での協力拡大が進んでいる．アジアでも日本と韓国，シンガポールの自由貿易の交渉が始まろうとしている．

V　国際システムの特色——総体性，利便性，階層性

1. 総　体　制

　国際システムは総体性，利便性，階層性の特色を持ち，全体としてシステム

維持の作用をする．まず，システムとしての総体性であるが，国際システムは主要国，特に主導国の統御のもと総体としての目標を追求する．戦後の国際システムは国際主義，自由貿易，民主主義の実現を目的としたが，人権，反植民地主義をめざす安全保障体制が市場経済，企業活動の自由を主張する自由通商体制と共通の価値を持っている．戦後のシステムは西側の論理としての東への優位を示す目標を持った．このために安全保障では米国を中核として団結し，国際通貨，国際貿易システムの進展を通じて成長し，システム総体としての効果を高め，東側との競争に勝利しようとした．

現在，アメリカが進めている関与と拡大政策も安全保障システムによる軍事関与を盾とし，民主主義と市場経済を槍として，世界に拡大して，国際システムを総体として動員し，民主主義の平和の目的を追求している．細部には民間企業の利益が紛れ込むとの批判もあるが，それは全体として骨太な枠組みであり，総体的なシステムとしての効率性を高めている．

覇権国の国力が低下しても，後述のように国際システムの総体性は利便性，階層性とともにシステム維持に作用する．

2. 利　便　性

国際システムはまた利便性を持っている．国際システムが公共財の性格を持っているため，システムが少しぐらい機能不全を起こしても，利便性があるのでシステムは維持されるのである．国際通貨システムには利便性が強いが，それは現代世界が通貨なくしては一日も暮らせないという状況からきている．基軸通貨国はシステムを維持しようとするのは当然であるが，他の国も代替通貨が見つからない以上基軸通貨の退位を認めないのである．

1920年代から30年代にかけてのポンドとドルの関係はアメリカが経済的には世界一になり，国際収支の基礎もはるかに強いにも関わらず，ポンドがドルに基軸通貨の地位を譲るのは大恐慌の結果通貨システムが稼働しなくなったためである．ドルが基軸通貨になるのは戦後であるが，ポンドは戦後もかなりの期間，決裁通貨，準備通貨としての機能を果たした．

1971年にはドルが切り下げられ，金の復位やSDRが国際通貨の計算単位になることも予想された．しかし，SDRに流通市場があるわけではない，金も計算単位以外の機能を果たすほどの量はない．石油危機が起こり，資本の流れが強くなると，ドルの信任は今一つだったが，ドル以外に難局を乗り切る通貨はなかった．アメリカ経済が世界不況の牽引車になったこともあり，ドルの流通が高まり，SDRや金の国際通貨としての機能は低下した．

3. 階層性

　国際システムには階層性がある．国家権力の基礎は安全保障力であるが，国際システムでも平和がなくては経済活動は保障されない．グローバルな安全保障システムを築くのは超大国であり，そのシステムの階層性は高い．国際通貨システムも基軸通貨は高い階層性を持っているが，国際金融，国際貿易と階層制は低くなる．それは国力の充実過程と密接な関係を持つからである．

　すなわち，国力の充実は社会力の高さが前提だが，産業の発展にはじまり，国際競争力を高め，貿易の増大を生みだす．この段階で貿易摩擦を起こすが，産業力と貿易力の充実は国際社会での登龍の門への要件である．同じ段階で自国防衛の軍事力の充実があるが，輸出の拡大はやがて黒字を作り，国際金融力を高める．次いで世界的国際金融，国際通貨システムの国際的責任を担い，最終的にはグローバルな安全保障や基軸通貨のシステムを担うことになる．

　米国の例でみると，19世紀末米国は世界最大の工業生産国となったが，1920年代には米国の産業力は圧倒的であり，貿易力，国際金融力でも英国を上回っていた．しかし，英国に安全保障，国際通貨で一日の長があり，米当局のドルの地位強化の努力にも関わらず，基軸通貨ポンドの地位は強かった．1930年代事態は逆転したが，アメリカが，世界の安全保障，国際通貨などで真に主要な責任を担うのは戦後の1940年代である．産業国家としての登場から世界国家となるには半世紀を経た後になった（坂本，1993，45）．

　1980年代の日米関係も国際システムの階層性の問題を考える上での良い材料である．当時の日本は鉄鋼，自動車のみならず，先端産業である半導体でア

メリカを凌ぎ，輸出は強く，国際収支の黒字を背景とする国際金融力においてアメリカを上回っていた．世界の 10 大銀行の過半は日本の銀行であった．従って，日本は産業力，国際貿易力，国際金融力において，アメリカに勝り，PA の衰退と日本の大国ぶりが喧伝された．国際通貨と国際金融力の分離という 1920 年代に見られた危険な状態があり，ドルは 80 年代後半大幅な下落をした．

しかし，アメリカと日本では安全保障力は格段の差があった．また，ドルは通用力を維持し，経済規模はアメリカが大きかった．その後，ドルはさらに低下したが，むしろアメリカの競争力を高め，円高は 90 年代の日本の競争力を低めた．この事態をどう解釈するかだが，安全保障に支えられたドルが国際システムの階層性によって，日本の産業力を跳ね除けたと解釈できるであろう．

国際システムには各国の参加形態により階層制に差がある．いずれのシステムも主要国の影響が大きいが，貿易システムには多くの国が参加する．新興国が産業力を充実するとまず貿易システムに参加し，先行国と摩擦を起こす．貿易システムの階層性は低く，摩擦は国際貿易から起こる．この点から貿易システムへの参加は国力の先行指標といってよい．また，国際貿易は WTO のようなグローバルなシステムとならんで，APEC や EU，NAFTA などの地域システムを持つが自由貿易地域の枠組みにもなじむ．

安全保障システムも参加者が多い．国防は国家の基本であり，各国は当然自国の防衛力を充実する．しかし，地域的安全保障[7]，さらにグローバルな安全保障体制に影響する国は限定される．核の保有国は国連安全保障常任理事国が過半であるが，世界にまたがる防衛網を建設できる国は超大国しかない．米ソの核管理はグローバルなシステムといって良いが，これと並んで欧州・アジアに NATO や日米安保などの地域的システム，二国間システムが発展した．

これに対し，国際通貨システムは基軸通貨と数少ない国際通貨国とのゲームであり，階層性が高い．通貨発行は各国の主権事項であるが，国際通貨として流通する通貨は大きな信用力が要件である．そして通貨の通貨である基軸通貨は歴史的には覇権国の通貨がその役割を果たしてきた．このような階層制から，

国際通貨体制が確立すると，基軸通貨は簡単に退位はしない．通貨システムは覇権の遅行指標である．IMFはグローバルな機構であるが，その意志決定は拠出額により割り当てられた投票権によって行われる．しかも注目すべきは，基軸通貨とグローバルな安全保障力はともに，システムの中核的求心力として密接にリンクしていることである．

Ⅵ 国際システムの変動——覇権国の衰退と覇権国の返り咲き

　国際システムは覇権国・主導国の状況，主要国との関係によって変化する．覇権国の国力が衰えるか，他の主要国の国力が増大するかによって次第に国力が相対的に低下する事態に至ると国際システムは機能不全を起こすことになる．金ドル本位制の停止，保護主義の採用などがその例である．国力の低下は産業力，貿易力から始まり，国際金融通貨に及ぶ．従って国際摩擦は貿易から起こるが，やがて，金融摩擦に発展する．しかし，国際通貨摩擦は主要国間で起こるということになる．

　しかし，いったん確立した国際システムは簡単に崩れない．システムが総体としてシステム維持のメカニズムを持つからである．階層性の論理は貿易システムでの機能不全が通貨や安全保障などの上位のシステムに伝播しないようにする．システムの利便性は覇権国もさることながら，他の国がシステムの交替を好まない状況を作り出す．英国は今世紀に入り産業・技術の優位を米国，ドイツに譲ったが，1930年代まで総体として世界の覇権を維持した．

　だが，覇権国がさらに国力を低下させればシステムは解体に向かう．1932年の英連邦形成は世界貿易のブロック化を誘い，さらに30年代にはポンドの基軸通貨からの退位があり，国際システムは全面的オーバーホールとなった．国際社会は大きな混乱を経て，戦後の米国中心のシステムに移った．

　覇権国の力が大きく衰えると，国際システムは不安定になる．まず，貿易摩擦が激化し，国際金融での依存が高まり，国際通貨不安が起こる．さらに進む

と，基軸通貨の交代や世界的安全保障システムの動揺・変動に至る．1980年代にはアメリカの衰退が問題とされた．パックス・ブリタニカからパックス・アメリカーナへの変化時には国際社会は激動し，国際システムの大変動があった．

米国もこのような覇権衰退の道を歩んでいるとの考えがあった．事実，80年代のアメリカは安全保障ではソ連の挑戦を受け，三子の赤字に悩み，国力を落としていた．「大国の興亡」はアメリカは過去の大国が歩んだ過剰伸張の道を歩んでいるとし，その衰退の可能性を高いとした[8]．しかし，このような衰退からアメリカは立ち直った．何が原因か，国際システムから見てどうか．

筆者はPAの機能不全はアメリカの大きな国力をもってしても，パックスの国際負担が大きすぎたためだとの見解をとっていた（坂本，1986）．冷戦の終了は多方面にわたる便益をアメリカにもたらした．第一は冷戦終了が国際負担の大きな低減をもたらしたことである．軍事費はGDPでの比率では半減に近く，財政再建に貢献したが，軍隊要員を削減し，軍需産業も大きな転換をし経済の活性化に寄与した．しかも，このような転換は，第二に，折からの情報革命を加速し，第三次産業革命をを主導することとなったのである．第三に，冷戦終了はさらにグローバリゼーションを加速し，市場経済とともに民主主義の伝播を促進している．これらの諸要因の展開が重なったのは偶然の要素もあるが，冷戦終了が大きな要因であったことは明らかである．

このような要因は米国の国力を立て直し，パックスの正統性を高め，さらに軍事関与と民主主義と市場経済拡大の国際システムの浸透を可能にしている．また，冷戦終了は国際システムの運営において米国により有利になったことである．米国の貿易政策の相互主義への転換はその典型であるが，ドルの大幅切り下げ，円高，マルク高誘導もそれである．為替レートの変更はドイツや日本の企業には死活的意味がある反面，米国企業への衝撃は大きくないという非対照性がある．

モデルスキーは世界国家は4つの時期を経るとする．世界戦争，世界国家，非正統化，分裂・崩壊の時期である．世界戦争に勝利したあと，新覇権国は国

表 9-1　モデルスキーによる世界政治の長期波動

局　　面	世界戦争	世界国家	非正統化	分　　散
ポルトガル	イタリア戦争 インド洋海戦 (1494-1516)	ポルトガル (1516-39)	ポルトガル (1540-60)	挑戦者 　スペイン (1560-80)
オランダ	スペイン・オランダ戦争 (1580-1906)	オランダ (1609-39)	オランダ (1640-60)	挑戦者 　フランス (1660-88)
イギリス 第Ⅰ期	ルイ十四世との戦争 (1688-1713)	イギリス (1714-39)	イギリス (1740-63)	挑戦者 　フランス (1764-92)
イギリス 第Ⅱ期	フランス革命 ナポレオン戦争 (1792-1815)	イギリス (1815-49)	イギリス (1850-73)	挑戦者 　ドイツ (1874-1914)
アメリカ	第1次, 第2次世界戦争 (1914-45)	アメリカ (1945-73)	アメリカ (1973-2000)	挑戦者 　ソ　連 (2000-2030)

(備考)　世界国家興亡の4つのプロセスは，(1)世界戦争，(2)世界国家，(3)非正統化期，(4)分散期の順を経る．モデルスキーにいわせると，この4つの時期はコンドラチェフの2つの波の上昇，下降に符合するとする（ウォーラステインと似ている）．
(出所)　Modelski (1986, 86)

際システムを総体的に活用して世界国家の基礎を固める（Modelski, 1986）．アメリカは戦後，米ソ対立の中，安全保障の維持と自由通商体制を総動員して，体制間の競争に対応し，PAの基礎を固めた．システムは定着し，公共財の色彩を強め，正統性の浸透があり，同盟国の協力体制が整った．現在，アメリカはPA Ⅱのシステムを関与と拡大の政策により，総体的に構築中といえよう．

　国際システムとの関係でいえば，世界国家に成長する時期は自己のシステムを築くときであるが，戦後のアメリカ，PA Ⅱの現代がそれに当たるといえよう．現在のアメリカは国際システムを総体的に活用してパックスを築いている観がある．

　モデルスキーはかねてからかつて英国が19世紀に覇権を取り戻したようにアメリカも21世紀には返り咲くとしていた（Modelski, 1986）．18世紀の英国は

フランスとの100年戦争を行っていたが，1776年のアメリカの独立は痛手であった．そのイギリスがナポレオン戦争を勝ち抜き，産業革命の進展をバネに新しいパックスを築いた．対仏戦終結の軍事費の削減は財政負担の軽減に大きな効果があった[9]．

Ⅶ 今後の国際システム——四元システム・地域統合・大国の時代

冒頭に国際システムは覇権国の世界管理システムだとしたが，今後の方向はどうか．一方にアメリカは関与と拡大の方策により民主主義と市場経済の拡大をめざす．グローバリゼーションと情報革命はこの動きを促進し，企業の国際的活動はますます盛んになり，個人の国際的つながりは強化され，NGOが群生しよう．世界は田中のいう「新しい中世」への動きが高まろう（田中，1996）．しかし，人口の増加からいえば，近代化の段階にある国，あるいは「混沌」の時期の国の人口が増大する．

この様な中で最近の特色は地域統合であり，大国の登場である．近世以来，国民国家は帝国の規模と都市国家の忠誠心を合併した政治革命とされ，世界を制覇してきた．しかし，今世紀に入り，世界を主導する国家は典型的な国民国家ではない．米国は西欧文明の継承者ではあるが，大きな大陸国であり，多人種国家であり，典型的な国民国家とはいえない．戦後，米国に対抗したソビエトや中国もともに帝国的素質を持った国である．これらの国に共通するのは広大な領土であり，大人口国であり，豊かな資源国である．そして，その統合には強いイデオロギーを必要としたが，かつては，国土が広すぎ，人口が多すぎてまとまりがつかない面のあった国である．

しかし，運輸と通信の発達は状況を変えた．19世紀の米国の発展がモールス符号と大陸間横断鉄道の開通による国土の統合に大きな原因があったことによることは知られている．航空機の発展と情報化の進展は今日すべての国に利益をもたらしているが，その利益は大きな国ほど大きいと思われる．米国中を

めぐる航空機の網の目，情報のネットワーク，ロシアや中国の各地を結ぶ航空機や情報のラインをみて，中国にかつてのような軍閥がはびこることは想像されにくい．明らかに国家の統合への影響としては中小規模の欧州や日本よりも利益が大きい（社会主義国は情報の浸透による国内社会の不安定化も覚悟しなくてはならないが）．さらにいえば，大領土国の核への抵抗力や資源確保の面での強靭性を持っている．

現代の国家の適正規模は拡大していると考えられるが，アメリカは多様な人種といい，国の規模といい，国民国家としては大きすぎる面があった．しかし，通信，運輸技術の発達は国家の適正規模を引き上げる．米国は国民国家の利点と帝国体制の利点（国土の広さ，資源，大人口，多人種）を結合した面がある．そのアメリカは西半球での地域統合をさらに進めようとしている．

20世紀の強国は大国であるロシアや中国もその例であり，21世紀に向けたインドの大国ぶりが注目されている．そして，国民国家発祥の地である欧州も中級国家の不利益を改めるべく，地域統合に踏み切った．共通通貨をすでに発足させ，政治統合をめざす新しい国民国家型の統合体が出現しつつある[10]．

世界の未来を想像すると，グローバリゼーションや情報革命が進展し，アメリカの関与と拡大政策によって中心文明の伝播が進むが，世界の人口は田中のいう新しい中世圏ではなく，途上国の近代圏，あるいは混沌圏で増える．民主主義の平和は必ずしも保障されず，資源や環境問題の先鋭化も予想される．その様な中で世界は欧州，西半球，中国，南アジアなどに大国のブロックが次々に出てくる様な体制になるのだろうか．

ギルピンは国際システムの変動の態様として，その大きさの順序で，第一に国民国家体制の変化・崩壊（世界連邦制の出現など），第二に世界管理システムの変化（PBからPAへの変化）と第三に，国際システムの定期交流・管理のルールの変化（金ドル本位制の崩壊）をあげた．アメリカは帝国的特色を持った国民国家と述べたが，中国，インド，さらに欧州連邦もこのような特色を持つ．冒頭に現代の世界管理システムは主導国を中核とする国民国家の幕藩体制だと述べたが，21世紀のPA Ⅱの内容はブロックの出現によって変わる可能

性がある．

Ⅷ　国際システムと日本

　国際システムは日本に対しきわめて重要な視点を提供する．第一は世界秩序の中における自己の位置が認識できるからである．それは世界が主導国の世界管理の意志に大きく動かされ，その中で自国がどこに位置するかを認識することである．地動説に対する天動説の意味があり，一国主義に固まっている日本の世界認識への重要な指示である．日米関係にしても，湾岸戦争時の日本への要求が典型であるが，日本への要望が変化するのは，冷戦後の世界情勢の変化の中でアメリカの世界戦略が変化したからであり，世界秩序の変化を認識すべきである．

　第二に，日本は主要国の1つであり，アメリカの同盟国である．従って，世界システム維持への努力は当然であるが，システムを活用し，また，システムを時には変更し，長期的国益の追求を行うべきである．特に，アジアは日本の選挙区であり，常に考慮すべき観点である．マレーシアの東アジア経済協力構想にも日本は米国に遠慮し，積極的でなかったが，結局，その後，ASEMやアセアン＋3の形で実現している．アメリカを説得し，より早期に実現すべきであった．この点，アジア経済危機時のAMFの提案はアメリカと中国に反対されたが，その積極性はその後の国際システムの検討に生きている．

　第三に，国際システムの考察はシステムにおける安全保障の重要性を示した．総合安全保障の方策は安全保障への貢献のできない日本として世界情勢に合わせた日本的解決方法であり，大きな国となった自国と世界の連結という意味では一種の選択的吸収方策である．しかし，冷戦後の情勢は国際安全保障の高まりは一層の踏み込みを日本に要求している．国際システムの総体性を認識し，対応すべきである．

　第四に，1980年代，日本は国力の充実した中で，国際システムへの積極性を発揮せず，いたずらに外圧に事態を委ね，バブルに陥った．目標をきめ，戦

略を練り，国際システムを総動員して，国益を追求するアメリカと対照的であった．21世紀は大国の時代，アジア動乱の可能性のある事態であるが，日本の国力は相対的に低下する．日本はどの様に対応するかだが，これまでの様に外圧待望の対応ではなく，システムを活用し，システムをつくり長期的国益を追求できるような体制をつくることが一層重要になる．

日米同盟は依然中核の位置を占めるが，インドやロシアとの関係の深化は重要である．また，21世紀に大きな進展を見せるべき朝鮮半島問題への関与を深めるべく，6者会議の推進を強く求めるべきである．最近，韓国やシンガポールとの自由貿易協定が検討されているが，その早期成立が望ましい．台湾やその他のアセアン諸国にも可能性があろう．

第五に，国際システムの活用，構築には国内条件の整備が必須の条件である．安全保障での役割を高め，国際安全保障への貢献を行うとすれば，集団自衛権の認知，国連平和維持活動への制約の緩和が必要であり，最終的には憲法の改正が必要である．また，円の国際化の推進には国内金融・資本市場の一層の整備を必要とする．グローバリゼーションの便益を享受するには，国内市場の開放，規制の緩和が必要である．これらの条件の整備には官僚主導の体制では限界が大きい．改めて政治主導の体制の整備が必須の課題となる．

IX　BOX──国民国家

国際関係とは国家間の関係を意味するが，国家が基礎となって，国際社会をつくってきた．国家が優れた機構であることは，国家の数の近年の激増に示されている[11]．国民国家の要件は国民，領土，政府，主権であるが（花井，1978，16），「領土」と「国民」がどちらがより本源的かといえば，歴史的には領土が決定されて，国民が決定されてきた．領土によって決められた国民がどの位，同一意識を持つかが，国民国家としての統合度を決める．

「国民」は領土に住む人民だが，人種，言語，文化において同一意識を持つ民族とは同一ではない．西欧諸国ではフランス革命以後，君主の臣下では

なく「自らが建設した国家の構成主体」だという意識のもとに自己と国家との一体感，つまり国民意識を共有してきた（大畠，1993，622-623）．しかし，多くの国はマイノリティ問題を持つ．アメリカは多人種国家であり，ロシア，中国，インドは多民族国家である．この点，民族，言語，文化，領土が一致する日本は稀な国である．

「政府」は国民と領土を統治する仕組みである．兵制，徴税と財政支出，国内秩序維持の組織をその基礎とする（猪口，1982，18-22）．秩序維持の組織は官僚組織，裁判所，警察，兵制，地方制度があり，かかる組織を維持する道路，運輸，通信などの維持が重要になる．「主権」は対外的には国家が上位の主体を認めず，他国に侵されない権利である．ウエストファリア条約以来，主権は近代国際体系の基礎として，外交，軍事の独自の行動を行い，国内政策についても干渉されない権利である．国家主権は相互依存の高まった状況では大きな制約を持つ．

ギルピンは国民国家を「帝国」の持つ規模の利益と「都市国家」の持つ忠誠心を結合した政治発明とする（Gilpin, 1981, 116-117）．国家の形態には帝国，領邦国家，都市国家などがある．帝国組織は広大な領土を抱えるが，その弱点は支配される人民の忠誠心の欠如であり，秩序優先の帝国組織では経済活動はしばしば抑制されてきた．これに対し都市国家の構成員は忠誠心は高く，意志決定への参加は直接的で，経済活動は活発だが，小国の都市国家は大国の軍事攻撃に耐えられなかった．国民国家は帝国の長所である国家の規模と都市国家の忠誠心を結合した政治発明であるとする（Gilpin, 1981, 116-117）．国民国家は国民の国政へ参加する仕組みをつくる一方，他方に兵役，租税，教育などの義務を引き受けることにより，軍事力を強め，資本主義を発展させた．国民国家が世界の帝国や都市国家に勝利したのが近代の歴史だとする（Gilpin, 1981, 123）．

1) 19世紀以来国際郵便，国際通信，国際特許，著作権など共通の利益となり易いものについて国際公共財として発展したが，安全保障，国際通貨，国際貿易などに

ついても 20 世紀には大きな発展があった.
2) Waltz は米ソの二極体制は核管理を中核にきわめて安定的とした (Waltz, 1979).
3) モーゲンソーは「パワーとは他の人間の心理と行動に関するある人間の統御」と定義する (Morgenthau, 1978, 107). ある国が他国をしてあることをなさしめる, あるいはなさしめない, 作為, 不作為の力であり, 強制力の要素を持っているとする. ただし, 世界管理, 国際システムの観点からすれば, これを稼働できる力ということになる. ホルステイは「国力とは一国の他国の行為を管理する全体的能力」と定義する (Holsti, 1977, 164).
4) モーゲンソーは国力の要素として, 地理 (領土, 地勢), 天然資源 (食糧, 原材料), 工業力, 軍事力 (技術, 指導力, 軍隊の規模と質), 人口 (分布, 趨勢), 国民性, 国民の士気, 外交の質, 政府の質 (資源と政策, 資源間の均衡, 国民の支持, 外交政策への影響) の9つを挙げる (Morgenthau, 127-169). 領土と人口を基礎要素とし, 軍事力と工業力がハードウエアーとすると, 国民性, 国民の志気, 政府の質, 外交の質などはその国の社会力, 政治力ともいえるソフトウエアーといえる.

　クラインは国力 (Pp) を係数化するため, 基礎要素 (C) (領土と人口), 軍事力 (M) (核兵力と通常兵力), 経済力 (E) (GNP, 貿易, 食糧, エネルギー, 基礎原料) の和 (ハードウエアー) に国家戦略 (S) と国家意思 (W) の和 (ソフトウエアー) を乗じた指数を開発し, 各国の国力を比較した (Cline, 1980). その方式は次の通りである. $Pp = (C+M+E) \times (S+W)$.
5) モデルスキーは島国性を世界の主導国の条件とする. 島国であれば英国や日本のように国の防御が容易な安全の余剰を持ち, また, 海を活用してどこにでも行けるから, 海洋国が有利との考えがでる. モデルスキーは世界指導国の4つの条件は, 第一に島国性の「安全の余剰」, 第二に開放的で結束の強い社会力, 第三に経済の指導力, 特に技術力, 第四に以上を総合して世界での政治活動 (世界戦争を含む) に集中できる能力とする (モデルスキー, 1983). モデルスキーは, 社会力を重視し, 英国は清教徒革命を, 米国は南北戦争を, 日本は明治維新を経験して国民国家体制をつくった. 経済的な活力があり, 他国に発展のモデルを提供したとする (Modelski, 1981, 4).
6) 公共財は共同消費性, 非排除性を持っている. 他の諸国は覇権国に協力して公共財の創出に貢献することもできるが, また, 覇権国の供給する公共財にタダ乗りすることもできる. 戦後における NATO や DAC などでは, 米国などの大国の負担が大きすぎるという議論があったが, オルソンは公共財理論から, 大国ほど便益が大きいから負担が大きくても仕方がないとした (Olson 他, 1966).
7) チャーチルは当初, 国連の安全保障を地域的枠組みとして提案した (明石, 1985, 23-25).
8) コヘインは国際システムの設立には強い覇権の国力を必要とするが, システムが

完成したら大きな国力は必要ないので，アメリカは「覇権後」もシステムを維持するとした（Keohane, 1984）．
9) 18世紀のイギリスの軍事負担はしばしば GNP の1割を越えた（坂本, 1993）．
10) 梶田は EU 統合が欧州，国家，その下部の地域レベルで進行し，欧州という同一意識がマイノリティ問題を緩和するとする（梶田, 1996, 18-19）．
11) エコノミスト誌は国民国家がかけがいのない機構だとする．その理由は国民が他の国や組織に縛られたくないからだとする（"The Shape of The World" The Economist (London) 1995, 12, 23-1996, 1, 5, pp. 17-20）

参考文献

阿部純一（1996）「冷戦後の中国の安全保障観と東アジア」日本国際政治学会編『改革・開放後の中国』有斐閣，112.
赤松　要（1965）『世界経済論』国元書房．
明石　康（1985）『国際連合—その光と影』岩波新書．
Alogoskoufis, George & Portes, Richard (1992) "The European Monetary Union and International Currency in the Trilateral World", Canzoneri, Grilli, Masson (eds.) *Establishing a Central Bank,* Cambridge Univ. Press.
天児慧編著（1997）『中国の21世紀』東洋経済新報社．
天谷直弘（1988）『日本はどこへ行くのか—二一世紀への五つの視点—』PHP研究所．
網野善彦（1997）『日本社会の歴史』岩波新書，岩波書店．
有賀　貞（1985）『アメリカ政治史』福村出版．
渥美東洋（2000）「第4章　法と日本人」中央大学大学院総合政策研究科日本論委員会編『日本論』中央大学出版部．
米国防総省「21世紀国家安全保障委員会」報告（抜粋）1，2，3，4．（2000），時事通信社『世界週報』2000年8月1日，8日，15日，22日各号に掲載．
米国務次官99年夏期研究最終報告，アジア2025（抜粋）1，2，3，4，5（2000，2001），時事通信社『世界週報』2000年12月5日，12日，17日，25日，2001年新年合併号に掲載．
Bergsten C. Fred (1999). "America and Europe : Clash of the Titans" Concil on Foreign Relations, *Foreign Affairs March/April 1999* Vol. 78, No. 2.
Bergsten, C. Fred (1975) *The Dilemma of the Dollar : The Economics and Politics of United States International Monetary Policy.* New York University Press.
Brezinski, Zbignew (1997) "A Geostrategy for Eurasia" Council on Foreign Relations, *Foreign Affaires, September/Octover 1997,* Vol. 76, NO. 5.
Business Week (2000) Global Capitalism, November 6 2000.
カー，E. H. 著，井上茂訳（1996）『危機の二十年 1919-1939』岩波文庫，岩波書店．
中央大学大学院総合政策学部編（2000）『日本論』中央大学出版部．
Cline, Ray (1980) *World Power Trend and U. S. Foreign Policy for the 1980's,* Boulder, Colorado : Westview Press.
Council on Foreign Relations (2000) *Future Directions for U. S. Economic Policy Toward*

Japan.
Davis, Ralph (1973) *The Rise of the Atlantic Economies, London :* Cox & Wyman Ltd.
ドゴール,シャルル著,朝日新聞外報部訳(1971)『ドゴール.希望の回想』朝日新聞社.
デスラー,I. M.(Desler, I. M.),宮里政玄監訳(1987)『貿易摩擦とアメリカ議会』日本経済新聞社.
江上波夫(1967)『騎馬民族国家―日本古代史へのアプローチ―』中公新書.
江藤公彦(2000)『グローバリゼーションとグローバルスタンダード』世界平和研究所.
衛藤瀋吉・渡辺昭夫・公文俊平・平野健一郎(1981)『国際関係論』東京大学出版会.
Fischer, H. A. L. (1935) *A History of Europe*. Fontana / Collins.
フクヤマ,フランシス(1992)『歴史の終わり』上・下,渡部昇一訳,三笠書房.
ガードナー,R. N.(Gardner, Richard N.),村野孝・加瀬正一訳(1973)『国際通貨体制成立史』上・下,東洋経済新報社.
ギボン,E.(Gibbon, E.),中野好夫訳(1976)『ローマ帝国衰亡史1』筑摩書房.
ギルピン,ロバート著,山崎清訳(1977)『多国籍企業没落論』ダイヤモンド社.
Gilpin, Robert (1981) *War and Change in World Politics*. Cambridge : Cambridge Univ. Press.
Gilpin, Robert (1987) *The Political Economy of the International Relations*. Princeton, New Jersey : Princeton University Press. ロバート・ギルピン(1990)『世界システムの政治経済学』大蔵省世界システム研究会訳,東洋経済新報社.
Gilpin, Robert (2000) *The Challenge of Global Capitalism, the world economy in the 21st century,* Prinston New Jersey, Prinston University Press.
グレイ,ジョン著,石塚雅彦訳(1999)『グローバリズムという妄想』日本経済新聞社.
浜下武志「第2章 東アジアの国際体系」有賀貞 他編(1993)『講座国際政治・国際政治の理論』,東京大学出版会.
花井 等(1978)『国際関係論』東洋経済新報社
長谷川毅(1989)「戦後ソ連の抑止論の変遷」日本国際政治学会編「国際政治」90.
Held, David, Anthony McGrew, David Goldblatt and Jonathan Prraton, (1999) Global Transformations : Politics, Economics and Culture, Stanford California : Stanford University Press.
Hilgert, F. (1942) *The Network of World Trade,* Ganeva.
平松茂雄(1996)『中国の核戦力』勁草書房.
ヒルシュ,フレッド,田村正勝訳(1980)『国際通貨体制の再編―八〇年代の世界政策―』日本ブリタニカ.

Holsti, K. J. (1977) *International Politics, A Framework for Analysis,* third edition, Prentice-Hall, Inc., Eugelwood Clitts, New Jesey.
Huntington, Samuel P. (1993) "The Clash of Civilizations? Council on Foreign Relations, Inc., *Foreign Affairs Summer 1993,* Volume 72 Number 3, New York.
Imlah, A. H. (1958) *Economic Elements in the Pax Britanica : Studies in Brirish Foreign Trade in the 19th Century.* Cambridge, Massachusetts : Harvard University Press.
Institute for National Straregic Studies, (1999) *Strategic Assessemennt 1999 Priorities for a Turbulent World.* National Defense University.
猪口　孝（1982）『国際政治経済の構図―戦争と通商にみる覇権盛衰の軌跡―』有斐閣新書.
入江節次郎（1982）『イギリス資本輸出史研究』新評論.
伊藤憲一（1991）『「二つの衝撃」と日本』PHP研究所.
伊東憲一監修（1999）『日本のアイデンティティ』日本国際フォーラム.
伊東俊太郎（1985）『比較文明』UP選書243, 東京大学出版会.
岩島久夫編（1983）『アメリカ国防・軍事政治史』日本国際問題研究所.
岩田修一郎（1996）『核戦略と核軍備管理』日本国際問題研究所.
イザヤ・ベンダサン, 山本七平訳（1972）『日本教について』文藝春秋社.
川田　侃（1980）『国際関係の政治経済学』新NHK市民大学叢書2, 日本放送出版協会.
梶田孝道（1996）『国際社会学のパースペクティブ』東京大学出版会.
カント, イマニュエル, 高坂正顕訳（1949）『永遠の平和を求めて』岩波文庫, 岩波書店.
経済企画庁総合計画局編（1987）『日本の総合国力』大蔵省印刷局.
ケネディ, ポール著, 鈴木主税訳（1988）『大国の興亡』上・下, 草思社.
Kenwood, A. G., and Lougheed, A. L. (1983) *The Growth of International Economy 1820-1980,* London : George Allen & Unwin.
Keohane, Robert O. (1984) *After Hegemony : Corporation and Discord in the World Political Economy.* Princeton : Princeton University Press.
キンドルバーガー, チャールス著, 益戸欽也訳（1984）『パワーアンドマネー―権力の国際政治経済の構造―』産業能率大学出版部.
キンドルバーガー, チャールス著, 石崎昭彦・木村一朗訳（1982）『大不況下の世界一九二九〜一九三九』東京大学出版会.
小金芳弘（1985）『日本の選択―開国・鎖国の歴史と未来―』東海大学出版会.
黄　文雄（1994）『中国帝国の解体』亜紀書房.
小島　清（2000）「グローバル化と新世界秩序」『駿河台経済論集』第10巻第1号
国際開発センター（1985）『総合国際協力政策の枠組みに関する基礎調査』.

Krugman, Paul R. (1990) *Rethinking International Trade*. The MIT Press.
公文俊平（1994）『情報文明論』NTT 出版.
Laloy, Jean (1988) *Yalta*, Happer & Row, Publisher, New York.
Lewis, W. Arthur (1970) *Growth and Fluctuation in 1870-1913*, London : George Allen & Unwin.
Lodge, George C. (1976) *The New American Ideology*. New York : Alfred. A. Knopf.
牧野　博（1980）「二　インド」入江節次郎編『講座西洋経済史Ⅲ　帝国主義』同文舘.
Mansfield, Edward and Snyder, Jack (1955) "Democratization and War" *Foreign Affairs May/June 1995* Volume 74 Number 3, Council on Foreign Reletions, Inc., New York.
McEvedy, Colin and Jones, Richard (1978) *Atlas of World Population History* : Allen Lane, Penguin Books Ltd.
Melman, Seymour (1984) *The Permanent War Economy : American Capitalism in Decline*. A Touchstone Book.
水上静夫（1994）『中国古代史の謎』時事通信社
宮崎犀一，奥村茂次，森田桐朗編（1981）『近代国際経済要覧』東京大学出版会.
Modelski, George (1980) "The Theory of Long Cycles and U. S. Strategic Policy" Harkary, R. and Kolodzien (eds.), *American Security Policy and Policy Marking*. Lexington Books.
モデルスキー，ジョージ（1983）「世界指導国の条件」『Voice』1983 年 10 月号.
Modelski, George (1986) "A Global Politics Scenario for 2016" *The Evolving international System and its Ramifications for Japan, Symposium on International System* March 24-26, 1986 The Japan Institute of International Affairs.
Modelski, George & Thompson, William R. (1996) *Leading Sectors And World Powers : The Coevolution of Global Politics and Economics Studies In International Relations*, University of South Carolina : Columbia, South Carolina.
Morgenthau, Hans J. (1978) *Politics among Nations*. Fifth Edition, Revised, New York : Alfred A. Knopf Inc.
毛利健三（1978）『自由貿易帝国主義論』東京大学出版会.
森本　敏（2000）『安全保障論』PHP 研究所.
村上泰亮（1992）『反古典の政治経済学』上・下，中央公論社.
村上泰亮，公文俊平，佐藤誠三郎（1979）『文明としてのイエ社会』中央公論社.
村野　孝（1972）「国際通貨体制の長期展望」世界経済研究協会編『一九八五年世界貿易』二巻，至誠堂.
中村隆英（1993）『日本経済【第三版】―その成長と構造―』東京大学出版会.

中野謙二（1997）『中国の社会構造』大修館書店.
中曾根康弘・佐藤誠三郎・村上泰亮・西部邁（1992）『共同研究「冷戦以後」』文藝春秋.
中曾根康弘（2000）『21世紀日本の戦略』PHP研究所.
社団法人 日本経済研究センター（1996）『経済のグローバル化と地域主義の相克──2020年の世界経済──』.
西部 邁（2000）『国民の道徳』産経新聞ニュースサービス.
西嶋定生（1985）『日本歴史の国際環境』東京大学出版会.
西村 厚（2000）「21世紀の通貨為替システム」外国為替貿易研究会「国際金融」1046号.
西村閑也（1980）『国際金本位制とロンドン金融市場』法政大学出版局.
西尾幹二（1999）『国民の歴史』産経新聞社.
ニクソン，リチャード，アメリカ大使館文化広報局訳（1970）『一九七〇年代のアメリカ外交政策』.
野口悠紀雄（1995）『1940年体制，さらば「戦時経済」』東洋経済新報社.
Nye, Joseph S. Jr., and Owens, William A. (1996) "America's Information Edge" *Foreign Affairs, March/April 1996* Volume 75 Number 2, Council on Foreign Relations, Inc., New York.
OECD (1979) 著, 大来佐武郎・小金芳弘訳（1980）『世界の未来像』上・下，日本生産性本部.
岡部達味（1992）『国際政治の分析枠組』東京大学出版会.
岡崎久彦（1983）『戦略的思考とは何か』中公新書，中央公論社.
Olson, M., and Zecklauser, R. (1966) "An Economic Theory of Alliance," *Review of Economic and Statistics 47. August 1966,* Cambridge : Harvard Univ. Press.
尾上昭悟（1993）『国際金融論』ミネルバ書房.
大野和美（1972）「IMF体制の展開」大島清編『戦後世界の通貨体制』東京大学出版会.
大塚久雄（1951）『近代欧州経済史序説』弘文堂.
大畠英樹（1993）「民族と国家」，川田侃・大畠英樹編（1993）『国際政治経済辞典』東京書籍.
小沢一郎（1993）『日本改造計画』講談社.
Peterson, Peter. G. (1971) *A Foreign Economic Perspective ; The United States in the Changing World.* US. G. P. O. 日本経済調査協議会訳（1972）『ピーターソン報告』.
RAND (2000) *Taking Charge : A Bipartisan Report to the President Elect on Foreign Policy and National Security,* RAND.

ラセット，ブルース著，鴨武彦訳（1996）『パクス・デモクラティア』東京大学出版会．
Reich, Robert (1983) *The Next American Frontier*. New York : Times Book.
Reich, Robert (1991), *The Work of Nations*. 中谷巌訳（1991）「The Work of Nations」ダイヤモンド社．
Rice, Condolezza (2000) "Promoting the National Interest" Council on Foreign Relations, *Foreign Affairs January/February 2000* Volume 79, Number 1.
Rueff, Jacque (1964) *The Age of Inflation, Chicago* : Henry Regnery.
坂本正弘（1986）『パクス・アメリカーナの国際システム―パクス・ブリタニカとの比較において―』有斐閣．
Sakamoto, Masahiro (1989) "Comparison of Hegemonic Structures abd Cost Sharing During Pax Britanica and Pax Americana" *Business in the Contemporary World. Summer 1989,* Volume I Number 4. Bentley College : Waltham, Massachusetts.
坂本正弘（1990）『日米の選択―二一世紀への挑戦―』東洋経済新報社．
坂本正弘・鹿島平和研究所編著（1992）『図説・20世紀の世界』日本経済新聞社．
坂本正弘（1993）『国際政治経済論』世界思想社．
坂本正弘（1997）『新しい国際関係論』有斐閣．
坂本正弘（1999）『中国・分裂と膨張の3000年』東洋経済新報社．
ソール，S. B., 久保田英夫訳（1980）『イギリス海外貿易の研究』文眞堂．
シューマン，フレデリック著，長井信一訳（1991）『国際政治』上・下，東京大学出版会．
芝原拓自（1981）『日本近代化の歴史的位置』岩波書店．
世界銀行著，白鳥正喜監訳（1994）『東アジアの奇跡』東洋経済新報社．
ソロス，ジョージ著，大原進訳（1999）『グローバル資本主義の危機』日本経済新聞社．
スペロ，ヨハン，E. 著，小林陽太郎・首藤信彦訳（1989）『国際経済関係論』東洋経済新報社．
ストレンジ，スーザン著　西川潤・佐藤元彦訳（1994）『国際政治経済学入門』東洋経済新報社．
ストレンジ，スーザン著，桜井公人訳（1988）『国家の退場』岩波書店．
菅原秀幸（1999）「第9章　グローバリゼーションの行方」青木健・馬田啓一編著『地域統合の経済学』勁草書房．
高原明生（1996）「改革・開放以後の中国の歴史的役割」日本国際政治学会編「改革・開放後の中国」季刊国際政治112, 有斐閣．
高山　巌（1992）「民族国家（ネーション・ステート）」の形成と主権問題」国際政治学会編『国際政治』第101号「国家主権と国際関係論」（1992年10月）．

田中明彦（1996）『新しい「中世」——21世紀の世界システム——』日本経済新聞社.
田中明彦（2000）『ワールド・ポリティクス』筑摩書房.
田中　彰（1984）『「脱亜」の明治維新』NHKブックス452, 日本放送出版協会.
田中素香（2000）『EU通貨統合と国民経済』成城大学経済研究所『経済研究所年報第13号』
サロー, レスター著　土屋尚彦訳（1992）『大接戦』講談社.
Triffin, Robert (1960) *Gold and the Dollar Crisis*. New Heaven : Yale Univ. Press.
梅本哲也（1996）「核兵器と国際政治——1945-1995」日本国際問題研究所.
梅棹忠夫（1967）『文明の生態史観』中公叢書, 中央公論社.
梅棹忠夫・松原正毅編（1986）『統治機構の文明学』中央公論社.
UNDP（国連開発計画）（1996）『経済成長と人間開発』国際出版協会.
ヴォルフレン, ヴァン, フォン（1998）
ヴァーノン, レイモンド著, 霍見芳浩訳（1973）『多国籍企業の新展開』ダイヤモンド社.
ウオーラステイン, I.著, 川北稔訳（1981）『近代世界システム——農業資本主義と「ヨーロッパ世界経済」の成立——』I, II, 岩波書店.
Wallerstein, Immanuel (1986) "Japan and the Future Trajectory of the World System : Lessons from History ?" *The Evolving International System and its Ramifications for Japan, Symposium on International System March 24-26, 1986*, The Institute of International Affairs.
Waltz, Kenneth N. (1979). *Theory of International Politics*. New York : Random House.
渡辺利夫（1994）『社会主義市場経済の中国』講談社現代新書, 講談社.
ウェーバー, M.（Weber, Max）, 尾高邦雄責任編集（1975）『世界の名著50　ウェーバー』中央公論社.
ウィリアムズ委員会報告, 日本経済調査協議会訳（1972）『相互依存政策におけるアメリカの国際援助政策』日本経済調査協議会.
Wilkinson, David (1987) "Central Civilization", *Comparative Civilization Review*, Fall 1987, Univ, of Missouri.
山本吉宣（1989）『国際的相互依存』現代政治学叢書18, 東京大学出版会.
柳沢賢一郎編著（1999）『図解　アメリカのしくみ』中経新書.
吉田　孝『大系日本の歴史3　古代国家の歩み』小学館.
Zoellick, Robert B. (2000) "A Republican Foreign Policy" Council on Foreign Relations, *Foreign Affairs January/Feburary 2000* Volume 79 Number 1.

〈著者紹介〉
坂本 正弘（さかもと まさひろ）
1931年　青森県弘前市に生まれる
1954年　東京大学教養学部教養学科卒業
1956年　経済企画庁に入り，経済研究所次長，経済企画庁審議官を歴任
1987年　神戸市外国語大学国際関係学科教授
1993年〜　中央大学総合政策学部教授
1996年〜　中央大学政策文化総合研究所所長
1997年〜　中央大学大学院総合政策研究科教授

〈主要著書〉
『経済大国の挑戦』（日本生産性本部，1981年）
『パックス・アメリカーナの国際システム』（有斐閣，1986年）
『日米の選択』（東洋経済新報社，1990年）
（編著）『図説・20世紀の世界』（日本経済新聞社，1992年）
『国際政治経済論』（世界思想社，1993年）
『新しい国際関係論――アジアの台頭とパックス・アメリカーナ　第Ⅱ期』
　（有斐閣，1997年）
『中国・分裂と膨張の3000年』（東洋経済新報社，1999年）　など

パックス・アメリカーナと日本

2001年4月5日　初版第1刷印刷
2001年4月15日　初版第1刷発行

（検印廃止）

著　者　　坂本　正弘
発行者　　辰川　弘敬
発行所　　中央大学出版部
　　　　　東京都八王子市東中野742番地1
　　　　　郵便番号　192-0393
　　　　　電話0426(74)2351　振替00180-6-8154番

© 2001 坂本正弘　　　印刷・大森印刷／製本・法令製本
ISBN4-8057-1121-3